齐博学 马永正
主编

人人应知的民法典

生活中常见的法律问题

法律出版社
LAW PRESS·CHINA
——北京——

图书在版编目(CIP)数据

人人应知的民法典：生活中常见的法律问题／齐博学，马永正主编. -- 北京：法律出版社，2023(2023.6重印)
ISBN 978-7-5197-7686-2

Ⅰ.①人… Ⅱ.①齐…②马… Ⅲ.①民法－法典－法律解释－中国 Ⅳ.①D923.05

中国国家版本馆 CIP 数据核字(2023)第 068130 号

| 人人应知的民法典：生活中常见的法律问题
RENREN YINGZHI DE MINFADIAN：
SHENGHUO ZHONG CHANGJIAN DE FALÜ WENTI | 齐博学
马永正 | 主编 | 策划编辑 似　玉
责任编辑 似　玉
装帧设计 汪奇峰 |

出版发行 法律出版社	开本 A5
编辑统筹 法律应用出版分社	印张 11　　字数 235 千
责任校对 朱海波	版本 2023 年 5 月第 1 版
责任印制 刘晓伟	印次 2023 年 6 月第 2 次印刷
经　　销 新华书店	印刷 三河市兴达印务有限公司

地址：北京市丰台区莲花池西里 7 号(100073)
网址：www.lawpress.com.cn　　　　　销售电话：010-83938349
投稿邮箱：info@lawpress.com.cn　　　客服电话：010-83938350
举报盗版邮箱：jbwq@lawpress.com.cn　咨询电话：010-63939796
版权所有·侵权必究

书号：ISBN 978-7-5197-7686-2　　　　定价：68.00 元
凡购买本社图书，如有印装错误，我社负责退换。电话：010-83938349

《人人应知的民法典：生活中常见的法律问题》
编 辑 委 员 会

主　　编：齐博学　马永正

名誉主编：王航兵

副 主 编：孙邦洲　张天翔　米　威

委　　员（排名顺序不分先后）：

　　　　　黎　毅　姚宣东　刘家强　邓兴斌　符恒晟

　　　　　万寅敏　关亚丽　朱艳春　李　昌　张峻峰

　　　　　薛彩云　杨　哲　李　涛　郭婕妤　劳俏俏

　　　　　郭　为　邓　颖

序　言

《韩非子·心度》云：法与时转则治。意在法度要保持与不断变化的现实同步发展。《中华人民共和国民法典》应运而生，是习近平法治思想的生动实践，是新时代我国社会主义法制建设的重大成果，系统整合了新中国成立70多年来长期实践形成的民事法律规范，固根本、稳预期、利长远，与我们每个人的日常生活息息相关，最常见、最常用、最常伴。

卢梭著名的法律名言："一切法律之中最重要的法律，既不是刻在大理石上，也不是刻在铜表上，而是刻在公民的内心里。"可见，法律的生命力在于实施。《民法典》施行两年来，我们强烈感受到它给生活带来的新变化和新发展。然而，《民法典》调整范围广，内容规模庞大，系统性强，其中还包含了诸多新制度和新规则。因此，学深、学透、用活《民法典》，并非一朝一夕之事，不仅需要广泛持续的宣传，更需要法律专业人士结合真实的裁判案例，以通俗的语言，引领大众深入走进《民法典》，便于易读、趣读、牢记。海南昌宇律师事务所作为一家生于海南、扎根本土、全面服务自贸港开发建设的综合性律师事务所，落实普法宣传公益法律服务更是义不容辞。本所年轻、精英律师勇挑重担，合力编撰的《人人应知的民法典：生活中常见的法律问题》，耗时一年有余终于问世。

本书作者以日常民事法律关系中的热点问题为背景，通过真实的裁判案例简介、法律索引、律师解读等方式，对《民法典》中的专业法律知识进行讲解。其中，典型案例部分选取了《民法典》中婚姻家庭编、侵权责任编、物权编、合同编等方面日常法律概念容易混淆、法律纠纷发生较多《民法典》实施后的法律适用有所变化的常见案例，通过细致分析讲解的方式普及基本法律概念和常识，介绍相关的法律规定内容和法律适用原则，以期读者能够通俗易懂地理解法律原则、了解法律规则，进而提升法律素养。

本书作者系法学理论知识扎实、法律实务经验丰富、热爱文学历史文化的专职律师，因此在个别案例的引文介绍和律师解读部分还融入了文学、历史、文化等方面的常识，使枯燥的法律知识与日常生活、文化美学等相结合，以期给读者提供更佳的阅读体验。需要指出的是，本书虽然文字清丽、通俗易懂，但也存在一些不足之处。比如，全书没有按照《民法典》的体例结构进行编写，书中各章、节之间的篇幅比例略显不匀称，某些案例的解读尚可更加深入等。但是，作为一本普法宣传和法律实务用书，作者结合自己的工作实践选材定题、精挑案例，结合深入浅出的讲解，确能帮助普通大众获取相应的法律知识，培养法律思维，对日常从事法律工作的人士也有所裨益。

最后，作为律所党总支书记、主任，为年轻党员律师的勇于担当、奋发有为由衷自豪。衷心地希望本书能够帮助普通大众更好地读懂和理解《民法典》，也希望本书的编者们能够拓展思路，大胆创新，继续努力为读者贡献出更多、更好、更新的法律实务研究成果。

王航兵

2023 年 3 月 15 日

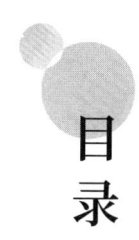

目录

第一部分 婚姻家事法律问题

一、夫妻"忠诚协议"的法律效力问题 · 003
夫妻"忠诚协议"具有道德约束力,但不具有法律约束力和强制力

二、婚内出轨能否作为离婚赔偿的条件 · 008
婚内一方存在多次出轨或其他严重情形的,应当视为存在重大过错,另一方在离婚时有权向其主张赔偿

三、分手时能否索要恋爱期间的部分花销 · 011
情侣恋爱期间相互转账、互赠礼物等行为应当结合转账金额及用途或礼物贵重程度等因素认定是否构成赠与

四、非婚生子女亲子关系确定及抚养费标准 · 014
非婚生子女同婚生子女享有同等权利,当事人拒不配合与非婚生子女之间的DNA鉴定,也无法提供相反证据或所举的证据不足以反驳对方主张的,应当认定双方存在亲子关系

五、夫妻共同债务的法律认定和承担问题 ·019

"夫妻共同生活所负"系夫妻共同债务的本质属性，婚姻关系存续期不能作为判断夫妻共同债务的决定性因素

六、丈夫赠与主播的钱财妻子可主张返还 ·023

丈夫违背夫妻忠诚义务，出于其他目的直接向女主播进行赠与的，妻子可以请求女主播予以返还财产

七、丈夫在平台打赏后妻子无法索回财产 ·028

在网络直播平台进行的打赏应当视为消费行为，没有其他证据证明双方构成赠与的，打赏人或其配偶均无权主张返还

八、前儿媳欲嫁给前公公，法律是否应当允许 ·035

类似于前儿媳欲嫁前公公等问题，虽然法律未明确禁止此类婚姻登记，但实践中应当重点关注双方是否存在建立婚姻关系的真实合意

九、继承中的财产分割是否适用诉讼时效 ·039

继承人默示接受继承后，遗产应属各继承人共同共有，当事人诉请分割遗产应参照共有财产分割的原则，不应适用有关诉讼时效的规定

十、无赡养义务的人赡养老人可分得遗产 ·042

继承人以外的依靠被继承人扶养的人，或者继承人以

外的对被继承人扶养较多的人，在继承时依法均可以分得适当的遗产

第二部分 侵权责任法律问题

一、侵犯著作权——停止侵害、赔偿损失 ·047

行为人以营利为目的，未经著作权人授权使用、传播其作品，或就该作品对外提供服务的，其行为构成侵犯著作权

二、侵犯所有权——排除妨害、赔偿损失 ·053

物权人在自己的动产或不动产被他人侵占时，有权请求返还原物、排除妨害

三、侵犯名誉权——赔礼道歉、恢复名誉 ·059

行为人贬损他人名誉致不特定多数人对其产生不当评价的，属于侵害名誉权的行为，应当承担向被侵害人赔礼道歉、恢复名誉的责任

四、相邻关系纠纷——排除妨碍、恢复原状 ·069

擅自占用、处分不动产业主共有部分、改变其使用功能或者进行经营活动的，权利人有权请求排除妨碍、恢复原状

五、侵犯使用权——消除危险、排除妨碍 ·077

行为人因其行为对他人造成现实危险的，应当采取必要措施消除危险，同时受害人在维权时应当承担相应的举证责任

六、侵权责任的免责事由——受害人故意 ·082

受害人故意放任或主动追求损害结果的发生，属于自甘风险行为，应当自行承担相应的损害后果

七、侵权责任的免责事由——好意施惠 ·088

无偿帮工人在从事帮工活动中致人损害的，被帮工人应当承担赔偿责任，被帮工人明确拒绝帮工的，不承担赔偿责任

第二部分 担保责任法律问题

一、抵押权优先受偿范围 ·097

抵押权登记证书上记载的"债权数额"与抵押担保范围的概念不同，债权人有权主张按照抵押合同约定或者法定的担保范围行使优先受偿权

二、动产抵押与动产质押 ·102

动产不仅可以质押也可以抵押，动产抵押不得对抗正常经营活动中已支付合理价款并取得抵押财产的买受人

三、留置权的成立与行使 ·107

除企业之间的留置外，债权人行使留置权应确保留置物与债权属于同一法律关系，并在法定期限内行使权利

四、约定不明的保证责任 ·114

保证合同中未约定保证责任方式或约定不明的，保证人按照一般保证承担保证责任

第四部分 房屋买卖法律问题

一、借名买房产生纠纷的法律问题（1） · 123

非因规避法律行政法规的强制性规定或政府的限购政策、经济适用房供应政策等规定，亦不违背公序良俗的，借名买房行为合法有效

二、借名买房产生纠纷的法律问题（2） · 128

借名买房以规避政策性规定、违反公序良俗等为条件的，借名买房的协议将会被认定为无效的合同

三、夫妻一方擅自出卖共有房屋的责任 · 133

夫妻中的一方擅自处置共有房屋的，如果买卖合同不存在无效情形，且购买人已经支付合理对价并办理了产权登记，则买卖关系合法成立，房屋应当归购买人所有

四、楼盘烂尾后按揭贷款偿还问题（1） · 139

银行在发放个人购房按揭贷款中，由于故意或者过失等原因未履行资金支付的监管义务，致使开发商挪用项目资金导致项目无法按期交房的，购房人在房屋具备交付条件之前有权拒绝偿还贷款本息

五、楼盘烂尾后按揭贷款偿还问题（2） · 144

商品房买卖合同被确认无效或者被撤销、解除后，商品房担保贷款合同也被解除的，购房者未清偿部分的按揭贷款应由开发商继续偿还

六、购房后能否主张退赔精装修的差价 · 154

商品房的装修价格不能直接等同于装修标准，房屋购买人不能以开发商交付的房屋装修标准低于约定的装修标准为由要求返还装修差价

七、层高缩水开发商应承担违约责任 · 161

房屋层高"缩水"使得房屋的可用空间相应减少，在实际层高明显少于合同约定的层高时，购房者有权要求开发商承担违约责任

八、恶意串通签订商品房买卖合同无效 · 166

恶意买受人即使已办理房屋权属证书，或者其权利的法律保护顺序在先，其权利亦不能优先于已经合法占有房屋或者保护顺序在后的其他买受人

第五部分 民间借贷法律问题

一、民间借贷的合法利率标准 · 175

出借人请求借款人按照合同约定利率支付利息的，人民法院应予支持，但双方约定的利率不得超过合同成立时一年期贷款市场报价利率的4倍

二、民间借贷"砍头息"问题 · 183

"砍头息"属于我国法律明确禁止的民间借贷行为，在正常的民间借贷中应当避免出现这种行为

三、法定利率上限不影响律师费的主张 · 190

律师费不属于民间借贷司法解释中规定的"其他费用",即使借款利率已达法定利率上限,出借人亦可要求借款人承担其合理支出的律师费

四、出借人对已支付借款承担举证责任 · 198

民间借贷合同自出借人实际支付借款时成立,出借人向借款人主张权利的,应当承担借款合同合法成立的举证责任

五、职业放贷人的法律认定及法律后果 · 202

资金出借人未依法取得放贷资格,反复或经常性地向不特定对象出借资金以赚取高额利息,其行为明显带有营业性、营利性特点的,可被认定为职业放贷人

第六部分 物业纠纷法律问题

一、业主应当依约履行物业费等费用交纳义务 · 213

物业服务人无论是基于物业服务合同还是小区自治管理公约、方案、规定等,均有权向业主收取物业费

二、业主不应以物业服务瑕疵为由拒交物业费 · 218

在物业服务人提供了相应的物业服务前提下,即使出现服务质量瑕疵,亦不能成为业主拒交物业费的理由

三、门禁卡、电梯卡等不能与物业费进行捆绑 · 224

业主违反约定逾期不支付物业费的,物业服务人可以

007

催告其在合理期限内支付，但不得采取停止供电、供水、供热、供燃气等方式催缴物业费

四、服务合同终止后原物业服务人应及时退场 ·229
前期物业服务合同终止后，无论选聘新物业服务人的流程是否合法，原物业服务人均应当依法退出小区的物业管理

五、"人防车位"的收益应当归全体业主所有 ·235
在开发商没有证据证明人防工程的建设成本核算在商品房开发成本之外时，应当认定人防工程的建设成本随着房屋销售实际已转化为全体购房业主承担，"人防车位"的收益应当归全体业主所有

六、停车费中包含车位租金和停放费是否合理 ·239
通常所说的小区停车费或称车位费，一般包含车位租金和汽车停放费两部分费用

七、业主被隔离桩设施绊伤物业服务人须担责 ·245
物业服务人实际工作存在疏忽或者漏洞，致使业主因此受到伤害的，即使业主自身存在一定的过错，物业服务人也须承担相应的赔偿责任

八、业主抄近道回家致摔伤物业服务人不担责 ·250
受害人系因贪图方便、自甘风险、破坏管理秩序或社会公德等方面的行为导致危险的发生，物业服务人不

应成为"背锅侠"

第七部分 常见合同法律问题

一、几种常见的合同纠纷 · 257

1. 疫情期间房租纠纷问题 · 257

在疫情突发期间，人们更应遵循诚实信用原则和鼓励交易原则，通过协商调整合同履行期限、履行方式或价款数额等，维持合同权利义务的平衡状态，促进市场交易的持续稳定，维护经济社会的平稳发展

2. 一般租房合同违约问题 · 267

房屋承租人以实际搬离承租房屋、拒付租金等方式主张解除租赁合同的，不能达到合同实际解除的效果

3. 买卖合同现实交付问题 · 273

买卖合同中买受人自标的物交付时取得物的所有权，标的物的损毁、灭失风险应当自交付完成之时发生转移

4. 加工承揽合同违约问题 · 278

加工方交付的产品不符合合同约定或者存在质量问题时，定作方首先采取的措施应是要求加工方承担修理、重作、减少报酬、赔偿损失等违约责任，而非直接解除加工承揽合同

5.合同欺诈法律认定问题 · 286

合同欺诈将直接危及合同本身的效力,欺诈方的行为程度和后果,可能使其承担相应的民事、行政甚至刑事法律责任

二、合同债权诉讼时效问题 · 295

1.一审未提出诉讼时效抗辩,二审提出不应支持 · 295

诉讼时效抗辩应当在一审诉讼中即明确提出,否则权利人就有可能失去抗辩权的保护

2.诉讼时效届满后偿还部分债务不能中断时效 · 298

诉讼时效届满后,即使债务人自愿偿还了部分债务,也不能再产生时效中断的作用

3.连带债务人行使的诉讼时效抗辩权不具有涉他性 · 302

连带债务人放弃诉讼时效抗辩的行为仅能约束自身,对其他债务人不具有实质影响,其他债务人的诉讼时效抗辩仍然有效

三、合同签订常见的陷阱 · 306

1.陷阱一:订金、定金要分清 · 306

在合同交易过程中,购买人应当认真辨别"定金"与"订金"的适用,避免自身权益受到损害

2.陷阱二：扩大解释应提防 · 309

合同当事人在与对方协商制定合同条款时，应当提防相对方通过扩大解释加重自身一方的法律义务，侵害自身的合法权益

3.陷阱三：放弃权利须谨慎 · 311

合同当事人有权通过签订合同的方式自由处分自身的民事权利，而当该种处分行为直接带来自身权利缩减、义务加重的情形时，应当审慎确认

4.陷阱四：法律关系当明确 · 314

在签订合同的过程中，当事人应当首先明确合同的性质，也即想要通过合同达到什么样的行为结果，并留存体现合同性质、具有法律效力的关键性证据

5.陷阱五：关键内容勿写错 · 316

在签订合同的过程中必须认真核实、仔细审查，尤其涉及大宗商品交易或者大额资金支付的合同，有必要聘请专业律师提供相应的法律咨询服务

6.陷阱六：空白合同自担责 · 319

空白合同的提供方实质上已经将合同空白处填写相关内容的权利让渡给了合同相对方，因此只要相对方填写的内容合法有效，空白合同的提供方就应当受到约束，依约履行相关义务

7.陷阱七：另类合同——会议纪要 · 321

"会议纪要"具备合同基本要素及履行条件时，应当认定其属于实质意义上的合同

8.陷阱八：另类合同——备忘录 · 325

具备合同基本要素、经过双方签字盖章确认的"备忘录"属于实质意义上的合同

第八部分
如何选择律师服务

第一部分 婚姻家事法律问题

一、夫妻"忠诚协议"的法律效力问题

华夏文明自黄帝时开始有了婚姻制度,《封神演义》开篇道:"神农治世尝百草,轩辕礼乐婚姻联",人类生命的延续、文明的进步和社会的秩序发展需要婚姻。"结发为夫妻,恩爱两不疑",这是宋代大诗人苏轼对婚姻的态度,"十年生死两茫茫,不思量,自难忘"也是他对婚姻忠诚、对亡妻挚爱的表现。当然,除了这种忠于婚姻和爱情的佳话,历史上也有司马相如"凤求凰"后又欲休妻的故事。无论从道德还是法律的层面,婚姻确实需要忠诚,有些夫妻为了达到忠诚的目的甚至采取签订"忠诚协议"等方式以制约彼此的行为。但是夫妻之间关于忠诚的协议是否能够挽救婚姻,是否能够受到法律保护呢?

关于夫妻"忠诚协议""净身出户承诺"是否具有法律效力,存在两种不同的观点。一种观点认为,此类约定具有法律效力。因为从立法目的而言,让有关"净身出户"的约定具有法律效力,是充分尊重夫妻双方自由处置婚内财产的权利。《民法典》第1065条第1款、第2款规定:"男女双方可以约定婚姻关系存续期间所得的财产以及婚前财产归各自所有、共同所有或者部分各自所有、部分共同所有。约定应当采用书面形式。没有约定或者约定不明确的,适用本法第一千零六十二条、第一千零六十三条的规定。夫妻对婚姻关系存续期间所得的财产以及婚前财产的约定,对双方具有法律约束力。"既然法律赋予了夫妻双方就财产的权属进行约定的权利,那么承诺在离婚时放弃全部或部分财产的意思表示也就理所当然地应当受到法律的许可和保护。

另一种观点认为，无论是"忠诚协议"还是"净身出户承诺"，实际上均无法获得法律效力。《民法典》第1043条第2款规定："夫妻应当互相忠实，互相尊重，互相关爱……"这是从法律层面倡导夫妻之间互负忠实义务，然而即使是法律的明文规定，该义务也仅是一种情感道德义务，法律无法强行要求一方履行义务。因此，夫妻一方以道德义务作为对价与另一方财产或物质进行交换而订立"忠诚协议"或"净身出户承诺"，则不能理解为真正意义上互负民事权利义务的协议。《最高人民法院关于适用〈中华人民共和国民法典〉婚姻家庭编的解释（一）》第69条第1款规定："当事人达成的以协议离婚或者到人民法院调解离婚为条件的财产以及债务处理协议，如果双方离婚未成，一方在离婚诉讼中反悔的，人民法院应当认定该财产以及债务处理协议没有生效，并根据实际情况依照民法典第一千零八十七条和第一千零八十九条的规定判决。"而实际上"忠诚协议""净身出户承诺书"正是双方在离婚时对财产分割的相关约定，故应当依据上述司法解释认定其效力，如果一方或双方拒绝履行是不能生效的，也就不能在离婚时作为支付违约金、赔偿金或分割夫妻共同财产的依据。

典型案例

夫妻"忠诚协议"具有道德约束力，但不具有法律约束力和强制力

一、夫妻"忠诚协议"的法律效力问题

📋 案例要旨

"忠诚协议"对维护婚姻关系稳定具有积极作用。但是夫妻之间是否忠诚属于情感道德领域的范畴,夫妻双方之间应当本着诚信自觉自愿履行,而不应赋予其强制执行效力。法律允许夫妻对财产关系及婚后所取得财产的分配等进行约定,但是不允许通过协议来设定人身关系。

📖 案例内容

原告赵某与被告胡某在登记结婚前,被告曾向原告出具一份婚前协议,内容为:"我胡某:如果有一天不要赵某和背叛赵某,我所有财产都归她所有。我有一辆车和房子,都归赵某所有。如果我胡某犯上述哪一条,我都净身出户。"原、被告双方婚后未生育子女。2018年4月18日,原告向一审法院提起诉讼,请求判决与被告离婚,法院经审理后作出(2018)黔0222民初×××号民事判决,判决驳回原告的诉讼请求。后原告又于2019年5月29日向一审法院提起诉讼,请求判决与被告离婚。一审法院经审理后作出(2019)黔0222民初×××号民事判决,准许原、被告离婚。之后,原告以一审法院未对夫妻共同财产进行分割,且被告向其出具了一份协议为由向一审法院提起诉讼,请求判决原、被告双方夫妻间共同财产即价值260,000元的房屋一套及价值10,000元的小汽车一辆归原告所有。

一审法院审理认为,该案首先应当明确被告向原告出具的婚前协议的性质。双方在协议中约定,如果被告不要原告和背叛原告,则被告的财产都归原告所有。该协议应是双方为维护婚姻关系的稳定所作的"忠诚协议",该"忠诚协议"对维护婚姻关系稳定具有积极作用。但是夫妻之间是否忠诚属于情感道德领域的范畴,夫妻双方之间订立的"忠诚协议"应当本着诚信自觉自愿履行,不应赋予其强制执行效力。法律允许夫妻对财产关系及婚后所取得财产的分配等进行约定,但是不允许通过协议来设定人身关系。人身权系法定权,不能通过合同来调整。本案原、被告之间所签订的忠诚协议的内容,应属道德情感领域的范畴,不宜由法律干预调整赋予其强制执行力,该协议的履行应是被告方本着诚信原则自愿自觉履行。同时,原告方主张案涉房屋及车辆系同居期间取得的财产,应当予以分割。案涉房屋系基于房屋原居住地房屋拆迁后所得补偿款置换而来,在举行婚礼前被告已经实际取得该房屋的使用权,故原告主张案涉房屋系同居期间所取得财产,无事实依据。案涉车辆系被告于2013年购买,并于2013年12月18日进行注册登记。原告也未提供证据证实案涉房屋及车辆系双方同居期间共同出资购买,原告对自己的诉讼请求负有举证义务,原告未能举证证明自己的主张,应承担举证不能的法律后果。一审法院判决:驳回原告赵某的诉讼请求。

一审判决作出后,赵某不服一审判决,提起上诉。

二审法院审理认为,根据双方当事人的陈述,案涉房屋尚未办理产权登记手续,不具备作为财产进行分割的前提。针对上诉人主张的车辆为胡某婚前个人财产,不属于双方当事人的共有财产,不应予以分割。二审法院判决:驳回上诉,维持原判。

法律索引

《中华人民共和国民法典》

第一千零四十三条 家庭应当树立优良家风,弘扬家庭美德,重视家庭文明建设。夫妻应当互相忠实,互相尊重,互相关爱;家庭成员应当敬老爱幼，互相帮助，维护平等、和睦、文明的婚姻家庭关系。

律师解读

无论是"忠诚协议"还是"净身出户承诺"，从本身来看都是双方订立的一种合同契约，只要约定内容不存在法律规定的无效事由，不存在威逼、胁迫等违背一方真实意思表示的情形，就应当受到法律的保护。但是，婚姻并非真正意义上的契约关系，双方在订立"忠诚协议"或"净身出户承诺"时所假设的前提条件如出轨、家暴等，更多的是受道德约束的行为。因此，法律并不能强行要求作出承诺的一方必须兑现诺言，否则就应承担不利的法律后果。可见，即便所谓"忠诚协议""净身出户承诺"具有约束力，在一方拒绝履行的情况下，法律仍然不能将该协议或承诺作为离婚时分割共同财产的依据。当然，如果双方离婚时协议约定且已经实际履行，而过后又主张协议无效要求返还财产的，一般也不会获得法院的支持。

二、婚内出轨能否作为离婚赔偿的条件

离婚损害赔偿制度由来已久，但此前在实践中因存在适用类型过于局限、赔偿标准不明晰等问题，该项制度未能充分发挥作用。2021年1月1日《民法典》正式颁布实施，《民法典》第1091条关于离婚中无过错方有权请求损害赔偿的条件，增设了第5项"有其他重大过错"的规定，作为该条法律适用的兜底性条款。这种"列举+概括"的立法模式有效扩大了该条法律的适用范围，其目的是通过调整离婚案件中过错责任承担，有效遏制婚姻中的不道德行为，弘扬社会主义核心价值观，稳固婚姻家庭关系，维护经济社会稳定发展。

典型案例

婚内一方存在多次出轨或其他严重情形的，应当视为存在重大过错，另一方在离婚时有权向其主张赔偿

案例要旨

离婚赔偿是离婚纠纷中无过错方可向过错方主张的一项法定权利，婚内出轨虽然尚未达到重婚、与他人同居的严重程度，但不可否认会给配偶带来巨大的情感伤害，如存在多次出轨或其他严重情形的，应当视为存在重大过错，可以作为无过错方主张离婚赔偿的理由。

二、婚内出轨能否作为离婚赔偿的条件

案例内容

北京市某区人民法院审理的一起离婚纠纷案件中,妻子称离婚的真正原因是丈夫婚内出轨成瘾,屡错屡犯,不知悔改,最终导致双方的婚姻走向失败。妻子起诉离婚的同时要求丈夫赔付精神损害赔偿金。

法院审理认为,虽然丈夫婚内出轨行为未达到重婚、与他人同居的严重程度,但由于其婚内出轨的次数较多,构成了对妻子的严重伤害。最终,承办法官依据《民法典》第1091条第5项"有其他重大过错"的规定,认定丈夫多次婚内出轨属于适用离婚损害赔偿制度的行为,判决其向妻子赔付精神损害赔偿金。

法律索引

《中华人民共和国民法典》

第一千零八十七条第一款 离婚时,夫妻的共同财产由双方协议处理;协议不成的,由人民法院根据财产的具体情况,按照照顾子女、女方和无过错方权益的原则判决。

第一千零九十一条 有下列情形之一,导致离婚的,无过错方有权请求损害赔偿:(一)重婚;(二)与他人同居;(三)实施家庭暴力;(四)虐待、遗弃家庭成员;(五)有其他重大过错。

律师解读

《民法典》新增了在分割夫妻共同财产时,应按照照顾无过错方的原则进行处理。这意味着,如果对方存在过错行为,无过错方完全可以主张多分财产,并且很大程度上能实现这一诉讼主张。虽然我们

一直提倡夫妻在婚姻关系中应互相忠诚、相互友爱，但是仍然有人会禁不住诱惑，在婚姻存续期间做出不道德的事情。而且，出轨行为本身存在隐蔽性较高、过错成本低、证明难度大等问题，导致现今婚内出轨的趋势逐渐上升，由此导致的离婚诉讼也越来越多。《民法典》在编纂时正是充分考虑了婚内出轨等不道德行为给家庭和社会稳定发展带来的负面影响，增设了"其他重大过错"的兜底性条款和在分割夫妻共同财产时应按照照顾无过错方进行处理的原则性规定。这也体现了《民法典》倡导树立优良家风、弘扬家庭美德、重视家庭文明建设的立法精神。因此，我们相信婚内出轨等不道德行为一旦被证实，其作为离婚诉讼中的重大过错事实，而让行为人付出相应代价的司法实践案例将越来越多。

三、分手时能否索要恋爱期间的部分花销

男女恋爱尤其是同居期间,各方为了表达爱意或者为了支付共同生活的开销,难免会有经济上的往来。而一旦双方选择分手,恋爱期间经济上付出较多的一方自然会感到心理失衡,认为在感情目标没有实现、感情基础已经消失的情况下,对方是利用感情占了自己的便宜。因此,有些人在分手后即选择向对方主张返还财产,甚至为此提起民事诉讼。此类案件的案由通常是不当得利纠纷、返还财产纠纷或民间借贷纠纷,司法实践中对此类案件存在不同的处理结果。

典型案例

情侣恋爱期间相互转账、互赠礼物等行为应当结合转账金额及用途或礼物贵重程度等因素认定是否构成赠与

案例要旨

关于情侣双方恋爱期间相互转账、互赠礼物等行为的定性,司法实践中通常会结合转账金额及用途或礼物贵重程度等因素进行认定,如果按照经验推断属于恋爱期间日常开销或赠与的,则无须返还;如果赠送物品价值较大,如房产、车辆、钻戒等,此类物品多带有彩礼属性,应当视为附条件赠与,如未能缔结婚姻则有权请求返还。

案例内容

林某（女）与尧某（男）经朋友介绍认识后发展为恋爱关系。林某家境不好，没有固定的工作，收入也不稳定。尧某则有一份稳定的工作，且收入颇丰。两人恋爱后，尧某经常通过微信向林某发送红包以及转账，其中有包含特殊意义的"示爱红包"或转账，如金额为520元的转账、52.10元的红包等；也有金额为几千元的转账，从双方聊天记录中可以看出是用于林某交纳房租等。两人相处一段时间后产生矛盾导致分手，尧某从朋友处得知林某与其他男生关系暧昧，因此以不当得利为由起诉林某要求返还恋爱期间的"红包"和"转账"。

法院审理认为，尧某系基于双方恋爱关系，自愿贴补林某的日常生活开销，支付次数频繁，金额较小，此类微信红包、微信转账应属于赠与而非不当得利。最终，法院驳回了尧某的诉讼请求，尧某没有上诉。

另一个案例中，男女双方确定恋爱关系后同居生活，其间大部分开销由男方负担，男方通过微信及支付宝账户向女方转账近4万元。双方还共同出资购买了小型轿车一辆，其中男方出资6万多元，女方出资8000多元，车辆登记在女方名下。

法院审理认为，两人恋爱即同居期间，互相转账、发红包等行为根据日常生活经验推断，应系部分用于同居期间的花销，部分属于恋爱情侣之间的赠与。而男方出资为女方购买车辆则是以两人以后共同生活为基础，且价值较大，不同于一般恋爱情侣之间的个人物品的相互赠与，从传统习俗及车辆价值等因素综合判断，具有彩礼的性质，应视为附条件的赠与，在双方未能缔结婚姻的情况下，女方应适当返还购车款。

三、分手时能否索要恋爱期间的部分花销

法律索引

《中华人民共和国民法典》

第六百五十七条 赠与合同是赠与人将自己的财产无偿给予受赠人，受赠人表示接受赠与的合同。

第六百五十八条第一款 赠与人在赠与财产的权利转移之前可以撤销赠与。

第九百八十五条 得利人没有法律根据取得不当利益的，受损失的人可以请求得利人返还取得的利益，但是有下列情形之一的除外：（一）为履行道德义务进行的给付；（二）债务到期之前的清偿；（三）明知无给付义务而进行的债务清偿。

律师解读

从上述法律规定可以看出，赠与是一种双方单务的法律行为，双方形成合意后一方承担给付义务，另一方只需接纳即可生效。赠与一旦完成，除法定事由外赠与人是不能要求返还财产的。从司法实践可以看出，男女恋爱或同居期间，一方支付给另一方的微信（支付宝）转账或"红包"，如果是为了维持恋爱关系而具有特殊的纪念意义、具有讨好对方的目的或意图，应视为一般赠与，赠与完成后受赠人无须返还。但是，如果明显是以结婚为目的且金额较大、价值较重的现金、不动产和特殊动产等，应视为具有彩礼特征的附条件赠与，在条件无法成就时受赠人承担返还财产的义务。

四、非婚生子女亲子关系确定及抚养费标准

在非婚生子女的抚养费纠纷案件中,通常存在两个焦点性问题,一是亲子关系的确认问题,二是抚养费支付的标准问题。首先,关于亲子关系的确认问题。亲子关系可分为自然血亲的亲子关系和法律拟制的亲子关系。现实中非婚生子女的自然血亲关系确认,对于保护非婚生子女的合法权益具有重要意义。随着准确度极高的 DNA 分型鉴定技术在亲子鉴定领域的优势越发凸显,人民法院在审判实践中越来越多地将 DNA 鉴定技术检测结果作为判断亲子关系是否存在的重要证据。然而,DNA 鉴定需要当事人的配合才能完成,为了防止当事人拒不配合导致鉴定不能,人民法院无法作出公正的裁判,《民法典》及相关司法解释对当事人拒不配合 DNA 鉴定的不利法律后果作出了明确规定。其次,关于非婚生子女抚养费给付问题。《民法典》第 1071 条规定,非婚生子女享有与婚生子女同等的权利,任何组织或者个人不得加以危害和歧视。不直接抚养非婚生子女的生父或生母,应当负担未成年子女或者不能独立生活的成年子女的抚养费。婚生子女抚养费给付标准同样适用于非婚生子女。

典型案例

非婚生子女同婚生子女享有同等权利,当事人拒不配合与非婚生子女之间的 DNA 鉴定,也无法提供相反证据或所举的证据不足以反驳对方主张的,应当认定双方存在亲子关系

四、非婚生子女亲子关系确定及抚养费标准

📋 案例要旨

非婚生子女亲子关系认定首先应当遵循 DNA 鉴定结果进行判断，如当事人拒不配合鉴定也无法提供相反证据或所举的证据不足以反驳对方主张的，人民法院可以认定提出确认或者否认亲子关系一方的主张成立。同时，非婚生子女同婚生子女享有同等权利，生父母应当对其进行抚养，不能直接抚养的生父或生母应当对未成年或不能独立生活的成年子女负担抚养费用。

📖 案例内容

被告张某系某物流公司法定代表人及股东。2016 年 9 月张某与韩乙开始不正当关系，后韩乙与案外人吴某登记结婚，婚后生一男孩韩甲，出生医学证明载明韩甲的生父为吴某。2019 年 6 月，吴某与韩乙办理离婚登记。离婚协议书约定：韩甲由韩乙抚养直至 18 周岁，不需吴某承担任何费用；婚内男方所产生债权债务与女方无任何关系，女方所产生债权债务与男方无任何关系，双方无共同财产及银行存款，无须分割。

2020 年 4 月，王某（张某之妻）向法院提起诉讼，主张 2016 年 9 月起张某与韩乙相识，其间张某赠送了韩乙现金和车辆等，请求法院确认张某赠与韩乙财物的行为无效，请求判令韩乙返还财物。虽然韩乙辩称，受赠款项系张某负担的韩乙怀孕及儿子出生后产生的必要支出和抚养费用，但是法院经审理仍然认定赠与无效，判决韩乙返还财物。韩乙上诉后二审法院判决：驳回上诉，维持原判。

韩乙败诉后，其子韩甲以张某为被告提起诉讼，要求张某一次性支付其从出生至 18 周岁的抚养费，并负担其今后医疗费的一半。张

某则辩称，在其与韩乙存在不正当关系及韩甲出生期间，韩乙与吴某还有一段婚姻关系，因此无法证明双方存在真实的父子关系；即便韩甲是其子，其诉求也没有事实和法律依据。庭审中，韩乙称自己与吴某结婚系张某有意安排；韩甲亦提供了张某、韩乙及韩甲在一起日常生活照片15张，证明3人关系超出正常范围。法院结合照片、韩乙与张某恋情的事实、出生日期等因素以及张某之妻起诉韩乙赠与无效的诉讼情况，依照原告韩甲申请，决定对张某与韩甲是否存在父子关系进行鉴定。但当法院对外委托鉴定后，张某却不予配合、拒绝到场，导致鉴定无法进行。

  法院审理认为，根据《最高人民法院关于适用〈中华人民共和国民法典〉婚姻家庭编的解释（一）》第39条的规定，在一方当事人已经就其提出的确认或者否认亲子关系的主张举出证据加以证明，虽然穷尽其举证能力仍然不足以证实其主张确实成立，故申请通过亲子鉴定的方式证明其主张。另一方不同意其主张，但没有任何相反的证据或所举的证据不足以反驳对方主张，却又坚决不同意进行亲子鉴定的情况下，人民法院可以认定提出确认或者否认亲子关系一方的主张成立。本案中，张某没有举示相反的证据反驳韩甲关于双方存在亲子关系的主张，又无故拒绝做亲子鉴定，因此人民法院采用间接强制的方式来认定双方存在亲子关系。一审判决：张某自韩甲出生之日起至满18周岁止，每月向韩甲支付子女抚养费2000元。一审宣判后，原、被告均提出上诉。韩甲在二审期间撤回上诉。二审判决：驳回张某的上诉，维持原判。

📜 法律索引

《中华人民共和国民法典》

第一千零七十一条 非婚生子女享有与婚生子女同等的权利,任何组织或者个人不得加以危害和歧视。不直接抚养非婚生子女的生父或者生母,应当负担未成年子女或者不能独立生活的成年子女的抚养费。

第一千零七十三条 对亲子关系有异议且有正当理由的,父或者母可以向人民法院提起诉讼,请求确认或者否认亲子关系。对亲子关系有异议且有正当理由的,成年子女可以向人民法院提起诉讼,请求确认亲子关系。

《最高人民法院关于适用〈中华人民共和国民法典〉婚姻家庭编的解释(一)》(法释〔2020〕22号)

第三十九条 父或者母向人民法院起诉请求否认亲子关系,并已提供必要证据予以证明,另一方没有相反证据又拒绝做亲子鉴定的,人民法院可以认定否认亲子关系一方的主张成立。父或者母以及成年子女起诉请求确认亲子关系,并提供必要证据予以证明,另一方没有相反证据又拒绝做亲子鉴定的,人民法院可以认定确认亲子关系一方的主张成立。

👨‍⚖️ 律师解读

从上述法律规定和案例的裁判结果可以看出,确认亲子关系一般伴随着司法鉴定,但因亲子鉴定既涉及人与人之间的亲情与伦理关系,又影响婚姻家庭的稳定,且涉及人的身体权,所以必须以当事人自愿为原则。但是,人民法院审理案件必须以事实为依据、以法律为准绳,在一方当事人拒不配合亲子鉴定时，人民法院势必无法查明亲子关系的事实，这也就导致无法作出客观公正的裁判。因此，法律明确规定了当事人拒不配合亲子鉴定应承担的法律后果，为人民法院间接强制认定案件事实提供了依据。在亲子关系确认存在后，关于抚养费的数额，非婚生子女与婚生子女适用的标准是一致的。至于具体数额，则可以根据子女的实际需要、父母双方的负担能力和当地的实际生活水平予以合理确定。总之，无论是法律规定还是司法实践，其遵循的均是未成年子女利益最大化原则。当父母的感情产生裂缝、婚姻亮起红灯时，作为子女特别是未成年人情感上已经受到了无法抹平的伤害。而未成年人关系到国家的未来、民族的希望，因此在法律纠纷产生时，用法律手段给予未成年子女最大限度的保护，更符合国家发展、民族复兴的基本要求。

五、夫妻共同债务的法律认定和承担问题

对于普通人而言,婚姻应该是人生的必经之路。在婚姻中不仅有朴实真挚的情感、柴米油盐的琐碎,还可能有刻骨铭心的爱恨。而当两个人决定终结婚姻时,很多人面对情感能够做到剪得断、理不乱,而面对财产分割问题却很难作出割舍、摆脱纠缠。在夫妻共同债务的认定中,婚姻存续期与夫妻共同生活是两项重要标准,其中夫妻共同生活更是实质性要素,也是夫妻共同债务的本质属性。因此,在涉及夫妻共同债务的案件中,作为人民法院或仲裁机构应当尽可能地查明婚内生活状况,平等重视和保护债权人与举债人配偶的合法权益。而作为婚姻中的任意一方,为了更好地避免承担不必要的夫妻共同债务,在日常生活中也应当增进对另一方的了解,减少被动承担共同债务的可能性。

典型案例

"夫妻共同生活所负"系夫妻共同债务的本质属性,婚姻关系存续期不能作为判断夫妻共同债务的决定性因素

案例要旨

夫妻共同债务应为夫妻共同生活所负。夫妻共同生活是夫妻共同债务的本质属性,婚姻关系存续期只是一个简单的外在判断形式不能被唯一化,如果不能满足共同生活这一前提,则应当认定为夫妻一方

的个人债务。

📖 案例内容

董某某与王某东之间存在过两段婚姻关系,系离婚后又复婚。两人在婚内经常发生争吵,复婚后关系未有好转,仍是争吵不断,因此又离婚。在双方复婚期间,王某东开始与陈某武合伙经营铁矿生意,两人由于合伙经营问题发生纠纷并诉至法院。董某某作为王某东的妻子,陈某武起诉时将其也列为共同被告,要求法院认定为夫妻共同债务,判决董某某承担连带偿还责任。

一审法院审理认为,董某某作为公务人员,未参与经营,也未分享因此带来的利益,陈某武未尽到举证责任,涉案债务不构成夫妻共同债务,遂判决王某东支付陈某武各种款项共计 643,600 元以及违约金 54,000 元,驳回陈某武的其他诉讼请求。

一审判决作出后,陈某武不服一审判决,提起上诉。

二审法院审理认为,涉案债务发生在董某某与王某东婚姻存续期间,依据原《最高人民法院关于适用〈中华人民共和国婚姻法〉若干问题的解释(二)》第 24 条的规定,应当按夫妻共同债务处理。董某某未能举证证明系个人债务,对此应承担连带还款责任。

二审判决作出后,董某某不服二审判决,申请再审。

再审法院审理认为,原《最高人民法院关于适用〈中华人民共和国婚姻法〉若干问题的解释(二)》第 24 条是以婚姻关系存续期间对夫妻共同债务作出推定。原《婚姻法》第 41 条规定,夫妻共同债务应为夫妻共同生活所负。对司法解释的理解应当符合、遵循法律规定的本身意旨。夫妻共同生活是夫妻共同债务的本质属性,婚姻关系存续期只是一个简单的外在判断形式不能被唯一化。本案双方分分合合多次，有异于正常的夫妻状态。二人在经济及生活上各自负担，就二者各自的经济能力以及双方关系的矛盾状况而言，具有一定的成因与基础。双方缺乏正常夫妻之间应有的相互扶持与依靠，对家庭生活缺乏共同经营的意向与努力。故涉案债务不具有为夫妻共同生活所负这一特性，不能认定为夫妻共同债务。再审法院据此撤销二审判决，维持一审判决。

法律索引

《中华人民共和国民法典》

第一千零六十四条 夫妻双方共同签名或者夫妻一方事后追认等共同意思表示所负的债务，以及夫妻一方在婚姻关系存续期间以个人名义为家庭日常生活需要所负的债务，属于夫妻共同债务。夫妻一方在婚姻关系存续期间以个人名义超出家庭日常生活需要所负的债务，不属于夫妻共同债务；但是，债权人能够证明该债务用于夫妻共同生活、共同生产经营或者基于夫妻双方共同意思表示的除外。

第一千零八十九条 离婚时，夫妻共同债务应当共同偿还。共同财产不足清偿或者财产归各自所有的，由双方协议清偿；协议不成的，由人民法院判决。

律师解读

《民法典》颁布实施后，《最高人民法院关于适用〈中华人民共和国婚姻法〉若干问题的解释（二）》同时被废止。可以看出，《民法典》的立法意旨是进一步限缩夫妻共同债务的认定。比如，债权人就婚姻关系存续期间夫妻一方以个人名义所负债务主张权利的，如果认定为夫妻共同债务，应当满足两个要素，一是夫妻有无共同举债的合意，二是该债务有无用于夫妻共同生活。这两个因素，属于基本原则的例外情形。如果一方有证据足以证明夫妻双方没有共同举债的合意或该债务未用于夫妻共同生活，则该债务只能认定为夫妻一方的个人债务。这样一来可以有效减少夫妻一方被动承担共同债务的问题，其目的是稳定婚姻家庭生活，稳固社会发展秩序，有利于新时代中国特色社会主义发展大局。

六、丈夫赠与主播的钱财妻子可主张返还

近年来,网络直播行业开始繁盛,围绕网络直播出现了很多的相关产业和活跃群体,人们娱乐其中也投入了大量的时间和金钱。不得不承认,网络直播丰富了我们的生活,带给我们很多便利,也给很多经营者带来了不容小觑的经济利益,直播行业促进了经济社会的繁荣和发展,尤其在"被手机掌控"的今天,有些人已然习惯甚至离不开直播了。但是,围绕网络直播也产生了很多的道德问题和法律纠纷,比如,有的男性用户为讨女主播欢心,不惜豪掷千金打赏;还有些人花重金与女主播约会,赠与贵重的物品;等等。如果这些男性客户是在婚内使用夫妻共同财产打赏、赠与,就很可能出现妻子一方要求返还财产的法律纠纷。

典型案例

丈夫违背夫妻忠诚义务,出于其他目的直接向女主播进行赠与的,妻子可以请求女主播予以返还财产

案例要旨

对于丈夫向网络主播的转款是否可以主张返还应当区分对待,如果是通过网络直播平台进行的打赏行为,应当视为其付费享受网络直播增值服务,属于消费行为,平台及主播无须返还。如果是违背夫妻忠诚义务,出于其他目的直接向女主播进行赠与的,妻子可以请求女主播予以返还。

案例内容

原告张某某与被告库某某系夫妻关系。被告文某系斗鱼平台女主播。库某某在斗鱼平台上认识了文某，而后双方开始交往。文某在明知库某某已婚生育的情况下，于2019～2020年接受库某某通过微信、支付宝、交通银行转账等方式的赠与。张某某发现上述情况后，要求文某返还财产并诉至法院，请求判决确认库某某对文某的赠与行为无效，撤销库某某对文某的赠与，判决文某返还斗鱼充值、转账及包、手机等物品共计人民币1,586,108元。

一审法院审理认为，在夫妻关系存续期间，夫或妻均有处理夫妻共同财产的权利，夫或妻非因正常生活需要对夫妻共同财产作出重要处理决定的，应当协商一致。本案中，库某某在未与张某某协商一致的情况下将其与张某某的夫妻共同财产赠与文某，该行为严重侵害了张某某的财产权益。文某明知库某某有妻子，仍然与其保持不正常交往，并接受库某某的赠与，该行为有悖公序良俗原则。故文某应当返还库某某通过微信、支付宝、银行转账支付的赠与。张某某其他诉请因没有证据支持，一审法院不予支持。一审法院判决：一、确认库某某赠与文某169,560.86元的行为无效；二、文某返还原告张某某169,560.86元。

一审判决作出后，张某某不服一审判决，提出上诉。

二审法院审理认为，本案的争议焦点：一是如何界定库某某在斗鱼平台上的充值打赏行为；二是线下库某某与文某交往期间赠与的财物是否应予返还。关于焦点一，库某某使用真实货币在斗鱼平台进行充值并兑换成虚拟道具，进入文某直播间向其发送的是虚拟道具，而非真实的金钱，库某某观看直播，享受增值服务，获得精神上的满足感,这种行为更多的是一种网络消费行为,而非单务、无偿的赠与行为,且张某某并未对斗鱼平台提起诉讼,仅要求文某返还库某某在斗鱼平台充值的款项于法无据。关于焦点二,在婚姻关系存续期间,夫妻共同财产应作为一个整体,夫妻对全部共同财产不分份额地共同享有所有权,任何一方均对夫妻共同财产的全部享有权益。夫或妻非因日常生活需要对夫妻共同财产作出重要处理决定,夫妻双方应平等协商,取得一致意见。库某在婚姻存续期间与文某保持不正当关系,将大额夫妻共同财产擅自赠与文某,严重损害其配偶张某某的财产权益,有违社会公序良俗,文某对这部分款项应予返还。综上所述,张某某的上诉请求部分成立,应予部分支持。二审法院判决:撤销湖南省祁阳县人民法院(2020)湘1121民初×××号民事判决;确认库某某赠与文某345,367.86元财物的行为无效;文某限期返还张某某345,367.86元。

法律索引

《中华人民共和国民法典》

第一百五十三条 违反法律、行政法规的强制性规定的民事法律行为无效。但是,该强制性规定不导致该民事法律行为无效的除外。违背公序良俗的民事法律行为无效。

第六百五十七条 赠与合同是赠与人将自己的财产无偿给予受赠人,受赠人表示接受赠与的合同。

第六百五十八条 赠与人在赠与财产的权利转移之前可以撤销赠与。经过公证的赠与合同或者依法不得撤销的具有救灾、扶贫、助残等公益、道德义务性质的赠与合同,不适用前款规定。

第一千零六十二条第二款 夫妻对共同财产，有平等的处理权。

律师解读

本案涉及的问题主要体现在以下三个方面：

一是丈夫婚内与女主播交往如何评价。从本案可以看出，库某某在斗鱼平台与女主播文某相识后，双方互生情愫并开始交往，这种交往的方式明显带有不当的暧昧表现，且文某也明确知晓库某某已有妻子，仍然与其保持不正常的交往关系，两人的行为明显不被世人所接受和提倡，不符合社会公序良俗。

二是丈夫打赏女主播、赠与财产的行为如何评价。库某某在婚内与女主播保持不正当的暧昧关系，在未经妻子同意的情况下使用婚内共同财产向女主播打赏、赠与，明显侵犯了妻子的合法权益。虽然《民法典》第1062条第2款规定，夫妻对共同财产，有平等的处理权。但是一方处置共同财产不能以侵犯另一方合法权益为代价，在此可区分对待，如果一方擅自处分共同财产的数额较小，依法应当发生法律效力。而财产数额较大的，则不应认定具有法律效力，除非受让人受让财产符合善意取得的法律要件。在善意取得的情况下，处分行为不能撤销，夫妻中因此受害的一方可以在双方离婚时向对方主张损害赔偿。

三是妻子是否有权要求返还财物。依据上述分析，如果丈夫擅自处置的是夫妻共有的大额财产，妻子有权请求人民法院确认该处分行为无效并予以撤销。结合本案判决可以看出，库某某擅自赠与文某的财产属于其与张某某的夫妻共同财产，因此张某某向人民法院提起诉讼主张文某返还于法有据。但是人民法院在判决时也给予了区分，认为对于库某某直接通过微信、支付宝、银行转账等方式支付给文某金钱的行为，属于无效的赠与，文某负有返还财产的义务。而对于库某某在平台兑换等值物后进行打赏,人民法院认为属于在平台的正常消费行为,虽然兑换的目的是打赏,但是打赏行为并不具有违法性,因此库某某的消费行为应受法律保护,不能随意撤销。

七、丈夫在平台打赏后妻子无法索回财产

随着网络科技的飞速发展，人与人之间的沟通交流也越来越少，甚至连"逛街买东西"都可以用"网购"来代替，这导致了很多人不知道该如何表达自己，成了"孤独患者"。现今，有越来越多感到"孤独"的人通过观看网络直播打发时间，也使得网络直播行业异常火爆，有些人在直播平台豪掷重金打赏，只为求得与主播的私下交流、进一步交往。直播打赏本身是一种正常的消费行为，只要打赏人、平台或者主播不存在违法情形，那么打赏人有权处置自己的财产，可以购买任何平台的等价物进行打赏，甚至直接赠与主播财物。但是，如果打赏人是有妇之夫，且使用了夫妻共同财产消费、打赏，而且与主播之间存在不正常的交往，那么作为妻子一方势必会以夫妻共同财产的擅自处置不合法为由，向打赏人、平台、主播等主张相关权益，由此引发的纠纷也较为典型。

典型案例

在网络直播平台进行的打赏应当视为消费行为，没有其他证据证明双方构成赠与的，打赏人或其配偶均无权主张返还

案例要旨

在直播平台打赏主播的行为，本质上属于使用虚拟道具享受增值服务、获得精神满足，因此打赏主播行为应当认定为消费行为，并非

赠与。且网络服务提供者在接受服务购买人支付的充值款时并无义务审查购买者的婚姻状况及是否已取得配偶同意，故配偶无权主张返还。

案例内容

原告俞某梅与柴某怠系夫妻关系，并生有一子。柴某怠因患癌症晚期已不治去世。被告程某英系被告北京陌陌科技有限公司旗下陌陌直播平台的主播。柴某怠自2017年9月开始在原告不知情的情况下，通过陌陌直播平台对被告持续进行打赏赠与，并私下保持不正当男女关系。2017年9月至2019年2月，柴某怠对被告打赏合计人民币402,391元。柴某怠于2019年2月被确诊晚期肠癌，在花费巨额救治费用后于2020年2月1日死亡，留下原告及10周岁儿子孤儿寡母身负巨额债务。原告在整理柴某怠遗物时发现柴某怠银行记录及手机微信中存在大量的打赏赠与及转账记录。原告向被告程某英说明情况要求归还打赏赠与款项，但被告程某英拒不退还。原告俞某梅遂起诉至法院，请求判决被告程某英、被告北京陌陌科技有限公司共同返还柴某怠使用夫妻共同财产打赏的402,391元中属于自己的一半即201,195.5元。

一审法院审理认为，案外人柴某怠使用夫妻共同财产购买北京陌陌科技有限公司平台的虚拟货币"陌陌币"，再使用"陌陌币"在程某英直播间购买虚拟的礼物进行打赏。程某英、北京陌陌科技有限公司根据柴某怠打赏购买虚拟礼物所花费的"陌陌币"折算的人民币进行分成。购买"陌陌币"的行为仅仅是对财产存在形式的转换，并未发生实质上的减损，处分夫妻共同财产并发生减损的行为应该是在程某英直播间赠送礼物的行为。观看直播并未设置门槛，"陌陌"用户可以任意观看直播节目，并不要求其赠送礼物或规定必须赠送的数额，因此，用户赠送礼物的行为与主播的表演行为或者是平台的运营行为均非对等的给付义务，故不能视其为消费行为，应认定为赠与行为。程某英、北京陌陌科技有限公司是直接通过柴某怠的赠与行为获取的收益，而并非通过提供了所谓有偿服务或其他法律行为。因此，柴某怠与程某英、北京陌陌科技有限公司之间形成赠与合同关系。柴某怠与俞某梅婚姻存续期间并不存在夫妻财产约定，根据相关法律规定所获得的财产均推定为夫妻共同财产。本案所涉金额达数十万元应属于重大财产的处分，柴某怠将其处分时俞某梅并不知情。而程某英私下接受柴某怠诸如5200元、8888元、1314元等我爱你备注等字样金额款项，以及朋友圈中十分亲密的表白等均表明程某英与柴某怠之间存在暧昧关系。且程某英对柴某怠与俞某梅之间的夫妻关系亦是明知的，因此，不属于善意第三人。柴某怠非法处置夫妻共同财产的行为无效，而程某英、北京陌陌科技有限公司基于该无效行为获取的利益，理应返还。俞某梅在本案审理中对涉案夫妻共有财产的一半即201,195.5元进行主张合理合法，一审法院予以支持。一审法院判决：程某英、北京陌陌科技有限公司于判决生效之日起7日内共同返还俞某梅人民币201,195.5元。

一审判决作出后，程某英、北京陌陌科技有限公司不服一审判决，提出上诉。

二审法院审理认为，本案的争议焦点：一是柴某怠在陌陌平台打赏的性质为何？二是俞某梅所提程某英及北京陌陌科技有限公司向其返还柴某怠打赏的"陌陌币"所对应充值款项的主张是否能够得到支持。关于争议焦点一，俞某梅认为柴某怠的该行为系赠与行为。但本案实为网络服务合同纠纷，案外人柴某怠与陌陌平台签订用户协议，注册成为陌陌平台的用户，按照协议约定接受该平台提供的各种服务，其在陌陌平台上向主播进行的打赏系将真实货币在陌陌平台充值兑换成虚拟的"陌陌币",换取陌陌平台上的各种道具后,再向平台主播发送。一方面,柴某怠打赏的并非真实钱款,而是虚拟道具,该道具是产生并储存于北京陌陌科技有限公司网络数据库中的数据信息等衍生物,且不能直接兑换回金钱;另一方面,柴某怠在观看直播时,使用虚拟道具享受了增值服务,亦获得了精神上的满足。故柴某怠通过充值取得虚拟道具对程某英进行打赏并非无所得,不具备赠与合同所具有的单务性、无偿性,应为网络消费行为,而非赠与行为。关于争议焦点二,俞某梅主张柴某怠与程某英具有不正当男女关系,以持续不断、次数及总额远超正常人收入的打赏非法处置夫妻共同财产,程某英、北京陌陌科技有限公司对获得该打赏赠与的行为非善意。但一方面,柴某怠是具有完全民事行为能力的成年人,有权选择消费的方式和种类,既应理性安排管理自己的支出和消费,也应遵守其与陌陌平台签订的用户协议,柴某怠在陌陌平台的充值、打赏行为持续在2年多的时间内,充值数额以百元、千元为主,网络服务提供者在接受服务购买人支付的充值款时并无义务审查购买者的婚姻状况及是否已取得配偶同意,且网络服务提供者也无从推断柴某怠是否侵害他人的财产处分权。同时,夫妻双方对家庭财产具有平等的管理和使用权。俞某梅与柴某怠系共同生活的夫妻,对家庭的共同积蓄情况应进行了解和管理,但俞某梅在2年多时间内,对柴某怠任意使用夫妻家庭财产的行为并未有所管理和阻止,事实上对柴某怠在陌陌平台的充值和打赏行为予以一定程度的放任。另一方面,俞某梅提供的证据尚不能证明柴某怠与程某英存在不正当男女关系或程某英的直播内容有违公序良俗,亦无程某英明知柴某怠已婚仍与柴某怠发生婚外不正当关系的确凿证据。据上,俞某梅认为本案应基于柴某怠赠与无效并按不当得利诉请程某英、北京陌陌科技有限公司返还财产，缺乏事实和法律依据；程某英、北京陌陌科技有限公司上诉理由中合法、合理的部分，法院予以采纳。值得注意的是，作为直播平台的经营者，亦应担负起与其盈利相对等的社会责任，严格管理直播内容，倡导理性消费，加强对未成年人或其他无民事行为能力、限制民事行为能力人的保护，注重传递社会主义核心价值观。二审法院判决：一、撤销浙江省金华市婺城区人民法院（2020）浙0702民初××××号民事判决；二、驳回俞某梅的全部诉讼请求。

法律索引

《中华人民共和国民法典》

第六百五十七条　赠与合同是赠与人将自己的财产无偿给予受赠人，受赠人表示接受赠与的合同。

律师解读

本案的一审、二审判决存在截然相反的认定和结果，说明此类案件在司法实践中还存在不同的理解。关于柴某怠在平台打赏女主播的行为，一审法院认为柴某怠使用夫妻共同财产购买平台虚拟货币，再使用虚拟货币购买的虚拟礼物进行打赏，属于使用夫妻共同财产进行赠与。因为用户进入平台后，并不是必须打赏才能观看直播，所以赠送礼物与主播的表演行为或者是平台的运营行为均非对等的给付义务，故不能视其为消费行为，应认定其为赠与行为。柴某怠在婚姻存续期间擅自处分大额财产，且程某英亦不属于善意取得，因此俞某梅主张返还自己的一半财产合理合法。二审法院则认为，柴某怠系按照与平台签订的用户协议约定接受该平台提供的各种服务,包括购买平台虚拟货币后选购虚拟礼物进行打赏等。一方面,柴某怠购买虚拟货币的行为是一般性的消费行为,购买后的虚拟货币仍然在平台后台数据库中保存,没有造成柴某怠财产的损失,因此并非赠与。所以柴某怠实际赠与的是用虚拟货币购买的虚拟礼物,并非实际的金钱。另一方面,柴某怠在观看直播时使用虚拟礼物打赏,从而获得精神上的满足,也属于享受了平台的增值服务。因此柴某怠的打赏行为并非无所得,不具备赠与合同所具有的单务性、无偿性的特征,其应属正常的网络消费行为。对于柴某怠正常的消费行为,俞某梅的主张自然难以成立。

笔者比较同意二审法院的裁判观点。虽然平台并未就直播设置任何观看门槛,但是平台运营和直播活动明显带有经营的性质,观看者自愿在平台购买虚拟货币并用以选购礼物,应属于一般性的消费行为。而货币属于种类物,即使观看者使用别人的金钱在平台消费,平台亦不负有向受害人返还财产的义务,受害人可另行向侵权的平台消费者主张权益,其双方产生的是另案中的债权债务关系,与平台的合法交易无关。就本案而言,柴某怠购买虚拟货币使用的金钱中即使有俞某梅的部分,但是平台在进行虚拟货币交易、主播在收受礼物时均没有义务审查打赏人的婚姻状况,以及使用的金钱是否为夫妻共同财产、妻子一方是否同意等情况,即使平台或主播想要核实也难以做到,因此俞某梅不应向平台或主播主张返还财产,而是应当向侵权人柴某怠主张权益,当然本案中柴某怠已经过世,俞某梅已无法向其主张。

此外,二审判决中也提到,俞某梅作为妻子对家庭的共同积蓄情况应进行了解和管理,俞某梅在 2 年多时间内就柴某怠任意使用夫妻家庭财产的行为并未有所管理和阻止,事实上是对柴某怠在平台的充值和打赏行为予以一定程度的放任。笔者也认同该观点,夫妻在婚内应负有扶助和监督的义务,一方面就对方存在的困难应予帮助,相濡以沫、共度难关;另一方面也要对另一方的不当行为进行监督和纠正,不仅为了使婚姻家庭生活和谐美满,也尽可能地保障婚姻中属于自己的合法权益。本案中俞某梅没有尽到妻子的监督义务,未及时纠正柴某怠的不当行为,也应对其自身权益受损承担相应的责任。

八、前儿媳欲嫁给前公公，法律是否应当允许

"在天愿作比翼鸟，在地愿为连理枝。天长地久有时尽，此恨绵绵无绝期"，这是唐代诗人白居易在《长恨歌》中的名句，也因为这首诗，唐玄宗和杨贵妃的爱情故事一直被后人传唱。类似这种公公与儿媳之间的不伦恋，现实中也真实存在。恋总归是恋，如果真正发展到了婚姻的地步，法律是否应当允许呢？我国现行《民法典》以及之前的《婚姻法》均未对直系姻亲之间能否结婚作出明确规定。在直系姻亲能否结婚的讨论中，有人提出应明令禁止这种婚姻关系，因为它违背传统伦理道德，而且容易引起亲属关系的混乱，许多国家都有禁止直系姻亲结婚的规定。但也有人认为，姻亲之间一般并无血缘关系，姻亲结婚并不产生遗传学上的后果，从婚姻自由的角度没有禁止姻亲结婚的必要，如此一来，前儿媳嫁前公公、前女婿娶前岳母这种道德上认为荒唐，法律又未禁止的情况就当然地引发了一系列社会问题。

典型案例

类似于前儿媳欲嫁前公公等问题，虽然法律未明确禁止此类婚姻登记，但实践中应当重点关注双方是否存在建立婚姻关系的真实合意

案例要旨

对于前儿媳欲嫁前公公等情形是否应当禁止，目前我国法律尚未作出明确规定。但在面对此类结婚登记申请时，应当重点关注双方是

否存在建立婚姻关系的真实合意。

案例内容

原告陈某华是宁波市鄞州区某街道某村农业户口的村民，20世纪70年代与案外人王某利形成事实婚姻关系，双方育有一子即案外人陈某。陈某于2003年与原告赖某妹结婚，并育有一女，即原告陈某琼。2012年七八月，案外人陈某与原告赖某妹办理了离婚手续。2012年9月17日，陈某华与王某利在宁波市鄞州区人民法院办理了事实婚姻的离婚手续。2012年9月21日，原告陈某华（前公公）与原告赖某妹（前儿媳）登记结婚。同日，陈某华向被告高新区公安局提出赖某妹、陈某琼的户口迁移申请。被告高新区公安局的工作人员口头告知原告陈某华需取得其所在村的村民委员会的同意户口迁入的盖章证明材料，并将申请材料退回。原告陈某华、赖某妹、陈某琼起诉要求确认被告高新区公安局行政不作为违法。

法院审理查明，高新区公安局收到陈某华户口迁移申请后，要求陈某华在《申请报告》上加盖其所在村的村民委员会印章。陈某华向所在村的村民委员会申请加盖印章未果后，要求高新区公安局继续履行调查的法定职责，并作出准予或不准予户口迁移的具体行政行为。高新区公安局分别对陈某华、赖某妹进行了询问，并向陈某华所在村的村民委员会调查了有关情况。高新区公安局认为，陈某华与赖某妹原系前公公和前儿媳的关系，其办理结婚登记的目的是进行户口迁移，结婚登记后，陈某华和赖某妹没有共同生活在一起，没有形成真实的婚姻关系，其结婚系假结婚。陈某华与赖某妹为了获得更多的拆迁利益及社员权益，通过假结婚的方式隐瞒事实真相，编造虚假事实，意图违法办理户口登记，其户口迁移申请不符合法律规定。陈某华与赖某妹的结婚违反了社会伦理道德和公序良俗,不为社会大众所容忍和接受。因此,从道德、公序良俗及社会效果评价来看,也不应当准许赖某妹、陈某琼的户口迁移申请。

法院审理认为,根据《户口登记条例》第3条第1款的规定,被告高新区公安局具有对其辖区内户口登记进行行政管理的法定职责。原告陈某华、赖某妹办理结婚登记后,以夫妻投靠为由向被告高新区公安局申请户口迁移。被告高新区公安局的工作人员收到原告陈某华的申请后予以了口头答复,告知原告陈某华需提交其所在村的村民委员会的同意户口迁入盖章证明材料,程序上并无不当,不存在行政不作为的事实,一审法院判决:驳回原告陈某华、赖某妹、陈某琼的诉讼请求。原告上诉后,二审法院判决:驳回上诉,维持原判。

法律索引

《中华人民共和国民法典》

第一千零四十八条 直系血亲或者三代以内的旁系血亲禁止结婚。

第一千零五十一条 有下列情形之一的,婚姻无效:(一)重婚;(二)有禁止结婚的亲属关系;(三)未到法定婚龄。

律师解读

《民法典》及之前的《婚姻法》并未将姻亲结婚列入禁止范围。从本案的审理和判决来看,法院并未以陈某华、赖某妹婚姻本身作为裁判的事实依据,但是法院充分考虑了被告高新区公安局的答辩意见,虽然陈某华、赖某妹的婚姻和办理户口迁移的申请符合法律规定的条件，但是他们的婚姻有悖于社会伦理道德和风俗习惯，如果存在此类真实恋爱结婚的情形也无法被世俗所接受。况且本案中陈某华、赖某妹结婚的目的明显是更多获取所在村的集体经济组织成员利益，具有一定的不正当性。因此，人民法院在综合考量案件事实和法律规定的情况下作出了本案的裁判。

九、继承中的财产分割是否适用诉讼时效

随着经济社会的快速发展,人们的生活水平不断提高,生活越来越富足,积累的财富也越来越多,很多人积攒了日常几代人都使用不完的财富。而人的寿命毕竟是有终点的,这样一来人死后留下的财富如何处置就面临着很多问题,如遗嘱继承中的遗嘱效力问题、多个继承人之间的财产分割问题等。笔者今天要与大家讨论的则是继承权纠纷是否受诉讼时效限制这一问题。

典型案例

继承人默示接受继承后,遗产应属各继承人共同共有,当事人诉请分割遗产应参照共有财产分割的原则,不应适用有关诉讼时效的规定

案例要旨

被继承人死亡后遗产未分割,各继承人均未表示放弃继承,应视为均接受继承,遗产属各继承人共同共有。当事人诉请享有继承权、主张分割遗产的纠纷案件,应参照共有财产分割的原则,不适用有关诉讼时效的规定。

案例内容

江某1、江某2、江某3、江某4及江某5均系江某务、林某俤的子女。

林某俤于1977年6月死亡,江某务于1981年6月19日死亡。1992年5月,江某1以继承江某务产业为由,以个人名义为讼争房屋办理了土地登记,并取得了《集体土地建设用地使用证》。2015年,案涉房屋被征收,江某1就名下包含讼争房屋在内的两处房屋与住建局等部门签订了《房屋征收补偿安置协议书》,获得了征收补偿权益。2021年,江某2等人提起诉讼要求对江某1获得的权益依法进行分割。江某1抗辩理由之一即为本案已超过法定的诉讼时效期间,人民法院不应支持江某2等人的诉讼请求。

法院审理认为,被继承人江某务死亡后,讼争房屋作为遗产并未在相应继承人中进行分割,各继承人均未表示放弃继承,应视为均接受继承,讼争房屋应由各继承人共同共有。虽然江某1已取得了讼争房屋的《集体土地建设用地使用证》,但不能据此否定江某2等人接受继承而与之共同共有遗产的权利。现讼争房屋已因征收而灭失,各继承人对讼争房屋的共有关系则转为对讼争房屋所获拆迁安置权益的共有。按照《最高人民法院第八次全国法院民事商事审判工作会议(民事部分)纪要》第25条的规定,本案不适用诉讼时效,江某1的抗辩不能成立。

法律索引

《中华人民共和国民法典》

第一百八十八条 向人民法院请求保护民事权利的诉讼时效期间为三年。法律另有规定的,依照其规定。诉讼时效期间自权利人知道或者应当知道权利受到损害以及义务人之日起计算。法律另有规定的,依照其规定。但是,自权利受到损害之日起超过二十年的,人民法院不予保护,有特殊情况的,人民法院可以根据权利人的申请决定延长。

第一千一百二十四条第一款 继承开始后,继承人放弃继承的,应当在遗产处理前,以书面形式作出放弃继承的表示;没有表示的,视为接受继承。

律师解读

继承权纠纷作为普通的民事纠纷,依据《民法典》提起诉讼应适用法定3年诉讼时效期间的规定,诉讼时效期间自权利人知道或者应当知道权利受到损害以及义务人之日起计算。而《最高人民法院第八次全国法院民事商事审判工作会议(民事部分)纪要》第25条明确规定,被继承人死亡后遗产未分割,各继承人均未表示放弃继承,依据《继承法》第25条(现为《民法典》第1124条)的规定应视为均接受继承,遗产属各继承人共同共有;当事人诉请享有继承权、主张分割遗产的纠纷案件,应参照共有财产分割的原则,不适用有关诉讼时效的规定。该规定看似与《民法典》的规定有冲突,但其实并不矛盾。依据《最高人民法院第八次全国民商事审判工作会议(民事部分)纪要》第25条的规定,被继承人死亡后各继承人均未表示放弃继承,则应视为均接受继承,各继承人接受继承后,被继承的财产也就成为各继承人共有的财产,物权实质上已经发生了转移,即物权从被继承人转给了继承人。而继承人作为被继承财产的所有权人,在财产共有的情况下,随时有权主张对财产进行分割,这种分割共有财产的权利不应当受到诉讼时效的限制。

十、无赡养义务的人赡养老人可分得遗产

随着"80后"独生子女逐渐成为社会发展的中流砥柱,加之经济社会发展的步伐越来越快,"80后"日常的工作繁忙程度可想而知,因此子女无暇照顾老人的情况也越来越多,使得"宜将寸心报春晖"成为一件难事。养老问题已经成为当今突出的社会性问题。然而,人间真情无处不在,我们经常能够听说和看到,某些与老人并非至亲的人主动、自愿担负起了扶养老人的义务。他们不仅弘扬了中华民族"老吾老以及人之老"的传统文化,更助力了社会发展的和谐稳定。给予这些真情传递、真爱付出的人以一定回报,不仅从情理上应得到支持,现今从法理上也有了相应的保障。

典型案例

继承人以外的依靠被继承人扶养的人,或者继承人以外的对被继承人扶养较多的人,在继承时依法均可以分得适当的遗产

案例要旨

对继承人以外的依靠被继承人扶养的人,或者继承人以外的对被继承人扶养较多的人,可以分给适当的遗产。这不仅可以填补提供扶养者相应的花销支出,也有利于宣扬敬老扶幼的社会风尚,符合社会主义核心价值观。

十、无赡养义务的人赡养老人可分得遗产

案例内容

村民张某有个邻居王大爷，王大爷老伴几年前就去世了，儿子在城里结了婚很少回王大爷家。看到老人很孤单，生活过得艰难，张某平时主动照料老人的生活，每天和妻子帮老人洗衣服、打扫房间，一日三餐都让王大爷在自己家吃饭，如同对待自己亲生父母一般。王大爷生病了也是张某一家在医院照料并承担医药费，乡亲们都说张某比王大爷的亲儿子还要亲。王大爷去世以后，他在城里的儿子回到村里，想要把老人留下的半亩田、两间房、家具等全部卖掉。村民看到以后都说，这些年一直是张某在照料王大爷，遗产也应当有张某的份儿。而王大爷的儿子却说，自己是王大爷的儿子，按照法律规定是王大爷唯一的继承人，张某不过是一个外人，根本没有资格分得王大爷的遗产。村民都鼓励张某向王大爷的儿子主张权益，双方遂诉至法院。

法院审理认为，张某作为邻居并无扶养王大爷的法定义务，张某也无多余财产，但其能遵循敬老、爱老的中华民族传统美德，在过往十几年时间里照顾王大爷的生活，双方建立了家人般的亲情，故张某可以参与王大爷遗产的分配，酌情考虑张某多年来扶养王大爷的花销情况确定相应的分配比例。

法律索引

《中华人民共和国民法典》

第一千一百三十条 同一顺序继承人继承遗产的份额，一般应当均等。对生活有特殊困难又缺乏劳动能力的继承人，分配遗产时，应当予以照顾。对被继承人尽了主要扶养义务或者与被继承人共同生活

的继承人,分配遗产时,可以多分。有扶养能力和有扶养条件的继承人,不尽扶养义务的,分配遗产时,应当不分或者少分。继承人协商同意的,也可以不均等。

第一千一百三十一条 对继承人以外的依靠被继承人扶养的人,或者继承人以外的对被继承人扶养较多的人,可以分给适当的遗产。

律师解读

根据上述《民法典》的规定,并结合案例可以看出,法律明确将扶养义务的履行作为继承人享受继承权的实质性要件。人民法院审理继承权纠纷案件时,也倾向于重点审查扶养义务人的尽职情况。一方面,鼓励非继承人参与扶养老人,既是解决赡养老人的社会性问题,也是弘扬中华民族传统美德,弘扬社会正气,这与社会主义核心价值观完全相符。另一方面,通过法律手段督促子女尽心赡养老人,履行法定的扶养义务,是解决社会性养老问题的一种手段,也有利于匡正淡漠亲情、唯利是图的时弊。

第二部分 侵权责任法律问题

一、侵犯著作权——停止侵害、赔偿损失

"侵害"的法律概念是指加害者以威胁、暴力或者其他方式损害他人的人身、财产安全或者公民的姓名权、肖像权、名誉权、荣誉权以及法人的名称权、名誉权、荣誉权等法律规定公民及法人享有的各种权利。现实生活中的侵害行为有很多,对于正在进行的或持续之中的侵权行为,被侵害人有权请求人民法院判决侵权人停止侵害。停止侵害请求权可以适用于各种侵权行为,比较典型的是在著作权侵权纠纷案件中,受害人有权请求法院判令侵权人停止侵害行为。

典型案例

行为人以营利为目的,未经著作权人授权使用、传播其作品,或就该作品对外提供服务的,其行为构成侵犯著作权

案例要旨

行为人以营利为目的,未经著作权人授权使用、传播其作品,或就该作品对外提供服务的,其行为构成侵犯著作权。著作权人有权请求其立即停止侵害行为,并赔偿损失。

案例内容

A公司拥有案涉《2016××女声》《2017××男声》《说××我的》《乘风破浪××》等音乐电视作品的著作权。2020年12月2日,

A公司向B公司出具《自制综艺授权书》，将其拥有授权权利的自制综艺节目正片独家授权B公司在卡拉OK领域独家专有使用。授权范围：仅限于卡拉OK领域独家专有使用。授权种类：信息网络传播权、复制权和放映权。授权期限：自2016年10月18日起至2021年12月31日止。该授权书附件包含案涉《2016××女声》《2017××男声》《说××我的》《乘风破浪××》等音乐电视作品。湖南省长沙市LS公证处（2021）湘××证民字第5912号公证书对《自制综艺授权书》予以公证。上述2020年12月2日《自制综艺授权书》所附授权的授权作品及授权权利清单包含了案涉270首音乐电视作品。

2021年5月19日，B公司人员来到张某某经营的金月歌厅，分别于2021年5月19日22:00、22:12，2021年5月20日00:02、00:30、00:31、00:32、00:33、00:34对进入该经营场所以及包间的情况、操作包间内点播设备点播案涉歌曲进行同步录像，并将视频上传通过联合信任时间戳服务中心的权利卫士App进行证据固化保全，该中心签发可信时间戳认证证书。经当庭核验比对，金月歌厅经营的KTV向公众提供点播音乐电视作品服务的案涉270首音乐电视作品与案涉光盘中的同名音乐电视作品相同。金月歌厅涉嫌侵权，B公司向一审法院提起诉讼，请求判决：（1）金月歌厅立即停止侵权行为，删除侵权作品；（2）金月歌厅赔偿经济损失以及为维权所支出的合理费用。

一审法院审理认为，本案的争议焦点，一是B公司是否对案涉音乐电视作品享有著作权，其诉讼主体资格是否适格；二是金月歌厅、张某某是否侵害了B公司的著作权；三是如金月歌厅、张某某构成侵害著作权，B公司要求金月歌厅、张某某赔偿经济损失应否予以支持。关于焦点一，本案中B公司提交的证据足以证明A公司为涉案音乐电视作品的著作权人。B公司通过与A公司签订《自制综艺授权书》获得上述音乐电视作品在全球范围内的复制权、放映权、信息网络传播权和许可卡拉OK领域使用的权利，并有权以自己的名义向侵权人主张权利，故B公司有权以自己的名义提起本案的诉讼。关于焦点二，金月歌厅、张某某未经B公司许可，以营利为目的，擅自在其经营的KTV门店向公众提供点播案涉音乐电视作品的服务，构成对B公司著作权的侵犯，依法应当承担相应的民事责任。关于焦点三，如前文所述，金月歌厅、张某某的行为已构成侵害著作权，B公司要求金月歌厅、张某某赔偿经济损失，实际上是赔偿损失数额如何认定的问题，一审法院酌定金月歌厅、张某某共同赔偿B公司经济损失及维权合理开支共计8100元。一审法院判决：金月歌厅、张某某立即停止在其营业场所使用案涉作品，并从曲库中删除作品；金月歌厅、张某某共同赔偿B公司经济损失及维权合理开支共计8100元。

一审判决作出后，金月歌厅、张某某不服一审判决，提起上诉。

二审法院审理认为，本案B公司提供的证据足以证明A公司系案涉音乐电视作品的著作权人。A公司已经将案涉作品的"信息网络传播权""复制权""放映权"授予B公司。B公司授权的取证人员在金月歌厅经营的KTV包房进行视频录制和图片拍摄，并通过时间戳获取的证据有效，可以认定金月歌厅构成对案涉作品整体著作权的侵犯。金月歌厅未经B公司许可，以营利为目的，擅自在其经营的KTV经营场所向公众提供点播案涉音乐电视作品的服务，构成对B公司著作权的侵犯，依法应当承担停止侵权、赔偿损失的民事责任。关于赔偿数额问题，一审法院综合考虑案涉作品的数量、类型、流行程度，金月歌厅侵权行为性质、主观过错、经营规模、所处地理位置，B公司为制止侵权行为所支付的合理开支等因素，酌定金月歌厅、张某某赔偿8100元并无不当。二审法院判决：驳回上诉，维持原判。

法律索引

《中华人民共和国民法典》

第一百七十九条 承担民事责任的方式主要有:(一)停止侵害;(二)排除妨碍;(三)消除危险;(四)返还财产;(五)恢复原状;(六)修理、重作、更换;(七)继续履行;(八)赔偿损失;(九)支付违约金;(十)消除影响、恢复名誉;(十一)赔礼道歉。法律规定惩罚性赔偿的,依照其规定。本条规定的承担民事责任的方式,可以单独适用,也可以合并适用。

第一千一百六十七条 侵权行为危及他人人身、财产安全的,被侵权人有权请求侵权人承担停止侵害、排除妨碍、消除危险等侵权责任。

律师解读

近年来我国著作权纠纷案件的数量不断增加,根据中国裁判文书网收录的案件裁判文书统计,1999年至2009年,每年的著作权纠纷判决案件均在50件以下,最少的1999年、2005年均为1件,自2012年起呈指数增长,2020年达到案件量的高峰为66,207件。著作权纠纷案件量不断增长的原因,一是各类作品总量快速增长。随着教育水平的提高和知识经济的发展,我国具有创作能力的人越来越多,人们正从作品的单纯消费者转变为作品的创作者。二是各种传播媒介日益发达。著作权产业的传播链条比较长,包括作者、出版者、复制者、销售者、信息网络传播者等。随着互联网产业的崛起,网络传播媒介突飞猛进,互联网产业极大拓展了作品传播的主体和空间。技术发展和经营模式创新与既有法律的冲突摩擦不断,产生了许多新型著作权案件。三是著作权人维权意识不断提高。随着法律的普及、社会的进步，著作权人的维权意识不断增强。随着版权中介服务行业和法律服务行业的发展，著作权人的维权能力也在不断提高。此外，著作权的交易渠道不畅，也使得非故意侵权者没有及时购买著作权或者获得合法授权的正常渠道，造成客观侵权的情况。

本案涉及的法律问题，一是受害人对案涉作品的权利。著作权属于智力成果权利的保护范围，其权利的来源分为原始取得和继受取得两种。所谓"原始取得"，是指权利的取得不是以他人已存权利为取得基础，而是初始性地取得权利的情形。通过原始取得所获得的著作权是完整的著作权，包括人格权和财产权的全部著作权的权能。著作权的原始取得包括自然人因创作行为取得、法人等组织因法律规定取得、自然人或法人等因法律推定取得等情形。所谓"继受取得"，是指须以他人既存权利为基础，派生性地取得权利的情形。通过继受取得的著作权是部分的著作权，即除法律另有规定外仅涉及著作权中的财产权。著作权的继受取得包括约定取得、继承取得、法律规定取得等情形。本案中Ａ公司系原始取得涉案作品的著作权，而Ｂ公司则是在Ａ公司既有权利的基础上，通过双方签订的授权合同而部分取得著作权的情形。无论是原始取得还是继受取得，著作权人的权利均应受到法律的平等保护。

二是著作权侵权的主要特征。首先，侵权行为具有违法性。侵犯著作权需要具有违法性造成损害事实的行为，也就是说，所受到侵犯的权利是法律明确规定受到保护的权利。违法性也是侵权人负有赔偿责任的法律基础，否则，即使有损害事实也不能要求行为人承担赔偿责任。其次，侵权行为具有伤害性。侵权人的侵权行为给著作权人带来的各方面的损失、损害，都属于侵权人所造成的伤害。如果侵权人的行为给著作权人造成了损害且无法定的负责理由,则侵权人应承担法律责任,实际的伤害性也是著作权人请求侵权人承担赔偿责任的事实基础。最后,侵权行为具有营利性。除剽窃行为外,通常情况下不以营利为目的而是出于个人爱好或研究需要使用有关著作作品的行为,不会与著作权人形成市场竞争,不会对著作权人的经济利益、社会名誉等造成影响,因此不具有违法性和伤害性,不属于侵犯著作权的违法行为。

三是侵权人应承担的法律责任。侵犯著作权的法律后果包括承担停止侵害、消除影响、赔礼道歉、赔偿损失等民事责任。损害公共利益的,可以由著作权行政管理部门责令停止侵权行为,没收违法所得,没收、销毁侵权复制品,并可处以罚款;情节严重的,著作权行政管理部门还可以没收主要用于制作侵权复制品的材料、工具、设备等;构成犯罪的,依法追究刑事责任。对于损失赔偿的金额,法律明确规定侵犯著作权或者与著作权有关的权利的,侵权人应当按照权利人的实际损失给予赔偿。但是实践中著作权人的实际损失有时很难确定,比如本案中B公司虽然提出赔偿的主张,但实际损失的具体证据却不足,人民法院只能综合考虑运用自由裁量权予以裁判。

二、侵犯所有权——排除妨害、赔偿损失

"排除妨害"是指因为物权受到他人的现实妨害而引发以排除这种妨害为目的的请求权。排除妨害请求权是物权请求权中的一种,其目的在于使受损害的物权恢复到圆满的状态,以避免物权人的权利遭受进一步的损害,如果物权人的权利已遭受一定程度的损害,那么物权人同时还享有要求侵害人赔偿其损失的权利。在司法实践中,认定妨害时并不以侵害人主观是否存在占有目的为条件,也无须考虑妨害人是否存在过错,只要妨害是现实的并且是持续的,物权人就有权要求侵权人排除妨害。我国近年来因排除妨害导致的纠纷案件数量较多,且排除妨害纠纷案件多发生在邻里、亲属之间,究其原因,一方面是城市化进程的不断加快,城市生存空间的有限性容易导致不同物权人在行使自己权利过程中出现冲突。另一方面是经济的快速发展,交易的多样性、复杂性容易导致物权出现叠加、重合等现象。此外,随着法律的不断完善和权利人自我保护意识的不断增强,人们越来越重视使用法律来维护自身的合法权益。

典型案例

物权人在自己的动产或不动产被他人侵占时,有权请求返还原物、排除妨害

📋 案例要旨

物权人在自己的动产或不动产被他人侵占时,有权请求返还原物、排除妨害;对妨害占有的行为,物权人有权请求排除妨害或者消除危险;因侵占或者妨害造成损害的,物权人有权依法请求损害赔偿。

📖 案例内容

1999年9月9日,原告高某阳的母亲肖某菱与被告张某芳登记结婚,婚后二人居住在肖某菱所在单位的公有住房内。2001年12月25日,肖某菱与单位签订《出售公有住房协议书》,购买了案涉房屋。2013年6月6日,被告张某芳与肖某菱共同到房产部门将案涉房屋以赠与形式转移登记为肖某菱单独所有。当日,《存量房(二手房)转移登记询问笔录》记载"婚后财产我夫妻同意将该房屋登记在肖某菱名下单独所有,可由肖某菱独自处分该房屋",被告张某芳与肖某菱均在该份询问笔录上签字捺印。2015年9月8日,肖某菱将案涉房屋以买卖形式更名过户给原告高某阳。2020年6月9日,肖某菱第三次向法院提起离婚诉讼并要求分割婚内财产。法院作出(2021)辽0105民初×××号民事判决,准予肖某菱与张某芳离婚,案涉房产归肖某菱所有,肖某菱给付张某芳房屋折价款150,000元。之后,肖某菱履行了判决的给付义务,向张某芳支付房屋折价款150,000元。2021年8月11日,被告张某芳向法院起诉,要求撤销其将案涉房屋的份额赠与肖某菱。法院于2021年10月28日作出(2021)辽0105民初×××号民事判决,驳回张某芳的诉讼请求。张某芳上诉后,沈阳市中级人民法院作出(2021)辽01民终×××号民事判决,驳回上诉,维持原判。2021年11月3日,原告高某阳以邮寄的方式向被告张某芳发出

《腾房通知书》，要求被告于2021年11月10日前搬离案涉房屋。因被告未搬离涉案房屋，遂于2021年11月16日起诉至本案一审法院，请求判决：（1）被告张某芳停止侵权行为，排除妨害，搬离案涉房屋；（2）被告张某芳自2015年9月起至实际搬离之日止，按照1000元/月的标准赔偿侵占原告房屋造成的租金损失。

一审法院审理认为，本案争议焦点为被告张某芳占有案涉房屋是否构成侵权。虽被告张某芳自与原告母亲肖某菱登记结婚后即居住在案涉房屋内，并在婚姻关系存续期间二人参加房改，取得了案涉房屋的所有权，但被告张某芳已于2013年6月6日将其对该房屋享有的所有权份额赠与肖某菱，并办理了权属登记，由肖某菱单独所有该房屋的所有权。2015年，肖某菱又将房屋的所有权转让给原告高某阳，故原告对案涉房屋合法享有占有、使用、收益和处分的权利。虽被告张某芳基于婚姻关系持续在该房屋内居住，但并不必然对房屋享有合法的居住权以及使用权，尤其在其与原告母亲的婚姻关系解除，原告明确要求其搬离房屋后，被告继续占有使用原告所有房屋的行为，已经侵害了原告的合法权益，故对原告要求被告搬离案涉房屋的诉讼请求，予以支持。关于被告提出其与原告存在扶养关系，现其身患重疾，原告应对其承担赡养义务的辩解，原、被告之间是否存在扶养或赡养关系，均不构成被告非法占有、使用原告名下房屋的合法理由，故对被告的该辩解不予支持。关于原告要求被告自2015年9月起至实际搬离之日止，按照1000元/月的标准赔偿原告租金损失的问题。虽原告自2015年9月取得了房屋所有权，但在取得房屋所有权时其即明知被告在此居住，却并未作出要求被告搬离房屋的意思表示，直至2021年11月3日原告向被告发出书面通知书之前，应视为其对被告在房屋内居住事实的准许。现原告依法通过诉讼的方式要求被告腾房，被告应在判决确定的合理期限内搬离，逾期应当参照同等地段同等面积的房屋租金标准向原告支付房屋占有使用费。一审法院判决：被告张某芳自本判决生效之日起15日内搬离案涉房屋，逾期仍不搬离，自逾期之日起至实际搬离之日止，按照每月800元的标准向原告高某阳支付房屋占有使用费。

一审判决作出后，张某芳不服一审判决，提起上诉。

二审法院审理认为，本案争议焦点为上诉人张某芳占有案涉房屋是否构成侵权。虽张某芳自与被上诉人母亲肖某菱登记结婚后即居住在案涉房屋内，并在婚姻关系存续期间二人参加房改得该房屋的所有权，但张某芳已于2013年6月6日将其对该房屋享有的所有权份额赠与肖某菱，并办理了权属登记，由肖某菱单独所有该房屋的所有权。后肖某菱又将房屋的所有权转让给被上诉人高某阳，故高某阳对案涉房屋合法享有占有、使用、收益和处分的完全所有权。虽张某芳基于婚姻关系持续在该房屋内居住，但并不必然对房屋享有合法的居住权以及使用权，尤其在其与肖某菱婚姻关系解除后，高某阳已明确要求张某芳搬离房屋，张某芳继续占有、使用诉争房屋的行为，已构成侵权。至于张某芳与高某阳之间是否存在扶养或赡养关系，均不构成张某芳继续占有、使用诉争房屋的合法理由。综上所述，二审法院判决：驳回上诉，维持原判。

法律索引

《中华人民共和国民法典》

第四百六十二条 占有的不动产或者动产被侵占的，占有人有权请求返还原物；对妨害占有的行为，占有人有权请求排除妨害或者消除危险；因侵占或者妨害造成损害的，占有人有权依法请求损害赔偿。

占有人返还原物的请求权,自侵占发生之日起一年内未行使的,该请求权消灭。

🧑 律师解读

排除妨害请求权经常出现在以不动产物权为标的的纠纷案件中,一方面是由于不动产具有空间上的固定性,物权人行使权利受到空间限制,一旦物权行使受到妨害无法及时通过自助方式避免和排除。另一方面是由于现代人们社会生活联系的紧密性越来越强,生活空间的公共化越来越明显,个人行使物权的过程中经常会触及他人的权利,在自身权利行使受限的同时也经常会出现妨害他人权利的情形。在排除妨害法律纠纷中,案件的要点问题通常包括以下几个方面:第一,被妨害的标的物是否仍然存在;第二,妨害行为是否正在持续进行且造成了可以排除的损害后果;第三,妨害行为是否具有合理的依据;第四,妨害行为是否造成物权人的经济损失。

首先,妨害行为或结果必须是一种现实的行为或事实,而不是一种将来发生的危险,否则受害人就应当请求对方"消除危险"而非"排除妨害"。消除危险请求权与排除妨害请求权之间既有联系又有区别,从联系的角度讲,消除危险是从排除妨害中派生出来的,二者都是因为相对人妨害物权的行为导致的。其区别在于排除妨害要求相对人积极地采取措施排除现实已经发生了的妨害,而消除危险则是消除将来必然发生的妨害或损害。

其次,如果被妨害的标的物已经不存在,那么妨害行为也就没有了存在的载体,侵权人没有停止妨害行为的可能性和必要性,其仅能就客观造成的妨害后果进行改正或针对受害人的经济损失给予一定的赔偿。

再者，只有妨害行为是正在持续进行的行为，权利人才能够要求侵权人排除该种妨害行为。如果妨害行为已经停止，妨害结果已经消失，则妨害人没有排除妨害的必要和可能。如果妨害行为已经停止，妨害结果一直存在，那么受害人要求排除的应当是妨害结果。

最后，"妨害"仅是站在受害权利人的角度对加害方的一种主观评价。妨害方的具体行为客观上是否属于"妨害"，是否应当排除该种行为及后果，甚至给予权利人一定的赔偿，还需要看"妨害"行为本身是否具有合理性。如果妨害方的行为事出有因，其权利的行使必须以该种"妨害"为前提，而其行使权利有着明确的法律依据或者合理事由，那么也就不能构成妨害，无须进行排除。

三、侵犯名誉权——赔礼道歉、恢复名誉

"赔礼"即向人施礼,是以礼相待的意思。"道歉"则是我们日常生活中最为常见的言语行为。中华民族素有"礼仪之邦"的美称,我们从小学习与人相处的礼仪就包括真诚"道歉"。古人也给我们留下了很多经典、传奇的赔礼和道歉的故事,如"孔子认错""廉颇负荆请罪""唐太宗坐席思过"等。而在我国民事法律体系构建时,将"赔礼"和"道歉"连在一起写入法律,与"停止侵权""赔偿损失"等共同构成民事责任承担方式,是我国民事法律体系构建中的一项创举。"赔礼道歉"在法律意义上的概念,是指侵权行为人实施了侵害他人人身权的行为后,向受害人公开承认错误、表示歉意,希望求得受害人谅解的责任承担方式。法律明确规定的赔礼道歉与一般道义上的赔礼道歉还有一定的不同,因为法律明确规定的赔礼道歉具有国家强制力作为保障,以确保其作为一种民事法律责任承担形式得以有效执行。现实中,侵权人的侵害行为使被侵权人的名誉遭受损失后,采取赔礼道歉的方式可以有效弥补被侵权人的损失,因此在侵犯名誉权等案件中人民法院通常会以一方向另一方"赔礼道歉"的方式作出判决,以使受害方的名誉得到有效的恢复。

典型案例

行为人贬损他人名誉致不特定多数人对其产生不当评价的,属于侵害名誉权的行为,应当承担向被侵害人赔礼道歉、恢复名誉的责任

案例要旨

自然人享有名誉权,他人不得非法侵害。行为人如存在贬损他人名誉的行为,进而引起不特定多数人对其产生不当评价的,则行为人应当赔礼道歉,赔礼道歉的范围和侵权行为的影响范围应相当或一致。

案例内容

薛某某诉韩某某通过网络侵犯其名誉权纠纷案,薛某某向一审法院起诉请求:(1)判令韩某某在影视动画交流分享平台微信群及其微信朋友圈、微博公开向薛某某赔礼道歉、澄清事实,为薛某某消除影响,恢复名誉,道歉内容须经法院或薛某某审核;(2)判令韩某某赔偿薛某某精神损害抚慰金10,000元;(3)判令韩某某赔偿薛某某维权损失支出律师费10,000元。一审法院认定案件事实如下:

一、涉案当事人的身份情况

薛某某称其为某拓文化传播有限公司的项目负责人,并非该公司的实际控制人,后从该公司离职。韩某某与薛某某在微信中就项目事项进行过沟通交流。微信群"影视动画交流分享平台"是韩某某加入的一个行业群,群内有200余人。

二、薛某某主张的相关事实

薛某某提交的新浪微博截图显示,"用户77×××16"的账号于2020年9月24日发布了以下内容:"曝光展览展示行业老赖垃圾人,薛某某(某拓文化传播有限公司实际控制人),拖欠项目款跑路。"配图内容为薛某某的肖像、姓名、手机、微信号、QQ号及"行业毒瘤,此人叫薛某某,某拓文化传播有限公司法人不是他,但他是实际控制人,和他合作做了两个展厅项目……现电话不接,微信拉黑,人间消失,不肯给钱,赖账……借此正正这个行业的风气,这种损人不利已之行为,实属无奈之……"等文字。此微博累计评论量1,累计获赞1。韩某某将这条微博转发分享到微信群"影视动画交流分享平台"。

庭审中,薛某某称案涉项目并非薛某某与韩某某之间的个人交易,而是完成公司的工作。韩某某与薛某某未签署合同的原因是韩某某收到盖章合同后没有回寄,薛某某负责公司的项目对接工作,所以一直是他与韩某某联系沟通。薛某某在2019年年底已离开某拓文化传播有限公司,现已在新公司就职,并不负责与韩某某的后续工作,因此韩某某应向某拓文化传播有限公司主张被拖欠的债务。韩某某则称,因为双方为同行,又是经朋友介绍,所以在比较紧急的情况下就直接执行了,没有签订合同。薛某某另称没有保存下来其发送给韩某某的合同文档,韩某某则称因时间太久无法打开。

三、韩某某主张的事实依据

韩某某提交了其与薛某某从2018年1月至2019年7月的微信聊天截图。其中,除工作交流和催款信息外,双方还有涉及款项问题的对话如下:

2018年1月17日,韩某某通过微信发送文字"薛导,有空的话走下中期款!"薛某某发了甲方即某拓文化传播有限公司的发票信息和另外一个地址,称"发票寄到这里。开票内容数字内容制作费,开票金额按照合同支付金额"。

2018年2月4日,韩某某发送文字"发票财务应该收到了,第二笔款什么时候转过来?"薛某某回复"下周应该可以"。

2018年2月8日,双方就"龙里"项目在微信上沟通价款和补签合同事宜。

2018年2月12日,薛某某发送文字"公司账号开户行,宜宾给我公司开发票，那个别搞错了。签的合同多少钱？"韩某某发了广州FH文化传播有限公司（以下简称FH公司）的账户信息，并回复"21W，前面打了30%，63000"。

2018年3月26日，韩某某询问"宜宾"的收款情况，薛某某称其制作的视频与脚本不一致，导致项目验收出问题。

2018年4月4日，薛某某发送文字"我打40%款给你"，韩某某发送了FH公司的账户信息。

2018年8月15日，薛某某表示先支付3万元项目款，韩某某同意。此后，韩某某每隔一段时间就在微信上催款，薛某某则回复具体进展。

2019年1月19日至27日，韩某某发送10余条微信消息给薛某某，称自己父亲突发重病，在重症监护室，急需钱做手术和后续康复，请求他结款，薛某某未回复。

2019年5月16日，薛某某称"快了，发票清单昨天客户已确认"，后面再也没有回复过韩某某的微信信息，2019年7月2日，韩某某的微信聊天页面显示"消息已发出，被对方拒收了"。

庭审中，韩某某主张其发出的微博已在发布的三四天后，尚未收到薛某某律师函时就被删除了，删除后微信群里其他人也无法通过其分享的链接看到微博内容，且其并未在微信朋友圈发布过与薛某某相关的内容。韩某某称二人之间通过公司账户转账、开发票等行为是为了避税、节约成本，且薛某某始终未告知过其离职的消息，没有提及这是公司行为，也没让他联系公司处理后续工作。薛某某则称在发布后约过了一周才被微博屏蔽。另查明，韩某某已另案向广州市白云区人民法院提交起诉材料，请求法院判令薛某某支付视频制作合作款等。

一审法院审理认为，本案的争议焦点：一是韩某某是否侵害了薛

三、侵犯名誉权——赔礼道歉、恢复名誉

某某的名誉权;二是如存在前述侵权,韩某某应如何承担民事责任。关于焦点一,根据《民法典》第990条的规定,自然人享有名誉权,他人不得非法侵害。本案中,韩某某称其与薛某某为个人交易,但根据双方的聊天记录,薛某某与韩某某之间的报酬支付、开发票行为都是以双方公司的名义实施,韩某某的主张与实际情况相悖。而且,无论是当事人双方之间,还是当事人所在公司之间发生经济纠纷,均应当通过法律途径予以解决。韩某某在微博平台上发布薛某某的个人信息,称其为"行业老赖垃圾人""行业毒瘤",后又将该微博链接转发到微信群"影视动画交流分享平台",属于贬损薛某某名誉的行为,会引起他人对薛某某产生不当的评价。群内群友发言询问情况,也侧面反映出群友对薛某某品行产生了疑问。由此,可以认定韩某某的行为侵害了薛某某的名誉权。关于焦点二,韩某某侵害了薛某某的名誉权,故薛某某要求韩某某承担相应的民事责任,具有法律依据。第一,关于赔礼道歉。根据《民法典》第1000条的规定,由于案涉侵权言论发生在微博与微信群"影视动画交流分享平台",故一审法院对薛某某要求韩某某在微博、微信群"影视动画交流分享平台"公开向其赔礼道歉并恢复名誉的诉讼请求依法予以支持,道歉内容需事先经一审法院审查。薛某某要求韩某某在微信朋友圈上赔礼道歉并恢复其名誉,与侵权影响范围不相当,故对该部分诉讼请求,一审法院不予支持。根据案件实际情况,道歉内容在微博上保留的时间不得少于7日。第二,关于精神损害赔偿。根据《民法典》第1183条第1款的规定,考虑案涉微信群为行业群,且韩某某发布的言论涉及薛某某的职业操守,而薛某某亦未举证证明其精神损害程度如何,故一审法院结合韩某某发言的起因、言论的严重程度等因素,酌定支持精神损害赔偿1000元。第三,合理开支赔偿。根据《民法典》第1182条以及《最高人民法院关于审理利用信息网络侵害人身权益民事纠纷案件适用法律若干问题的规定》（2020年修正）第12条第1款的规定，结合本案案情、案件的难易程度、侵权行为的起因和严重程度、薛某某是否采取了必要的制止侵权行为措施等多方面因素，以及参考行政部门对律师费用的指导意见，酌定支持律师费5000元。

一审法院判决：一、韩某某在微博通过账户"用户77×××16"及在微信群"影视动画交流分享平台"内，向薛某某赔礼道歉，为薛某某消除影响、恢复名誉。致歉内容须经一审法院审核，在微博保留时间不得少于7日。韩某某拒不履行的，人民法院可以采取在报刊、网络等媒体上发布公告或者公布生效裁判文书等方式执行，产生的费用由韩某某负担。二、韩某某支付薛某某精神损害赔偿1000元。三、韩某某支付薛某某维权合理开支5000元。

一审判决作出后，韩某某不服一审判决，提起上诉。

二审法院审理认为，本案争议的焦点问题为韩某某是否构成侵犯薛某某的名誉权以及如果侵害，责任承担的具体认定。首先，韩某某在微博平台发布针对薛某某的言论，该言论中包含的"行业老赖垃圾人""行业毒瘤"构成了对薛某某人格贬损的评价，造成薛某某社会评价的降低，达到了侵犯名誉权的程度，一审法院论述充分，法院予以确认。其次，韩某某行为如上所述，已构成对薛某某名誉权的侵害，依法应承担相应的法律责任。一审法院根据双方矛盾发生的起因以及韩某某发布的案涉言论对薛某某名誉影响的程度和范围，从消除影响以及恢复名誉出发，认定韩某某应在其微博账户上及微信群里向薛某某赔礼道歉，且微博保留时间不得少于7日，此与韩某某的侵权行为方式和范围相当，酌情认定韩某某支付薛某某1000元精神损害抚慰金并无不当。综上所述，二审法院判决：驳回上诉，维持原判。

法律索引

《中华人民共和国民法典》

第一百七十九条 承担民事责任的方式主要有：（一）停止侵害；（二）排除妨碍；（三）消除危险；（四）返还财产；（五）恢复原状；（六）修理、重作、更换；（七）继续履行；（八）赔偿损失；（九）支付违约金；（十）消除影响、恢复名誉；（十一）赔礼道歉。法律规定惩罚性赔偿的，依照其规定。本条规定的承担民事责任的方式，可以单独适用，也可以合并适用。

第九百九十条 人格权是民事主体享有的生命权、身体权、健康权、姓名权、名称权、肖像权、名誉权、荣誉权、隐私权等权利。除前款规定的人格权外，自然人享有基于人身自由、人格尊严产生的其他人格权益。

第一千条 行为人因侵害人格权承担消除影响、恢复名誉、赔礼道歉等民事责任的，应当与行为的具体方式和造成的影响范围相当。行为人拒不承担前款规定的民事责任的，人民法院可以采取在报刊、网络等媒体上发布公告或者公布生效裁判文书等方式执行，产生的费用由行为人负担。

第一千一百八十二条 侵害他人人身权益造成财产损失的，按照被侵权人因此受到的损失或者侵权人因此获得的利益赔偿；被侵权人因此受到的损失以及侵权人因此获得的利益难以确定，被侵权人和侵权人就赔偿数额协商不一致，向人民法院提起诉讼的，由人民法院根据实际情况确定赔偿数额。

第一千一百八十三条第一款 侵害自然人人身权益造成严重精神损害的，被侵权人有权请求精神损害赔偿。

《最高人民法院关于审理利用信息网络侵害人身权益民事纠纷案件适用法律若干问题的规定》（法释〔2020〕17号）（2020年修正）

第十二条第一款 被侵权人为制止侵权行为所支付的合理开支，可以认定为民法典第一千一百八十二条规定的财产损失。合理开支包括被侵权人或者委托代理人对侵权行为进行调查、取证的合理费用。人民法院根据当事人的请求和具体案情，可以将符合国家有关部门规定的律师费用计算在赔偿范围内。

律师解读

"赔礼道歉"作为一种民事责任的承担方式，早在我国《民法通则》和《侵权责任法》时代即被写入了法律条文。在司法实践中，赔礼道歉的出现率也很高。受害人无论是遭受人身权、财产权的侵害，还是遭受姓名权、名誉权、肖像权或是名称权、荣誉权等的侵害，在请求人们法院判令对方给予经济赔偿的同时，提出赔礼道歉诉讼请求的情况非常普遍。然而形成鲜明对照的是，法院对赔礼道歉这项诉求的支持比例并不高。这说明人们对赔礼道歉的需求和立法意图还存在一定的差距。参照本案判决说理和裁判结果，笔者总结出以下观点。

首先，人民法院是否支持受害人关于对方"赔礼道歉"的请求，主要看侵害产生的影响是否必须通过赔礼道歉的方式才能消除。在普通的侵权案件中，虽然侵权人的行为明显使受害人的权利遭受到了损害，但是该种权利的损害如果完全可以通过其他方式予以保护、补偿，即使受害人明确要求对方进行赔礼道歉，法院也未必支持该项主张。然而，有些案件中当事人权利受损后，必须采用赔礼道歉的方式才能

三、侵犯名誉权——赔礼道歉、恢复名誉

弥补受害人的损失。比如，在知名人的姓名权、名誉权、肖像权等权利侵害纠纷案件中，由于受害人的姓名权、名誉权、肖像权和相应的隐私通常具有潜在的经济价值，具有重要的社会影响，因此一旦遭受侵害，无法通过简单的经济补偿起到恢复名誉、消除影响的作用。而"赔礼道歉"作为一种具有独立价值的民事责任承担方式，其立法目的就是通过法律认定的方式使权利侵害人清醒地认识到侵害行为的过错，也弥补其他民事责任承担方式无法起到的作用。

其次，也有人觉得"赔礼道歉"这种具有主观意志的行为无法强制执行，因此不应当作为民事责任承担方式。笔者认为，针对该问题法律已经明确给出了答案，根据《民法典》第1000条的规定，行为人因侵害人格权承担消除影响、恢复名誉、赔礼道歉等民事责任的，应当与行为的具体方式和造成的影响范围相当。行为人拒不承担前款规定的民事责任的，人民法院可以采取在报刊、网络等媒体上发布公告或者公布生效裁判文书等方式执行，产生的费用由行为人负担。虽然这种执行的效果似乎背离了赔礼道歉的本意，而与"消除影响""恢复名誉"的民事责任的承担方式趋于雷同，但是在今天这样一个道德约束力逐渐衰微的时候，为了能够尽可能地体现公平正义的法治价值，有这样具有法律约束力和执行力的规定总比没有要强。

最后，从"赔礼道歉"民事法律责任的适用成本来看，其惩罚性明显高于补偿性。法院判令赔礼道歉主要是消除侵权人对受害者在社会评价和声誉上造成的不良影响，也旨在使侵权人认识到自己的错误，产生内疚感和负罪感，一方面尽可能地督促侵害人主动知错、认错，匡扶道德、弘扬正能量；另一方面也通过强制执行力确保法律规定的有效实施。从上述案例人民法院关于"韩某某在微博通过账户'用户77×××16'及在微信群'影视动画交流分享平台'内，向薛某某赔

礼道歉，为薛某某消除影响、恢复名誉"的判决可以看出，裁判者并不过分要求侵权者无限度地赔礼道歉，赔礼道歉的范围和侵权行为的影响范围相当或一致即可。说"对不起"是一种真诚，说"没关系"是一种风度。然而现实生活中真诚地说一声"对不起"却并不总是那么顺乎自然。法律便是在判断是非曲直时，最大限度修复人情关系，维系社会和谐。

四、相邻关系纠纷——排除妨碍、恢复原状

"恢复原状"主要适用于财产损害案件,它是请求侵权人将被侵害物或环境恢复到原来的状态。适用恢复原状在不同的情况下具有不同的内涵,但总体来说应具备两个条件,一是具有恢复原状的可能性,二是具有恢复原状的必要性。比如,要求侵害人"破镜重圆",首先其不具备将两片玻璃镜片重新恢复到"原状"的可能性,其次将玻璃镜片重新恢复原状的代价远比赔偿一片新的镜片高昂,因此在"镜破"之后要求"重圆"的请求是很难得到支持的。相比之下,"排除妨碍"则是指权利人行使其权利受到他人不法阻碍或妨害时,要求侵害人排除或请求人民法院强制排除,以保障权利正常行使的措施。在排除妨碍与恢复原状同时存在的诉讼请求中,恢复原状应当包含排除妨碍,因为恢复原状后妨碍即已消除,因此在以恢复原状为目的的请求中,排除妨碍仅是一个过程。

典型案例

擅自占用、处分不动产业主共有部分、改变其使用功能或者进行经营活动的,权利人有权请求排除妨碍、恢复原状

案例要旨

不动产的相邻权利人应当按照有利生产、方便生活、团结互助、公平合理的原则,正确处理相邻关系。建设单位或者其他行为人擅自占用、

处分业主共有部分、改变其使用功能或者进行经营活动，权利人有权请求排除妨碍，恢复原状。

案例内容

　　吴某东、刘某敏为无锡市梁溪区某小区403室业主。2015年8月15日，物业公司向该户发出《整改通知书》，通知书载明："违章事项：空调外机悬挂在4楼外立面墙体上。整改方案：拆除空调外机，将空调外机放置3楼外公共平台区域，修补外墙恢复原样，以上整改方案，务必于2015年8月30日以前完整彻底的整改。"此后，吴某东、刘某敏将自家的空调外机放置在了公共平台上。空调外机移到该处后，在该处平台附近居住的邻居普遍认为空调外机噪声过大，影响自家的日常居住和休息。有业主就空调外机放置该处一事还通过"12345"平台进行了投诉，2021年10月9日，原无锡市某街道办事处作出《关于盛某信访事项处理意见书》，该意见书载明的主要内容为，该小区有业主将空调外机安装在303室窗户旁，空调噪声严重影响自己生活，希望相关部门协调落实将403室空调外机移除，恢复原状。经调查核实，空调外机所放置的公共平台，属于全体业主所有，并非特定业主私有。接到投诉以来，社区、城管、物业、派出所、街道司法所、街道建设局等多部门多次召开居民协调会，协商该公共平台的使用方案，由于种种原因该问题无法达成共识，并最终于2021年8月30日在社区协调会上协商建议司法途径进行解决。2021年10月，本案原告盛某到一审法院提起诉讼，请求判决：吴某东、刘某敏停止侵害、排除妨碍，拆除公共平台上空调外机，恢复原状。

　　一审法院审理认为，不动产的相邻权利人应当按照有利生产、方便生活、团结互助、公平合理的原则，正确处理相邻关系。案涉公共平台实际系公共大厅的公共平台，属于业主共有部分，应属于整栋建筑物的业主共有，关于如何依法合理使用公共平台，应由全体业主达成共识，但双方未有证据证明就空调外机安置在公共平台上达成共识。另外，开发商在设计、建造案涉房屋时，设计并预留了指定位置安装空调外机，但吴某东、刘某敏未在指定位置安装空调外机，而是将空调外机安置在公共平台上，当其使用空调时产生的声音等对303室会产生一定的影响。一审法院判决：吴某东、刘某敏拆除其安置在无锡市梁溪区某小区公共大厅公共平台上的空调外机。

一审判决作出后，吴某东、刘某敏不服一审判决，提起上诉。

二审中，吴某东、刘某敏向人民法院新提交以下证据：（1）住宅使用说明书、小区临时管理规约、装修管理规定复印件一份，证明业主安装空调设备需要按照物业公司的指定位置进行安装，而案涉3楼外公共平台就是物业公司所指定的空调外机安装位置。（2）403室外立面照片3张，证明403室南、西、北三面均没有公共平台或阳台，403室房屋没有预留空调安装位置。（3）征求邻居同意书复印件一份，证明2单元14户业主中已有10户业主表示对吴某东、刘某敏在案涉公共平台区域放置空调并无意见。（4）锡环（WX检）字（2021）第003Z噪声检验报告复印件一份，其中载明"检验项目：室内噪声；检验时间：22:00~22:30；检测地点：303室入户花园窗外1米；夜间噪声限值：45；计量单位：LeqdB；检测结果：49.1；背景噪声：48.4；单项判定：—"，证明吴某东、刘某敏的空调外机所产生的噪声类似于背景噪声，不会对303室的生活环境造成影响。（5）公共平台区域现场照片一张，证明303室空调外机距离303室窗户1.3米，且后背窗户是电梯井窗户，不可能影响303室的采光和美观。二审另查明：根据吴某东、刘某敏向一审法院提交的住宅结构平面示意图记载，303

室房屋入户花园北侧区域即为该房屋的设备平台。

二审法院审理认为,不动产的相邻权利人应当按照有利生产、方便生活、团结互助、公平合理的原则,正确处理相邻关系。建设单位或者其他行为人擅自占用、处分业主共有部分、改变其使用功能或者进行经营活动,权利人有权请求排除妨碍、恢复原状。本案中,根据吴某东、刘某敏向一审法院所提交的住宅结构平面示意图可知,开发商在设计、建造案涉房屋时已经为业主预留了可用于安装空调外机的设备平台,但吴某东、刘某敏并未在开发商预留的设备平台处安装空调外机,吴某东、刘某敏将空调外机实际安装在2单元公共大厅上方的公共平台处,侵占了建筑物的公共部位,有失妥当。另外,《家用和类似用途空调器安装规范》(GB 17790-2008)第5.8.4.2条规定,空调器的室外机组应尽可能地远离相邻方的门窗和绿色植物,与对方门窗距离不得小于下述值:a)空调器额定制冷量不大于4.5kV的为3米;b)空调器额定制冷量大于4.5kV的为4米。注:确因条件所限达不到要求时,应与相关方进行协商解决或采取相应保护措施。本案中,虽然吴某东、刘某敏将案涉空调外机安装在3楼外公共平台区域系根据物业公司的指示所为,但因其安装空调外机的位置距离相邻方盛某的房间窗户仅1.3米,小于上述国标文件所规定的最低3米的距离限制,且吴某东、刘某敏将空调外机安装在该处并未获得相邻方盛某的认可,也未采取相应保护措施,同时根据吴某东、刘某敏向法院提交的噪声检验报告之记载,吴某东、刘某敏所安装的空调外机在运行时所产生的噪声值已经超出了夜间噪声的限值,对盛某的生活必然产生不利影响,且该不利影响的程度已经超出了盛某作为相邻方应负有的合理限度范围内的容忍义务。在此情况下,一审法院的判决于法有据,并无不当。二审法院判决:驳回上诉,维持原判。

法律索引

《中华人民共和国民法典》

第二百七十一条　业主对建筑物内的住宅、经营性用房等专有部分享有所有权，对专有部分以外的共有部分享有共有和共同管理的权利。

第二百八十八条　不动产的相邻权利人应当按照有利生产、方便生活、团结互助、公平合理的原则，正确处理相邻关系。

律师解读

本案是因小区业主空调外机合理放置问题产生的相邻权纠纷，受害人即相邻业主向人民法院起诉，请求侵权方排除妨碍、恢复原状。在案件的基本事实和法律适用方面，笔者有以下体会。

一、权利侵害人的行为性质评价问题

在当事人明确提出排除妨碍、恢复原状请求的案件中，侵害人的行为性质应当是案件审查的重点或争议的焦点，也即侵害人的行为是否具有合理或合法的依据。综观本案，首先，物业公司向业主发出了《整改通知书》，要求业主将空调外机从4楼外立面墙体上拆除，放置在3楼外公共平台区域。业主是根据物业公司的要求将空调外机移放到案涉的位置，看似业主在该处放置空调具有合理依据，但是，根据《最高人民法院关于审理建筑物区分所有权纠纷案件适用法律若干问题的解释》的规定，建设单位、物业服务企业或者其他管理人等擅自占用、处分业主共有部分、改变其使用功能或者进行经营性活动，权利人请求排除妨害、恢复原状、确认处分行为无效或者赔偿损失的，人民法院应予支持。因此，物业公司的通知及业主移放空调外机的行为均不具有合理性。其次,根据吴某东、刘某敏向一审法院提交的住宅结构平面示意图可知,开发商在设计、建造案涉房屋时已经为业主预留了可用于安装空调外机的设备平台,但吴某东、刘某敏并未在开发商预留的设备平台处安装空调外机,吴某东、刘某敏将空调外机实际安装在2单元公共大厅上方的公共平台处,侵占了建筑物的公共部位,有失妥当。最后,根据《家用和类似用途空调器安装规范》(GB 17790-2008)第5.8.4.2条的规定,空调器的室外机组应尽可能地远离相邻方的门窗和绿色植物,与对方门窗距离不得小于下述值:a)空调器额定制冷量不大于4.5kV的为3米;b)空调器额定制冷量大于4.5kV的为4米。而案涉空调外机安装置距离相邻方盛某的房间窗户仅1.3米,明显小于上述国标文件所规定的距离限制。并且根据吴某东、刘某敏自己提交的噪声检验报告,该空调外机运行时的噪声值已经超出了夜间噪声的限值,可以认定对盛某的生活必然产生不利影响,这种不利影响已经超出了相邻方应负有的合理限度范围内的容忍义务。

二、排除妨碍、恢复原状请求权的行使

无论是"排除妨碍""恢复原状",还是其他何种民事责任的承担方式,受害人在明确向人民法院提出要求侵害人承担该责任时,应当首先考虑所谓"侵害人"其行为是否具有合理性和正当性。以本案为例,如果吴某东、刘某敏居住的房屋在设计和建造时并未预留可用于安装空调外机的设备平台,而住户加装空调又是合理正当的居住需求,则吴某东、刘某敏在物业公司的协调下将空调外机放置在小区公共空间内,其他业主应当给予便利。但是,如果业主私自改变房屋设计和建造的功能,将原本用于空调外机放置的设备平台改作他用,使得现有的空调外机不得不放置在小区共有空间内,当其他业主提出异议,要求其排除妨碍、恢复原状时，业主应当自己承担相应的责任，负有排除妨碍、恢复原状的义务。

当然，在相邻权纠纷案件的裁判中，人民法院首先要求"不动产的相邻权利人应当按照有利生产、方便生活、团结互助、公平合理的原则，正确处理相邻关系"，这说明即使一方的行为本质上具有一定的不合理性，但是事出无奈而又不严重影响其他权利人的正常生产、生活时，也不能过于严苛地限制当事人的行为。因此，所谓"受害方"在提出排除妨碍、恢复原状请求时，也应当综合考量侵害人行为得益性与自身权益的实际损失情况，综合评估该请求是否能够得到人民法院的支持。

三、排除妨碍与排除妨害的区别和联系

"排除妨碍"与"排除妨害"请求权的共同点是，两者都是权利人在物权的行使过程中，因受到外在侵害而对侵害人提出排除侵害行为或侵害后果，使自己的物权恢复到圆满状态的权利。但是两者也存在明显的差异，具体如下：第一，排除妨碍的适用范围比排除妨害更为广泛。对他人行使权利造成障碍均可构成"妨碍"，这种障碍可能造成实际损害，也可能没有实际损害。"妨害"则是指实施了某种侵害他人行使权益的行为，后果上已有某种结果状态的发生。第二，排除妨碍比排除妨害的义务主体更为广泛。排除妨碍的义务主体不但包括实际侵权人，也可以包括具有某些履行事务职能的主体，权利人可以对任何影响其权利行使的客观主体提出排除妨碍的要求。第三，排除妨碍与排除妨害的责任功能有所不同。排除妨碍主要是预防性的侵权责任承担方式，主要是为了预防可能发生的损害，它并不要求实际损害已发生，也不是为了补偿受侵害人的具体损失。而要求排除妨害时应当有一定的结果状态发生。此外，在权利适用的

基础方面两者也有一定的区别,排除妨碍请求通常是权利人基于占有权、使用权而提出,排除妨害则通常是权利人基于对物的所有权而提出。

五、侵犯使用权——消除危险、排除妨碍

"消除危险"是指行为人的行为对他人的人身、财产安全造成潜在威胁后,权利人可以要求其采取有效措施消除危险。这种法律意义上的"危险"是指造成人身或财产损害的可能性,只要行为人的行为有造成损害的可能,权利人即有权请求行为人主动消除或请求人民法院强制其消除,以防止损害后果的发生。比如,当单位或个人排放污染物的行为存在污染环境的危险时,该单位或个人就负有停止排放、根治污染源以消除环境污染危险的责任。

典型案例

行为人因其行为对他人造成现实危险的,应当采取必要措施消除危险,同时受害人在维权时应当承担相应的举证责任

案例要旨

行为人因其行为对他人造成现实危险后,应当采取必要措施消除危险,受害人在维权时应当对该危险发生与行为人的行为之间存在因果关系进行举证,否则将可能承担败诉风险。

案例内容

原告王某于1993年在甲水泥厂围墙外1米处修建二层房屋一栋。甲水泥厂采石场靠近原告房屋的空地成为倒放渣土的场所,2009年11

月25日晚9时左右,一台推土机将渣土从5米高的地方推下,3个巨大混泥土块砸向甲水泥厂靠近王某房屋的围墙内侧,致使王某的房屋有一定损坏。2010年4月20日,王某向当地房管局申请对该房屋二层挑梁与墙体交界处产生水平裂缝进行鉴定,房管局于2010年4月23日作出了鉴定,认定该房屋安全等级为B级,建议处理使用。王某认为该房屋承重墙有水平裂缝是被告周某指挥推土机司机违章作业所致,王某曾多次找相关部门组织调解处理,周某多次与原告协调处理未果。另查明,甲水泥厂案涉工程的中标人也即承建商为江西某公司;该公司于2009年11月10日进场施工,渣土外运与他人签有协议。王某向法院起诉,要求江西某公司、周某承担消除危险、恢复房屋原状的法律责任。

一审法院审理认为,本案为消除危险纠纷,原告王某虽无直接证据证实房屋损坏为被告周某指挥推土机司机违章作业所致,但证人证实周某因该事多次与王某协商,周某没有提出其是履行在相关单位的职务行为,应认定为周某的个人行为。推土机司机违章作业是受周某指挥,周某应为侵权行为人,其侵权行为致使王某房屋受损,应承担相应的侵权责任。经鉴定房屋安全等级为B级,建议处理使用,故周某应对房屋进行修理、加固以消除使用危险。因该房屋安全等级为B级,建议处理使用,故原告要求恢复原状的诉讼请求,法院不予支持。此外,王某也未举证证明江西某公司存在侵权行为,因此对要求该公司承担责任的主张不予支持。综上,一审法院判决:被告周某为原告王某房屋消除危险。

二审法院审理认为,本案争议焦点在于王某的房屋受损与周某是否存在因果关系。从本案王某提供的证据来看,在每次与推土机司机发生纠纷时司机都讲周某是老板,叫周某来处理,且在本案发生后也是周某来协调的,故可证明周某是本次事故的指挥者和实际侵权责任人。而周某提交的甲水泥厂的证明,不能否定周某未从事其他工作,如雇用司机推土,因此,可认定王某的房屋遭受危险影响的事实与周某的指挥推土行为有关联,故周某应对王某的房屋进行修理、加固,消除危险。另外,房屋鉴定明确为B级危房,但并未说明其成为危房的具体原因,只是建议处理使用。因此,该证据不能直接证明王某的房屋成危房系周某指挥的推土机推土落下的石块所致,根据"谁主张,谁举证"的举证原则,对此王某应当承担举证不能的不利后果,即其要求恢复原状的理由因证据不足,法院不予支持。同时,由于本案发生危险的石块仍在现场,周某如继续向邻近王某房屋的围墙处倒土会对王某的房屋继续造成危险,故一审判决上诉人周某消除危险并无不当。综上所述,二审法院判决:驳回上诉,维持原判。

法律索引

《中华人民共和国民法典》

第一千一百六十七条 侵权行为危及他人人身、财产安全的,被侵权人有权请求侵权人承担停止侵害、排除妨碍、消除危险等侵权责任。

律师解读

本案涉及的法律问题主要体现在两个方面,一是一般侵权责任的认定问题,二是民事法律责任的承担问题。

第一,关于一般侵权责任的认定问题。在一般侵权中,侵权责任的认定应综合考虑以下几个方面。首先,确定权利的侵害人。侵权责任应当由真正的侵权人承担,确定侵权人是要求其承担法律责任的前提。本案中，王某将周某及江西某公司均作为被告，要求两被告共同承担侵权责任，但是法院综合考虑王某所提供的证据、周某的相关行为表现等，仅认定周某应承担侵权责任，而没有认定江西某公司承担任何责任。可以看出，在侵权诉讼中，受害人有义务举证证明侵害人的具体情况和侵权事实，否则就可能承担举证不能的不利后果。

其次，证明权利受害情况。权利受到侵害的程度直接关系到侵害人应承担民事法律责任的大小，以及受害人能够获得民事赔偿的多少。本案中王某委托房管局相关部门对房屋受损情况作出了鉴定，鉴定结果显示为"建议处理使用"。但是鉴定报告中并未就"处理使用"的建议作出详细阐述，这也可能导致法院判决被告承担责任存在不具体、不明确的情况。

最后，证明侵害因果关系。法律上的因果关系即是侵害行为与损害事实之间引起与被引起的关系，这种关系的证明不能运用抽象的概念予以说明，而是必须通过客观存在的实际联系予以证实。就本案而言，王某没有提供证据证明周某指挥的推土机推土落下石块导致房屋受损，换言之，王某的房屋虽然出现了损坏结果，但是不一定是推土落石造成的，因此法院依据"谁主张，谁举证"的举证原则，没有支持王某的主张。

第二，关于民事法律责任的承担问题。民事法律责任的承担方式有很多种，《民法典》第179条规定的民事责任承担方式包括停止侵害、排除妨碍、消除危险、返还财产、恢复原状、修理、重作、更换、继续履行、赔偿损失、支付违约金、消除影响、恢复名誉、赔礼道歉等。每种民事责任的承担方式都因案而异，但总而言之民事法律责任的承担，应当以民事法律责任的存在为前提。就本案而言，法院认定王某未能举证证明其房屋受损系周某指挥推土机推土落石导致，所以周某

五、侵犯使用权——消除危险、排除妨碍

的行为与王某房屋受损之间并不必然存在因果关系，周某就没有承担房屋受损法律责任的前提。因此，王某不能要求周某就房屋受损承担恢复原状（包括修复、加固）、赔偿损失等法律责任。

但是，法院综合考虑后也认为，周某的行为已经给王某使用房屋造成了实际的危险，即"本案发生危险的石块仍在现场，周某如继续向邻近王某房屋的围墙处倒土会对王某的房屋继续造成危险"，遂判决周某立即对该情况进行处置，消除对王某使用房屋造成的障碍和危险，以保障王某安全使用房屋。

六、侵权责任的免责事由——受害人故意

　　侵权责任是指民事主体因实施侵权行为而应承担的民事法律后果。法律规定的侵权行为有很多种，归纳起来可分为侵害人身权、侵害人格权、侵害身份权、侵害财产权、侵害知识产权等。如果侵权人实施了某种侵权行为并产生了相应的法律后果，受害人就有权依法向侵权人主张承担责任。但是对于特殊情况下的侵权，法律也规定即使存在侵权的事实和后果，对于侵权人也应当减轻或免于承担相应责任。《民法典》第1174条明确规定，损害是因受害人故意造成的，行为人不承担责任。之所以如此规定，是因为法律保护的受害人应当是善意的受害人。现实中有些受害人对权利遭受侵害是明确知晓的，却放任损害事实的发生或主动追求该种情况的出现，那么就可以理解为受害人在自由处分自己的权利，在该行为不损害第三人合法权益、不有损公序良俗的情况下法律不应当予以强制约束。比如，触碰正常运营中的高压线路可能造成自身触电伤亡，这是普通人都能够理解和熟知的常识，但是受害人有意触摸高压线自杀或盗割高压线导致自己伤亡，则在此情况下高压线路的所有人、运营方等就不应当承担任何责任。又如，某人故意挑逗邻居饲养的烈性犬，导致被犬只追咬受伤，那么该犬只的饲养人就应当减轻或者不承担侵权的责任。

六、侵权责任的免责事由——受害人故意

典型案例

受害人故意放任或主动追求损害结果的发生，属于自甘风险行为，应当自行承担相应的损害后果

案例要旨

受侵害人的受害结果应当与行为人的行为之间存在因果关系，这是界定侵权行为的前提条件，如果是受害人故意放任或主动追求损害结果的发生，则属于自甘风险的行为，应当自行承担相应的损害后果。

案例内容

和某莲、何某海系某镇村民，秦某为何某海女婿。该村有16户村民共用一渠，和某莲户与何某海户也在其中。2020年5月9日，和某莲发现何某海清理水沟影响自己的田埂心中气愤，在村民小组的微信群内宣泄，何某海听到后发语音回复和某莲"不要在群里乱骂，有事打电话或到家里说"。当晚何某海与和某莲就维护沟渠达成口头协议。5月10日，该村村民自治委员会委员到现场查看，并进行协调。5月11日，和某莲和秦某在地里碰面，二人发生争吵。争吵结束大家散去，和某莲坐在田埂上，在村民小组微信群里发送"我是儿子不管、姑娘不管、老公也不管我，我跳下河死了算了"的语音，然后将手机放到河堤上，趁人不注意，沿拦河坝滑入永春河中。和某莲的丈夫看到时其已落水，何某海发现后让秦某去帮忙。和某莲被二人合力拉上岸后，在其儿子的要求下被送入县医院检查。何某海随后到医院，为和某莲支付医疗费1182元。5月18日，镇派出所民警在排查矛盾纠

纷过程中发现此事，经现场了解和调解，甲方为和某莲的丈夫杨某强、乙方为何某海，双方达成"1. 在2021年4月20日以前，由乙方出水泥与板子，双方一起用高30公分、宽30公分的水泥浇灌该水沟。2. 双方保证不再因此事发生任何矛盾纠纷。3. 乙方保证在2021年4月20日以前不再去挖田埂"的协议。达成和解协议当日，和某莲以何某海、秦某的言语刺激到自己，导致自己一时想不开跳河，所产生的各项费用应由被告承担为由，诉至法院，请求判决何某海、秦某支付误工费、护理费、营养费、住院伙食补助费、精神抚慰金等费用。

法院审理认为，"行为人因过错侵害他人民事权益，应当承担侵权责任"。一方主张损害赔偿责任，应就另一方存在侵权行为、主观过错、损害后果且行为与损害后果之间具有因果关系等承担举证责任。本案中何某海、秦某是否应当承担侵权责任，关键是何某海、秦某的行为与和某莲跳河是否有因果关系，何某海、秦某是否存在过错。首先，和某莲发现何某海清理水沟影响自己的田埂后心中气愤，在村民小组的微信群内宣泄，何某海在微信群内的回复恰当，且双方于当晚就维护沟渠达成口头协议，和某莲而后才发生跳河，何某海的行为与和某莲跳河并不存在法律上的因果关系。其次，和某莲与秦某在地头发生争吵，争吵结束后双方在场人员散去，仅和某莲坐在原地哭。在村民小组微信群发送"我是儿子不管、姑娘不管、老公也不管我，我跳下河死了算了"的语音，说明和某莲跳河是因为对家人言行不满，自己选择跳河的，并非因秦某言语过激，导致其情绪失控跳河，故其跳河行为与其与秦某吵架并不存在法律上的因果关系。最后，和某莲作为完全民事行为能力人，应当选择正当的途径宣泄情绪，但其在明知跳河存在风险的情况下，仍沿着河堤滑入河中，导致自身多处软组织挫伤，其行为属于原《侵权责任法》中的自甘风险的行为，应当自行承担相应的损害后果。综上，何某海、秦某的行为与和某莲跳河不具有法律上的因果关系。本案中，和某莲、何某海本是共用一渠的种地邻居，邻里之间本应相互顾及、相互帮助才能相处和谐，但因清理沟渠引发言语不和，发生不愉快。何某海在发现和某莲落水后的第一时间让女婿秦某前去帮忙，主动送和某莲到医院治疗，并支付医疗费1182元的行为，法院认为，虽何某海、秦某的行为与和某莲跳河不具有法律上的因果关系，但其事情发生的诱因系何某海清理水沟而产生，何某海支付医药费的行为是其当时真实的意思表示，应予尊重，故对被告主张返还垫付的医疗费1182元的答辩意见，法院不予支持。法院最终判决：驳回原告和某莲的诉讼请求。

法律索引

《中华人民共和国民法典》

第一千一百六十五条 行为人因过错侵害他人民事权益造成损害的，应当承担侵权责任。依照法律规定推定行为人有过错，其不能证明自己没有过错的，应当承担侵权责任。

第一千一百七十四条 损害是因受害人故意造成的，行为人不承担责任。

律师解读

本案的法律基础关系为一般侵权法律关系。在该类案件中，侵权责任的承担需要满足四个要件，即侵权人存在主观上的故意或过失、侵权人实施了侵权行为、受害人产生了权益受损的后果、侵权行为与损害后果之间存在因果关系。其中，侵权行为与损害后果之间的因果关系，是确定本案中侵权人是否应当承担法律责任的重点。通常情况下，在认定侵权行为与损害后果的因果关系时，一方面要认定该行为是否为侵犯他人合法权益的行为，即有可能评价为侵权行为的行为；另一方面要认定该行为与损害结果的产生具有一般性的引起与被引起的直接因果关系。就本案而言，首先，和某莲是在与何某海发生争议并达成和解后才发生跳河的行为，并不是何某海的行为导致和某莲跳河，因此不应当认定何某海的行为是引起和某莲跳河的诱因。其次，从和某莲在村民小组发送的"我是儿子不管、姑娘不管、老公也不管我，我跳下河死了算了"的语音可以看出，和某莲自己诉说的跳河原因是对其家人不满，而并非与秦某争吵言语过激导致情绪失控跳河，因此不应当认定秦某与其争吵的行为是引起和某莲跳河的诱因。最后，和某莲作为完全民事行为能力人，对跳河存在的风险应当有明确、清醒的认知和判断，但其仍然选择跳河以宣泄情绪，其行为符合法律关于"损害是因受害人故意造成的，行为人不承担责任"的规定，其不应当向其他人主张侵权责任。由此，本案和某莲自甘风险的行为是其人身涉险、权益受损的主要原因，何某海、秦某等人不应当承担相应的侵权责任。

值得注意的是，法院判决何某海、秦某无须就和某莲落水承担任何责任，但也未支持两人要求返还已支付给和某莲1182元的主张。就常理而言，如果何某海、秦某无须就和某莲的损失承担任何责任，那么就没有义务向其支付任何费用，和某莲收取两人支付的1182元也就没有依据，应当将欠款予以返还。但是，本案判决明显在考虑事理和法理的同时，还综合考虑了情理。一方面和某莲受伤的最初起因是与何某海的矛盾，何某海支付医药费的行为也是基于该事件，因此能够确认是其真实的意思表示，所以对该行为应当予以尊重。另一方面不支持退还该笔款项,可以减轻和某莲一家对何某海、秦某等人的憎恶之情,有益于缓解两家的怨愤,化解双方的矛盾,维护邻里之间的和谐。

该案例也提示我们,在日常生活中应当正确面对和处理类似的纠纷。正如判决所说,同一村民小组的农户之间,在耕种过程中难免发生矛盾,但邻里之间本应相互顾及、相互帮助才能相处和谐。日常中如与他人发生纠纷,处理时需注意方式方法,保持理性、平和,秉持善良风俗,通过正当途径合理解决问题,避免因方式不当产生不必要的麻烦。

七、侵权责任的免责事由——好意施惠

好意施惠，又称"情谊行为"，是指当事人之间无意设定法律上的权利义务关系，而由当事人一方基于良好的道德风尚实施的使另一方受恩惠的关系，旨在增进双方之间情谊的行为。好意施惠是一种在生活中极为常见的做好事行为，如好意搭乘、见义勇为、情谊帮工等。好意施惠的主要特征，一是具有善意性，当事人纯粹是为了他人利益，在人情世故、道德伦理观念的支配下实施情谊行为。二是具有无偿性，行为人在实施行为时并不是以营利为目的，也没有实施行为之后向对方索取报酬的想法。三是具有社会性，好意施惠虽然是双方当事人的合意，但并不受法律的约束，在实施好意行为后不受法律调整，甚至一方未依约行事另一方也不能追究对方的违约责任。对于纯粹的好意施惠行为，如果给对方造成了人身或财产损失的，法律规定侵权归责原则应当适用"过错原则"，但基于好意施惠的善意性和无偿性，以及良好的社会风尚引领作用，应酌情减轻施惠人的民事赔偿责任。即施惠人因其故意或重大过失造成受惠人人身或财产损害的，应酌情适当承担赔偿责任，对因一般过失造成的损害则无须担责。

典型案例

无偿帮工人在从事帮工活动中致人损害的，被帮工人应当承担赔偿责任，被帮工人明确拒绝帮工的，不承担赔偿责任

七、侵权责任的免责事由——好意施惠

📖 案例要旨

好意施惠中，无偿提供劳务的帮工人，在从事帮工活动中致人损害的，被帮工人应当承担赔偿责任。被帮工人承担赔偿责任后向有故意或者重大过失的帮工人追偿的，人民法院应予支持。被帮工人明确拒绝帮工的，不承担赔偿责任。

📖 案例内容

被告张某某与原告牛某某的父母是朋友关系，张某某的孩子与牛某某同在一所幼儿园上学。张某某一直在家专职照顾孩子，时间充裕，而牛某某的父母因工作原因经常无法按时接送牛某某，所以牛某某父母经常拜托张某某接孩子时一块接牛某某回家。2019年6月的某日下午，张某某在幼儿园接孩子后，牛某某和往常一样随同张某某一起回家。张某某骑电动车行驶至济南市济阳区经三路与纬一路路口时，坐在电动车后座的牛某某从电动车上摔落受伤。牛某某受伤后到医院接受治疗，经诊断为皮肤挫伤，住院和医疗费用经医保报销后共支出7757.04元。事故发生后，张某某已支付牛某某2000元。因双方就损害赔偿事宜无法达成一致，牛某某的父母向一审法院提起诉讼，请求判决：张某某赔偿医疗费、护理费、交通费共计6657元。

一审法院审理认为，张某某骑电动车载其孩子和牛某某两名未满12周岁儿童出行，明显违反了《道路交通安全法实施条例》第71条及《山东省实施〈中华人民共和国道路交通管理条例〉办法》第57条第5项的相关规定，对本次事故的发生应当承担相应的责任。但是，牛某某的父母作为监护人，明知张某某驾驶非机动车载牛某某出行可能存在风险，仍将牛某某交付张某某，其对本次事故的发生亦应承担

相应的责任。综合上述因素,酌情认定牛某某的各项损失应由张某某按70%承担赔偿责任为宜。依据责任承担的比例及牛某某入院治疗费用的实际情况,一审法院判决:张某某赔偿牛某某医疗费5429.93元、护理费420元、交通费140元,扣除被告张某某已支付的2000元,以上共计3989.93元。

一审判决作出后,张某某不服一审判决,提起上诉。

二审法院审理认为,《最高人民法院关于审理人身损害赔偿案件适用法律若干问题的解释》第13条规定:"为他人无偿提供劳务的帮工人,在从事帮工活动中致人损害的,被帮工人应当承担赔偿责任。被帮工人明确拒绝帮工的,不承担赔偿责任。帮工人存在故意或者重大过失,赔偿权利人请求帮工人和被帮工人承担连带责任的,人民法院应予支持。"所谓帮工,是指无偿为他人提供劳务,帮工人与被帮工人之间往往具有特殊的社会关系,通常发生在亲朋好友、同事、邻居之间,具有临时性的特点,也可以理解为通常所说的助人为乐。帮工活动中,帮工人虽然是自愿、无偿提供帮工活动,但其目的是维护被帮工人利益,基于这个原因,作为被帮工人,接受义务的帮工在法律上就不再是一种随意的行为,如果帮工人在帮工的过程中对他人造成了伤害或者说自己不小心受到了伤害,那么就需要由被帮工人来承担这个责任。也就是说,被帮工人在接受帮工时就将面临帮工过程中发生意外事故承担赔偿责任的风险。帮工人在从事帮工活动过程中,如果被帮工人未明确拒绝帮工,帮工人为被帮工人提供帮工时造成损害,应当由被帮工人承担赔偿责任。据此,张某某帮牛某奇、杜某倩照顾其女儿牛某某,双方未约定报酬,成立无偿帮工关系。张某某在从事帮忙照顾牛某某活动中致牛某某受伤,牛某某的父母作为被帮工人依法应当承担赔偿责任。事故发生在市区道路,张某某骑电动车载其孩子和牛某某两名未满12周岁儿童出行，违反了关于非机动车载人的规定。但是牛某某的监护人，明知张某某驾驶非机动车安装的固定安全座椅只能附载一名儿童，对于可能存在的风险应当预料到，而仍将牛某某交给张某某待孩子玩耍结束后送牛某某回家，且张某某作为帮工人将牛某某安放在固定安全座椅上，而将自己的孩子放在存在安全隐患的脚踏板上，已经尽到了相应的义务，牛某某的监护人存在过错，更何况系被帮工人，相应的责任应由其承担。故牛某某的监护人要求张某某对本次事故的发生承担相应的责任，法院不予支持。牛某某的监护人也认可本次伤害属意外，并无证据证实张某某主观故意或重大过失所为，且在牛某某住院后，张某某带礼品到医院探望并留下2000元，以表达慰问及歉意，虽然事后双方又发生矛盾，而张某某亦非真意讨要该2000元，系对自有权利的正当处分，法院不予干涉。而对于张某某这种邻里朋友之间善意行为，互帮互助、团结友善的良好道德风尚是值得肯定的。牛某某受伤，双方都很心疼，牛某某的监护人应正确对待本次事故，不应迁怒于张某某。综上所述，二审法院判决：撤销一审判决，驳回牛某某父母的诉讼请求。

法律索引

《中华人民共和国民法典》

第一百二十条　民事权益受到侵害的，被侵权人有权请求侵权人承担侵权责任。

第一千一百六十五条第一款　行为人因过错侵害他人民事权益造成损害的，应当承担侵权责任。

《最高人民法院关于审理人身损害赔偿案件适用法律若干问题的解释》(法释〔2022〕14号)

第四条 无偿提供劳务的帮工人,在从事帮工活动中致人损害的,被帮工人应当承担赔偿责任。被帮工人承担赔偿责任后向有故意或者重大过失的帮工人追偿的,人民法院应予支持。被帮工人明确拒绝帮工的,不承担赔偿责任。

律师解读

本案的二审以充分的事实理由、缜密的逻辑思考以及明确的法律依据为基础,适度融入传统的道德风尚因素,进而作出裁判。判决较好地实现了法律效果与社会效果的统一,是把社会主义核心价值观融入新时代中国特色社会主义法治建设的良好实践。综观本案二审判决,主要体现了以下两个方面的特点:

第一,完美实现法律效果与社会效果的统一。一方面就法律角度而言,张某某作为侵权人首先违反道路交通管理规定,载两名儿童骑行电动车,存在严重的安全隐患,张某某在此次事故中确实存在过错。其次,由于张某某的过错造成了受害人牛某某意外摔伤,使牛某某产生了一定的损失。可以说张某某的过错与牛某某的损害结果之间存在直接的因果关系,因此张某某应对牛某某的损害结果承担相应的民事赔偿责任。另一方面就社会角度而言,我们每个生活在社会中的人,都与其他人建立了不同程度的社会关系,如亲属关系、邻里关系、朋友关系等,人们在这些关系的支撑下才能完成很多不依赖于法律调整的事务,给我们的生活带来很大的便利。如果这些关系的维护、发展和调整在平时不依赖于法律,而当一方认为自身权益受损时又诉诸于

七、侵权责任的免责事由——好意施惠

法律，请求强令判决另一方承担责任。长此以往则人们之间的信赖感就会缺失，社会的危机感就会增强，不利于社会的稳定和发展。因此，在使用法律调整人们生产生活的过程中，应当充分考虑法律手段调整后对社会价值观念、道德风尚的影响，不应僵化地运用法律思维评价现实中的各种事物，机械地使用法律调整生活中出现的各种问题。本案二审判决就是在客观评价当事人行为和法律后果的基础上，充分考虑了其存在是社会性问题，结合事件中体现出的情感正能量而作出了让社会大众能够接受的判决。

第二，判决说理有温度、有教育意义。首先，判决指出了事件中当事人各自存在的问题，即张某某违反了关于非机动车载人的规定，对事故发生负有一定的责任；牛某某父母作为牛某某的监护人，明知张某某的行为存在严重的安全隐患，对于可能存在的风险应当预料到，却仍将牛某某交给张某某骑电动车接送，也应当对事故发生承担主要的责任；张某某作为"帮工人"将牛某某安放在固定的安全座椅上，而将自己的孩子放在存在安全隐患的脚踏板上，已经尽到了相应的注意义务。其次，判决认为牛某某的父母也认可本次伤害属意外，并无证据证实张某某存在主观上的故意或重大过失，因此张某某作为帮工人，完全是为了被帮工人即牛某某的父母着想才同意代其接送孩子，对于这种邻里朋友之间的善意行为，互帮互助、团结友善的良好道德风尚值得肯定。因此，即使事故造成了牛某某的损害，那么损害后果也应当有牛某某的父母承担，而不应过分苛责张某某。判决的教育意义在于肯定了邻里之间的善意行为，倡导了诚信、友善的社会主义核心价值观，避免了僵硬适用法律而给社会带来的伤害。

第三部分 担保责任法律问题

一、抵押权优先受偿范围

"抵押"是指抵押人和债权人以书面形式约定,在不转移抵押财产占有权的情况下,将该财产作为实现债权的担保,当债务人不履行债务时,债权人有权依法以该财产折价、拍卖或者变卖所得价款优先受偿。抵押有着悠久的历史,西方国家的抵押信用制度十分发达,抵押贷款属于西方各国商业银行的一项传统业务,有些国家还成立了抵押银行,专门办理抵押类的信贷业务。我国自清末到中华民国时期的银行普遍采用抵押贷款形式。改革开放以来,我国的专业银行和其他非银行金融机构抵押贷款业务也迅猛发展。现如今,抵押借款已不仅局限于银行和非银行金融机构的信贷业务,在民间借贷中也经常出现。而抵押制度中的核心问题之一即优先受偿权的范围,现实中围绕优先受偿范围引起的纠纷和诉讼也较为常见。

典型案例

抵押权登记证书上记载的"债权数额"与抵押担保范围的概念不同,债权人有权主张按照抵押合同约定或者法定的担保范围行使优先受偿权

案例要旨

一般抵押权设立登记时权利证书上记载的"债权数额"仅是设定抵押时的担保的主债权数额,与抵押担保范围是两个不同的概念。债

权人有权按照抵押合同约定或者法定的担保范围内的全部债权行使优先受偿权。

案例内容

2019年4月15日，原告周某与被告刘某签订《抵押借款合同》，约定：刘某向周某借款1,600,000元。合同对借款期限、月利率、违约责任承担等问题予以明确约定，周某还自愿提供其名下的一套住房作为抵押，抵押担保范围包含本金、利息以及原告为追索债务所支付的相应处置费用。2019年4月16日，双方就上述房产办理了抵押登记，登记证书显示：抵押方式为一般抵押、担保债权数额为1,600,000元。周某在办理抵押登记当日通过银行转账方式向被告支付了借款本金1,600,000元。刘某收到借款后未根据合同约定支付利息，借款期限届满后亦未偿付本金。周某遂起诉至人民法院，请求判决：(1)刘某偿还借款本金1,600,000元；(2)刘某按照借款合同的约定支付借款利息、逾期利息；(3)刘某支付周某的律师费；(4)周某在本金、利息、律师费等范围内就刘某抵押的房屋享有优先受偿权。

一审法院审理认为，原、被告签订的《抵押借款合同》合法有效，双方均应按照合同约定全面履行各自的义务。原告在向被告出借款项后，被告未按约定偿付借款本金及利息，其行为已构成违约，应承担相应的违约责任，原告关于本金、利息、逾期利息和律师费的主张于法有据，应予支持。因被告在签订《抵押借款合同》时提供了其名下的一套房屋作为抵押物，并已办理不动产抵押登记手续，现原告主张对上述抵押物的折价、拍卖或变卖所得价款享有优先受偿权，有事实和法律依据，但依据不动产登记证书显示，其享有的担保债权额为

1,600,000元，因此应在该范围内享有优先受偿权。综上，一审法院判决：一、被告刘某偿还周某借款本金1,600,000元，并支付利息、逾期利息、律师费；二、周某在1,600,000元范围内就刘某用于抵押的房屋折价、拍卖或变卖所得价款享有优先受偿。

一审判决作出后，周某不服一审判决，提起上诉。理由是其应当在案涉借款本金、利息、逾期利息、律师费等全部费用范围内就刘某用于抵押房屋折价、拍卖或变卖所得价款享有优先受偿权。

二审法院审理认为，本案的焦点问题是周某因抵押权而享有优先受偿权的权利范围问题。原《物权法》第173条规定，担保物权的担保范围包括主债权及其利息、违约金、损害赔偿金、保管担保财产和实现担保物权的费用。当事人另有约定的，按照约定。根据该规定，抵押权人优先受偿范围不以主债权为限，而应根据合同约定的抵押担保范围或者法定范围来确定。一般抵押权设立登记时权利证书上记载的"债权数额"仅是设定抵押时的担保的主债权数额，与抵押担保范围是两个不同的概念。债权人有权按照抵押合同约定或者法定的担保范围内的全部债权行使优先受偿权。本案《不动产登记证明》中记载的债权数额为1,600,000元，系指设定抵押时担保的合同主债权即借款本金数额，而非抵押担保债权的最高限额，相应的利息同样应优先受偿。一审判决认定周某享有优先受偿权的债权数额应以抵押登记记载的担保债权数额1,600,000元为限，与事实不符，法院予以纠正。综上，二审法院判决：周某在案涉借款本金、利息、逾期利息、律师费等全部费用范围内就刘某用于抵押房屋折价、拍卖或变卖所得价款享有优先受偿权。

法律索引

《中华人民共和国民法典》

第三百八十九条 担保物权的担保范围包括主债权及其利息、违约金、损害赔偿金、保管担保财产和实现担保物权的费用。当事人另有约定的,按照其约定。

第四百条 设立抵押权,当事人应当采用书面形式订立抵押合同。抵押合同一般包括下列条款:(一)被担保债权的种类和数额;(二)债务人履行债务的期限;(三)抵押财产的名称、数量等情况;(四)担保的范围。

律师解读

本案中,一审法院明显混淆了抵押担保的范围与被担保债权数额两者的概念。《民法典》第400条规定,当事人设立抵押权,应当采用书面形式订立抵押合同。抵押合同一般包括下列条款:(1)被担保债权的种类和数额;(2)债务人履行债务的期限;(3)抵押财产的名称、数量等情况;(4)担保的范围。由此可见,被担保债权的数额与担保范围是两个并列的概念,抵押担保的范围,并不等同于抵押担保债权的数额。

首先,"抵押担保的范围"是概括性的债权事项,包括本金、利息、违约金、损害赔偿金等,依据这些事项产生了相应的被担保债权以及债权的具体数额。《民法典》第389条规定,担保物权的担保范围包括主债权及其利息、违约金、损害赔偿金、保管担保财产和实现担保物权的费用。当事人另有约定的,按照其约定。因此,抵押担保范围内的具体事项应当依据合同双方的约定产生,只要双方的约定合法有效，就应当得到法律的认可和支持，该种事项也应当成为担保物权涵盖的事项。

其次，"被担保债权数额"是相对确定性的债权数额，是指各项债权事项产生的具体债务数额，比如，利息一项因借款期限、利率的不同会有所变化，但是该变化是在债权计算依据明确基础上相对确定的。债权数额系在债权确定的情况下核算的结果，因此在办理抵押登记时由于债权债务关系刚刚建立，利息尚未产生、各种费用尚未发生，债权数额仅为本金数额，行政机关在抵押登记证书上按照借款本金载明债权数额本没有错。但是，在合同履行过程中，具体的债权数额发生变化，法院确定担保债权数额时则不应当按照登记机关的登记信息予以认定。

最后，也有的人民法院在处理类似问题时，引用原《最高人民法院关于适用〈中华人民共和国担保法〉若干问题的解释》第61条"抵押物登记记载的内容与抵押合同约定的内容不一致的，以登记记载的内容为准"之规定，认定抵押担保范围即为不动产抵押登记证书载明的债权数额。但是，原《房屋登记办法》第44条规定，对符合规定条件的抵押权设立登记，房屋登记机构应当将下列事项记载于房屋登记簿：（1）抵押当事人、债务人的姓名或者名称；（2）被担保债权的数额；（3）登记时间。显然"抵押担保范围"并不属于抵押登记权属证书需要记载的事项，因此笔者认为不能以抵押登记中的债权数额与合同约定不一致，进而适用上述司法解释或相类似的规定予以裁判。

二、动产抵押与动产质押

抵押是指债务人或者第三人为担保债务的履行，在不转移财产占有权的情况下，将该财产抵押给债权人。而质押是指债务人或者第三人为确保债务的履行，将自己享有所有权的合法动产或权利凭证，作为质物交给债权人占有或进行出质登记。通常情况下，抵押物为不动产，质押物为动产，但是当行为人合意使用动产进行抵押时，亦不违反法律规定，此时动产抵押的生效要件仍为办理抵押登记。而实践中动产抵押并不常见，原因有两方面，一是动产可以转移物的占有，因此权利人为确保债权的实现，更愿意占有该物，这也就形成了事实上的质押。二是动产抵押中抵押权的行使成本和风险比较高，即使抵押权合法成立，但是依据我国《民法典》关于"以动产抵押的，不得对抗正常经营活动中已经支付合理价款并取得抵押财产的买受人"之规定，抵押权有时也难以起到对抗第三人、保障债务实现的作用。

典型案例

动产不仅可以质押也可以抵押，动产抵押不得对抗正常经营活动中已支付合理价款并取得抵押财产的买受人

案例要旨

动产上不仅可以设定质押权，也可以设定抵押权。动产抵押的，应当向抵押人住所地的工商行政管理部门办理登记。抵押权自抵押合

同生效时设立；未经登记，不得对抗善意第三人。动产上的抵押权亦不得对抗正常经营活动中已支付合理价款并取得抵押财产的买受人。

📖 案例内容

被告E公司系案涉车辆的生产商，B公司负责销售该品牌汽车。B公司与K银行签订了《汽车销售金融服务网络融资协议》，约定B公司向K银行贷款，并以其销售的包括案涉车辆在内的所有车辆提供抵押担保，双方办理了抵押登记。虽然车辆已办理抵押登记，但K银行不对车辆进行占有和控制，只对车辆的合格证进行监管质押。2015年9月，原告常某与B公司签订了《汽车产品订购协议》，购买了案涉车辆。常某在向B公司支付了全部购车款后将车辆提走，B公司于次日向常某出具了购车发票及相应资料，但未将车辆合格证交给常某。之后，常某向B公司索要车辆合格证，B公司于2015年12月向常某出具《承诺书》，承诺2016年3月15日前将合格证交给常某，如不能在期限内交付合格证，按每天200元赔偿常某，并给予常某价值3000元的售后VIP充值卡一张。承诺期限届满后，B公司未将车辆合格证交给常某。常某以E公司、B公司、K银行为被告起诉至人民法院，请求判决交付车辆合格证。

一审法院审理认为，本案系因汽车合格证融资担保所引发的纠纷。原告已明确请求权基础是案涉车辆的物权。物权是绝对权、对世权，物权人可以追及物之所在而直接支配其物，以期能完整地实现物权。B公司将其所有的车辆质押给K银行，虽办理了抵押登记，但未实际交付，故关于车辆的质权实际并未设立。此外，车辆合格证书只是机动车整车出厂的合格证明，本身并不具有交换价值和商品流通性，不能成为质押的财产，故K银行以监管的形式实际占有案涉车辆合格证书的行为不属于质押行为。K银行根据协议以监管方式占有案涉车辆合格证并未履行公示程序，亦未向原告等消费者披露相关信息，不能产生担保物权的法律效力，仅可以对抗协议中的合同相对人而不能对抗原告，故本案应由车辆合格证的实际持有者K银行负责交付。一审法院判决：由K银行向原告常某交付案涉车辆的合格证。

一审判决作出后，K银行不服提起上诉，理由是其依法办理了案涉车辆抵押登记，因此抵押权理应受到保护。

二审法院审理认为，首先，根据原《物权法》第189条"企业、个体工商户、农业生产经营者以本法第一百八十一条规定的动产抵押的，应当向抵押人住所地的工商行政管理部门办理登记。抵押权自抵押合同生效时设立；未经登记，不得对抗善意第三人。依照本法第一百八十一条规定抵押的，不得对抗正常经营活动中已支付合理价款并取得抵押财产的买受人"之规定，本案K银行虽已办理车辆抵押登记，但其抵押权不得对抗正常经营活动中已支付合理价款并取得抵押财产的买受人。K银行以已经办理车辆抵押登记为由持有案涉车辆合格证，致使B公司无法向常某履行交付车辆合格证的附随义务，已损害到常某的合法权益。其次，根据原《物权法》第35条"妨害物权或者可能妨害物权的，权利人可以请求排除妨害或者消除危险"之规定，现K银行持有车辆合格证，已妨害并损害到常某对车辆所有权的完整行使，其行为已构成侵权，故应当将车辆合格证交付给常某。综上，二审法院判决：驳回上诉，维持原判。

法律索引

《中华人民共和国民法典》

第二百三十六条 妨害物权或者可能妨害物权的，权利人可以请求排除妨害或者消除危险。

第四百零四条 以动产抵押的，不得对抗正常经营活动中已经支付合理价款并取得抵押财产的买受人。

第四百二十五条 为担保债务的履行，债务人或者第三人将其动产出质给债权人占有的，债务人不履行到期债务或者发生当事人约定的实现质权的情形，债权人有权就该动产优先受偿。前款规定的债务人或者第三人为出质人，债权人为质权人，交付的动产为质押财产。

律师解读

本案中，虽然两级人民法院判决结果均是要求K银行向车辆所有权人常某交付合格证，但是对法律关系的认定存在很大的不同。一审法院认为，案涉的车辆抵押行为实质上是质押，质押合同自质物移交于质权人占有时才生效，案涉车辆合格证处于债权人的监管质押下，但案涉车辆未移交债权人占有，表现形式虽类似于质押，却又不完全具有质押的法律特征和本质，不产生担保物权的法律效力。二审法院则认为，根据原《物权法》第189条的规定，在认定案涉车辆上依法设立了抵押权的前提下，抵押权人对实际控制下的合格证的权利，不得对抗正常经营活动中已支付合理价款并取得抵押财产的常某的权利。综合两级人民法院的裁判思路，主要区别是案涉车辆的担保物权能否成立。

《民法典》第404条规定，以动产抵押的，不得对抗正常经营活动中已支付合理价款并取得抵押财产的买受人。该条规定与原《物权法》第189条的规定基本相同。根据上述规定，法律明确允许在动产上设定抵押权，只是该抵押权不得对抗正常经营活动中已支付合理价款并取得抵押财产的买受人。本案中B公司与K银行之间就案涉车辆签订了抵押合同、办理了抵押登记,因此K银行的抵押权合法成立。由此可以看出,一审法院错误认定动产只能设定质押,案涉车辆因未交付给质权人,因此质权未设定完成,案涉车辆上未设立担保物权。而二审法院适用法律正确,既肯定了案涉车辆抵押权的存在,也依据法律的明确规定认定该抵押权不能对抗常某的物权,并据此支持一审法院的判决结果。

该案判决给我们的启示是,在案件的分析和法律适用方面,要严格按照法律规定,遵循从法律到事实,再从事实到法律的逻辑。首先,依据法律规定审查案件事实,分析案件事实中法律关系的特征和属性,以便准确认定法律关系。其次,根据法律关系准确适用相应的法律规定,对案件结果作出准确的判断。结合本案,首先,常某与B公司签订的《汽车产品订购协议》合法有效,常某支付合理购车款并受让车辆后,已依法取得案涉车辆的所有权,因此常某是以其对案涉车辆的物权为基础提起本案诉讼的。而合格证是车辆不可分割的特定物,是机动车整车出厂合格的证明及车辆登记时必备的证件,常某对该合格证享有物上请求权,常某的请求合法有据。其次,B公司与K银行之间的抵押贷款合同合法有效,双方就案涉车辆办理了抵押登记,K银行的抵押权合法成立,在抵押权行使条件具备的情况下,K银行可以对案涉车辆行使抵押权。最后,在K银行的抵押权与常某的物权之间,由于法律明确规定动产抵押权不能对抗正常经营活动中已支付合理价款并取得抵押财产的买受人,因此本案中常某的物权优先于K银行的抵押权,常某有权要求K银行交付合格证,排除对车辆使用的妨碍。

三、留置权的成立与行使

"留置权"是担保物权的一种,是指债权人以合法手段占有债务人的财物,在由此产生的债权未得到清偿以前得以留置该项财物,并在超过一定期限仍未得到清偿时依法就该项财物折价、拍卖或变卖所得的价款享有优先受偿的权利。留置权的效力主要体现为留置权人作为债权人的占有权和优先受偿权。其中优先受偿权以占有权为前提,即留置权人只有合法占有留置财物时,才具有就该项财物折价、拍卖或变卖所得的价款优先受偿的权利。如果留置权人丧失了对留置财物的占有权,则优先受偿权同时消灭。此外,留置权人的占有权和优先受偿权也受到一定的限制,比如,留置权人必须妥善保管留置物,否则将承担相应的损害赔偿责任;除保管上的必要或经债务人同意外,留置权人不得使用留置物;当留置权所担保的债权消灭时,留置权人有义务立即返还留置物给债务人;留置权人只能从留置财产中优先受偿根据本合同应得到的款项,对于其他债务则不能利用本合同的财物行使留置权;等等。

典型案例

除企业之间的留置外,债权人行使留置权应确保留置物与债权属于同一法律关系,并在法定期限内行使权利

案例要旨

债务人不履行到期债务，债权人可以留置已经合法占有的债务人的动产，并有权就该动产优先受偿。除企业之间的留置外，债权人留置的动产，应当与债权属于同一法律关系。留置权人与债务人没有约定债务履行期限或者约定不明确的，留置权人应当给债务人60日以上履行债务的期限（鲜活易腐等不易保管的动产除外）。

案例内容

原告丰捷公司经营某品牌汽车的销售及维修等业务。2015年6月19日，被告胡某从原告丰捷公司处购买车辆一部。2018年12月30日，案外人杨某驾驶该车辆发生单方碰撞事故，经保险公司核对，胡某系被保险人。2019年1月11日，原、被告双方签署《车辆接收单》一份，约定由丰捷公司对车辆进行拆检定损维修。2019年2月28日，案涉车辆维修完毕。2019年3月4日，保险公司出具了《拒赔通知书》，该通知书载明：案涉车辆事故实际为驾驶员酒驾出事，然后更换其他驾驶员再报险的虚假报案，本案因存在驾驶员酒驾发生事故后更换其他驾驶员的情形，保险公司有权拒赔。上述情况经公安机关调查属实。之后，丰捷公司多次使用短信等方式要求胡某支付维修费并提车，均未果。2020年10月7日，丰捷公司再次向胡某发送《催款函》，载明："一、贵方尚欠我司维修费用247,182元未支付。请于本函发出后7日内向我司支付拖欠费用并取走车辆；如逾期取车，应按（100元/天）标准向我司支付保管费。二、我司除有权要求贵方支付车辆维修费用外，还有权要求贵方支付相关费用及其利息，包括但不限于欠费期间的利息、我司为实现债权支付的费用（包括但不限于差旅费、公证费、律师费、诉讼费、保全费等)。三、我司对送修车辆享有合法的留置权。"胡某仍未理会。丰捷公司遂起诉至人民法院,请求判决:(1)胡某立即支付维修费247,182元及逾期付款利息;(2)确认丰捷公司对案涉车辆享有留置权,并以留置车辆折价或者以拍卖、变卖留置车辆所得价款优先受偿。

法院审理认为,本案的争议焦点为:(1)原、被告之间是否存在修理合同关系;(2)案涉车辆的维修费金额如何确定;(3)原告丰捷公司能否对案涉车辆享有留置权。关于第一个争议焦点。丰捷公司与胡某之间成立汽车修理合同关系,且修理合同合法有效,双方均应按约全面诚信地履行各自的义务。关于第二个争议焦点。首先,案涉车辆的报险经查为虚假报案,保险公司对事故损失予以拒赔,丰捷公司修理车辆产生的维修费应由胡某自行承担。其次,丰捷公司已按合同约定履行了维修义务,胡某应当向丰捷公司支付修理费。关于具体的金额,应按照保险公司定损确定的金额为准。再次,胡某未举证证明其与丰捷公司约定更换后的旧件需要向其退还,丰捷公司也已提供案涉车辆更换的新发动机的报关单,表明其愿意向胡某出具维修证明并配合其办理备案登记手续,故胡某以该理由拒付支付费用没有事实和法律依据。最后,2020年10月7日丰捷公司向胡某正式发送了《催款函》,催告胡某在收到该函后7日内向其支付维修费,其应当以应付修理费247,182元为基数,按照全国银行间同业拆借中心公布的一年期贷款市场报价利率向丰捷公司支付逾期付款利息。关于第三个争议焦点。依据原《合同法》第251条的规定,修理合同属承揽合同法律关系。依据原《合同法》第264条,原《担保法》第84条、第87条的规定,定作人未向承揽人支付报酬或者材料费等价款的,承揽人对完成的工作成果享有留置权,并就留置物折价或拍卖、变卖所得价款优先受偿。本案胡某作为定作人未支付修理费，丰捷公司作为修理合同的承揽人可依法留置涉案车辆以此作为实现自己债权的担保。

综上，人民法院最终判决：一、胡某向丰捷公司支付维修费247,182元及逾期付款利息；二、若胡某到期不能履行上述债务，则丰捷公司对案涉车辆享有留置权，可以该车辆折价或拍卖、变卖所得价款在上述债务合计金额范围内优先受偿。

法律索引

《中华人民共和国民法典》

第四百四十七条　债务人不履行到期债务，债权人可以留置已经合法占有的债务人的动产，并有权就该动产优先受偿。前款规定的债权人为留置权人，占有的动产为留置财产。

第四百四十八条　债权人留置的动产，应当与债权属于同一法律关系，但是企业之间留置的除外。

第四百四十九条　法律规定或者当事人约定不得留置的动产，不得留置。

第四百五十一条　留置权人负有妥善保管留置财产的义务；因保管不善致使留置财产毁损、灭失的，应当承担赔偿责任。

第四百五十三条　留置权人与债务人应当约定留置财产后的债务履行期限；没有约定或者约定不明确的，留置权人应当给债务人六十日以上履行债务的期限，但是鲜活易腐等不易保管的动产除外。债务人逾期未履行的，留置权人可以与债务人协议以留置财产折价，也可以就拍卖、变卖留置财产所得的价款优先受偿。留置财产折价或者变卖的，应当参照市场价格。

第四百五十四条 债务人可以请求留置权人在债务履行期限届满后行使留置权；留置权人不行使的，债务人可以请求人民法院拍卖、变卖留置财产。

第四百五十六条 同一动产上已经设立抵押权或者质权，该动产又被留置的，留置权人优先受偿。

第四百五十七条 留置权人对留置财产丧失占有或者留置权人接受债务人另行提供担保的，留置权消灭。

第七百七十条 承揽合同是承揽人按照定作人的要求完成工作，交付工作成果，定作人支付报酬的合同。承揽包括加工、定作、修理、复制、测试、检验等工作。

第七百八十三条 定作人未向承揽人支付报酬或者材料费等价款的，承揽人对完成的工作成果享有留置权或者有权拒绝交付，但是当事人另有约定的除外。

《最高人民法院关于适用〈中华人民共和国民法典〉有关担保制度的解释》（法释〔2020〕28号）

第六十二条 债务人不履行到期债务，债权人因同一法律关系留置合法占有的第三人的动产，并主张就该留置财产优先受偿的，人民法院应予支持。第三人以该留置财产并非债务人的财产为由请求返还的，人民法院不予支持。企业之间留置的动产与债权并非同一法律关系，债务人以该债权不属于企业持续经营中发生的债权为由请求债权人返还留置财产的，人民法院应予支持。企业之间留置的动产与债权并非同一法律关系，债权人留置第三人的财产，第三人请求债权人返还留置财产的，人民法院应予支持。

律师解读

留置权是优先性最强的担保物权,其不仅可以对抗同时存在的抵押权,甚至可以对抗物的所有权。《民法典》第456条规定,同一动产上已经设立抵押权或者质权,该动产又被留置的,留置权人优先受偿。《最高人民法院关于适用〈中华人民共和国民法典〉有关担保制度的解释》(法释〔2020〕28号)第62条第1款规定,债务人不履行到期债务,债权人因同一法律关系留置合法占有的第三人的动产,并主张就该留置财产优先受偿的,人民法院应予支持。第三人以该留置财产并非债务人的财产为由请求返还的,人民法院不予支持。法律之所以如此规定,是因为留置权属于法定的担保物权,当然优先于抵押权等当事人约定的权利。而且,债权人是基于已履行的合同义务主张债权,留置权的产生也是基于合法取得债务人的相应财产,如果债务人或第三人不依据合同、亦不支付合同的对价款项,而以所有权进行抗辩,不仅在法理上讲不通,在情理上也难服人。至于第三人的权利,应当据此向债务人进行主张,要求债务人承担相应责任。

关于留置权的成立条件。一是债务清偿期限已届满。留置权是因债务人不履行到期债务而产生的,而债务已届清偿期是债务人必须履行偿债义务的时间节点,因此其也是留置权成立的基础条件。二是债权人合法占有留置物。债权人合法占有债务人的财物,是留置权成立及存续的前提条件,这种占有可以是直接占有,也可以是间接占有;可以是单独占有,也可以是共同占有。债权人一旦丧失对债务人财物的占有,则留置权归于消灭。三是债权与留置物之间属于同一法律关系。《民法典》第448条规定,除企业之间的留置外,债权人留置的动产应当与债权属于同一法律关系。这里的同一法律关系,是指留置物为构成债权发生的法律事实之一或者是债权发生的基础。一般而言，具备上述三个条件留置权即可成立。因此，这三个条件也是留置权成立的积极条件。但是，如果存在妨碍留置权成立的情形，即使具备了上述三个条件，留置权仍然无法成立。因而留置权的成立也存在一定的消极条件，比如，当事人约定排除了留置权的适用，留置财产违反社会公共利益或者公序良俗，留置财产与债权人所承担的义务相抵触等。

关于留置权的行使问题。《民法典》第453条规定，留置权人与债务人应当约定留置财产后的债务履行期限；没有约定或者约定不明确的，留置权人应当给债务人60日以上履行债务的期限，但是鲜活易腐等不易保管的动产除外。债务人逾期未履行的，留置权人可以与债务人协议以留置财产折价，也可以就拍卖、变卖留置财产所得的价款优先受偿。这里所说的折价、拍卖、变卖，应当经债权人与债务人协商后达成一致意见，如果双方无法达成一致意见，任意一方均有权向人民法院提起诉讼，请求依法判决处置留置物。

四、约定不明的保证责任

"保证"是指保证人和债权人以书面形式订立约定,当债务人不履行债务时,保证人按照约定履行债务或者承担责任的行为。保证作为债权担保方式的一种,与其他担保方式相比具有灵活性、可靠性等特点,其优点还在于既扩大了合同不履行时责任主体范围,又能够大大增加合同履行的成功概率,降低当事人的风险,因此当事人在订立合同过程中采用保证担保的情况比较普遍。提供保证担保的人即为保证人,保证人可以是法人,也可以是自然人。保证人应承担的责任即为保证责任,按照法律规定分为一般保证责任和连带保证责任,两种具有不同的法律意义。

典型案例

保证合同中未约定保证责任方式或约定不明的,保证人按照一般保证承担保证责任

案例要旨

依据《民法典》的规定,保证合同中未约定保证责任方式或约定不明的,保证人按照一般保证承担保证责任。合同当事人可以就保证期间作出约定,但是约定的保证期间不能早于或等于主债务履行期限。合同中没有约定保证期间,或者从约定内容无法判定保证期间的,保证期间为主债务履行期限届满之日起6个月。保证期间属于法律规定

四、约定不明的保证责任

的"除斥期间",不能适用中止、中断和延长。

📖 案例内容

2020年11月8日,术某向张某敏提出借款100,000元,张某敏将该借款通过网银方式,按照术某要求分两笔支付至张某芳的银行账户内。2021年3月8日,术某、张某芳向张某敏出具一张《借条》,《借条》载明:借款人于2021年3月8日向出借人借款100,000元,借款期限为1年,借款人已收到上述借款。借款人愿意自2021年4月15日开始还款,至2022年4月15日前还清,如果没有还清,自愿承担法律责任。术某在借款人落款处签名捺印,张某芳在担保人落款处签名捺印。2021年4月15日至2022年4月15日,术某共计偿还张某敏借款22,500元。而后,张某敏以术某拖欠借款为由起诉至人民法院,要求术某偿还借款、张某芳承担连带责任。

法院审理认为,合法的借贷关系应受法律保护。本案中,依据当事人举证、质证和当庭陈述,能够认定术某系案涉借款的借款人,张某芳系保证人,术某应承担还款责任,张某芳应承担保证责任。术某向张某敏借款100,000元,并约定于2022年4月15日还清,现履行期限已届满,术某仅偿还22,500元,剩余借款77,500元未偿还,张某敏主张术某偿还其借款77,500元的诉讼请求,有事实依据和法律依据。本案保证行为发生于2021年3月8日即《民法典》施行之后,且双方在《借条》中未约定保证方式,依据《民法典》第686条的规定,未约定保证方式为一般保证,因此张某芳应为案涉借款承担一般保证责任。一审法院当庭向张某敏释明是否变更诉讼请求,张某敏仍坚持其诉讼请求,故张某敏主张张某芳偿还借款77,500元的诉讼请求,无事实依据和法律依据,不能成立。综上,法院最终判决:

一、术某偿还张某敏借款 77,500 元;二、驳回张某敏的其他诉讼请求。

法律索引

《中华人民共和国民法典》

第六百八十六条 保证的方式包括一般保证和连带责任保证。当事人在保证合同中对保证方式没有约定或者约定不明确的,按照一般保证承担保证责任。

第六百八十七条 当事人在保证合同中约定,债务人不能履行债务时,由保证人承担保证责任的,为一般保证。一般保证的保证人在主合同纠纷未经审判或者仲裁,并就债务人财产依法强制执行仍不能履行债务前,有权拒绝向债权人承担保证责任,但是有下列情形之一的除外:(一)债务人下落不明,且无财产可供执行;(二)人民法院已经受理债务人破产案件;(三)债权人有证据证明债务人的财产不足以履行全部债务或者丧失履行债务能力;(四)保证人书面表示放弃本款规定的权利。

第六百八十八条 当事人在保证合同中约定保证人和债务人对债务承担连带责任的,为连带责任保证。连带责任保证的债务人不履行到期债务或者发生当事人约定的情形时,债权人可以请求债务人履行债务,也可以请求保证人在其保证范围内承担保证责任。

第六百九十二条 保证期间是确定保证人承担保证责任的期间,不发生中止、中断和延长。债权人与保证人可以约定保证期间,但是约定的保证期间早于主债务履行期限或者与主债务履行期限同时届满的,视为没有约定;没有约定或者约定不明确的,保证期间为主债务履行期限届满之日起六个月。债权人与债务人对主债务履行期限没有约定或者约定不明确的,保证期间自债权人请求债务人履行债务的宽限期届满之日起计算。

🧑‍⚖️ 律师解读

本案涉及的主要内容是保证担保法律问题,保证担保作为债权担保方式中的一种,具有以下特征。

一、保证担保的种类

(一)一般保证

一般保证是指保证人与债权人约定,当债务人不能履行债务时,由保证人承担保证责任的行为。一般保证最主要的特点是保证人享有先诉抗辩权,即保证人在主合同纠纷未经审判或者仲裁,并就债务人财产依法强制执行仍不能履行债务前,对债权人可以拒绝承担保证责任。由此可见,先诉抗辩权的存在使一般保证中的保证人所承担的责任,成为一种纯粹的补充责任。

(二)连带责任保证

连带责任保证是指保证人与债权人约定,保证人与债务人对债务承担连带责任的行为。在连带责任保证关系中,主合同规定的债务履行期限届满时债务人没有履行债务的,债权人可以要求债务人履行债务,也可以要求保证人在其保证范围内承担保证责任。也即是说,只要债务人到期不履行债务,债权人既可以要求债务人履行债务,也可以直接要求保证人在保证范围内履行债务。连带责任保证中的保证人不享有先诉抗辩权。

二、两种保证的区别

1.保证成立的条件不同。原《担保法》规定,当事人在保证合同中对保证方式没有约定或者约定不明确的,按照连带责任保证承担保证责任。而《民法典》第686条的规定正好相反,即保证的方式包括一般保证和连带责任保证，当事人在保证合同中对保证方式没有约定或者约定不明确的，按照一般保证承担保证责任。

2.承担责任的方式不同。一般保证的保证人只是在主债务人不履行且不能履行时，有代为履行的义务，即就债务履行具有补充性。而连带责任保证中的保证人与主债务人为连带责任人，债权人在保证范围内可以向债务人求偿，也可以向保证人求偿，选择向任意一方或两方进行求偿是债权人的权利，债务人和保证人均无权拒绝。

3.承担责任的阶段不同。一般保证中，保证人在主合同债权未经审判或仲裁确认，并依法强制执行仍不能履行债务前，可以拒绝承担保证责任。因此，一般保证人只有在经过法律程序确定债务人不能履行债务时，才负有承担保证责任的义务。而连带责任保证中，债权人在债务期限届满后随时可以向保证人主张承担保证责任。

4.担保责任的力度不同。在连带责任保证中，连带保证人在债务期限届满后即成为了与主债务人同级别、同顺序的偿债责任主体，其承担的保证责任力度较强，因此对债权人较为有利，通常情况下债权人倾向于选择连带责任保证的方式。而一般保证人因为有先诉抗辩权，保证人的责任较轻，所以担保力度相对较弱。

三、保证担保的期间

保证担保的期间，是指确定保证人承担保证责任的期间，该期间属于除斥期间。《民法典》第692条规定："保证期间是确定保证人承担保证责任的期间，不发生中止、中断和延长。债权人与保证人可以约定保证期间，但是约定的保证期间早于主债务履行期限或者与主债务履行期限同时届满的，视为没有约定；没有约定或者约定不明确的，保证期间为主债务履行期限届满之日起六个月。债权人与债务人对主债务履行期限没有约定或者约定不明确的，保证期间自债权人请求债务人履行债务的宽限期届满之日起计算。"从上述法律规定可以得出以下结论：

（1）债权人与保证人可以就保证期间进行约定，只要不违反法律规定，该保证期间即为有效期间。

（2）债权人与保证人约定的保证期间不能早于或等于主债务履行期限，否则保证责任无法正常生效，就失去了担保价值。

（3）债权人与保证人没有约定保证期间，或者从约定内容无法判定保证期间的，保证期间为主债务履行期限届满之日起6个月。

（4）保证期间属于法律规定的"除斥期间"，也称不变期间，因此不能适用中止、中断和延长。

四、责任的承担方式

保证责任的承担，也即是保证人在主债务人不履行债务时，代主债务人履行债务或者承担相应的责任。保证人承担保证责任的方式一般有两种，即代为履行和赔偿损失。

1.代为履行。当事人可以在保证合同中约定，债权人到期不履行债务时，保证人应当代为履行主合同约定的债务。但是，对于如承揽加工合同中的供货义务等专属性的合同债务，则不能约定由保证人履行，即使作出了代为履行的约定，保证人也只能以赔偿损失的方式承担责任。

2.赔偿损失。当事人可以在保证合同中约定，债务人到期不履行债务并因此给债权人造成损失时，由保证人对其承担赔偿责任。这种赔偿责任应当以债务人的债务为限，如果债权人的损失不仅限于债务本身，也可以约定以债权人的实际损失为限。

五、相关的注意事项

（一）明确约定保证方式

如前文所述，与原《担保法》的规定相比，《民法典》就一般保证与连带责任保证作出了颠覆性的规定,即只要未约定或约定不明的,均应当视为一般保证。在此情况下,债权人欲设定连带责任保证的,就必须重点关注保证方式的具体约定,比如,合同中的"不能"与"不",虽一字之差,却失之千里。如果约定当债务人"不履行"债务时,保证人承担保证责任,则应当属于连带责任保证;而约定当债务人"不能履行"债务时,保证人承担保证责任,则应当属于一般保证。

(二)明确约定保证期间

保证责任的具体期间可以由当事人在合同中约定。但是如果约定类似于保证人承担保证责任直至主债务本息还清时为止等内容的,则应当视为约定不明,在此情况下应当依据法律规定确定保证期间。与原《担保法》的规定相比,《民法典》及相关司法解释关于约定不明情况下的保证期间统一规定为6个月。这大大缩短了原《担保法》中规定的2年保证期间,因此当事人在订立保证合同、履行合同中应当重视,避免出现不必要的风险和损失。

第四部分 房屋买卖法律问题

一、借名买房产生纠纷的法律问题（1）

中国人历来对房子有很深的执念，自古就把房子当成安身立命之所。《汉书·元帝纪》说道："安土重迁，黎民之性；骨肉相附，人情所愿也。"有了房子便有了依托，生活就有了最基本的保障。过去20年间，我国的房价平均涨了近20倍，房地产成为国民经济的重要组成部分，这也使囤地炒房成为经济发展的"毒瘤"。伴随"毒瘤"的是现实生活中的各种房屋买卖乱象，"借名买房"就是其中之一。"借名买房"是指购房人以他人名义购买房屋、办理购房手续及产权登记的一种行为。典型的借名买房是自限购政策施行之后，部分有购房需求的人失去了购房资格，在此情况下个别人以父母、子女或者其他人的名义购买房屋，购房首付款、按揭款等则由借名买房人自己支付。借名买房的直接后果是购房人所购房屋登记在了其他人的名下，房屋权利人的争议纠纷由此产生。《民法典》明确规定，除有证据证明不动产登记簿确有错误外，房屋权利人以不动产登记簿为准。当借名买房人与登记权利人不一致时，有证据证明借名人为实际购房人的，且司法实践认为借名买房不以规避法律行政法规和政策性规定为目的，可以认定借名人即为房屋的所有权人。

典型案例

非因规避法律行政法规的强制性规定或政府的限购政策、经济适用房供应政策等规定，亦不违背公序良俗的，借名买房行为合法有效

案例要旨

房屋权利人的认定,除有证据证明不动产登记簿确有错误外,应当以不动产登记簿为准。如果借名人通过借名买房,将房屋产权登记于出名人的名下,且并非为规避法律、行政法规的强制性规定或政府的限购政策、经济适用房供应政策等规定,亦不违背公序良俗,则借名买房的行为合法有效,借名人即是房屋的实际权利人。但是,在确定借名人为房屋实际权利人的过程中,借名人必须提供确实充分的证据予以证明其主张。

案例内容

南昌东湖区叠山路某房屋登记的权利人为陶某。该房屋商品房买卖合同中的购房人、购房发票的名称、完税证明上的纳税人、房屋维修基金缴款书上的缴费人、城镇房屋所有权情况调查表注明的所有权人均为陶某。陶某因与陈某平发生借款纠纷,人民法院欲执行该房屋,实现陈某平的债权。

在执行过程中,案外人罗某某提出异议,人民法院裁定驳回异议请求后,罗某某提起诉讼,要求人民法院判决停止对该房屋的执行,并判决房屋归其所有。罗某某诉称,案涉房屋是其于2005年4月12日根据按揭购房规定,向开发商江西中环置业有限公司付款购买的。之所以登记在陶某的名下,是由于其与银行签订按揭贷款合同时,银行发现其年龄已经超过60周岁不符合贷款条件,无法办理按揭贷款。为解决住房问题,其无奈之下以儿媳陶某的名义购房。房屋购买后共计166个月的月供贷款本息均由罗某某本人支付,2005年6月以来其一直居住在房屋内,所有物业费均由其本人支付。一审期间罗某某向人民法院提供了购房款交纳、占有使用房屋的相关证明。

一审法院审理认为,在案涉房屋登记的权利人为陶某的情况下,罗某某所提供的证据不能充分证明该房屋的实际权利人即为其本人,遂判决:驳回罗某某的诉讼请求。

一审判决作出后,罗某某不服一审判决,提起上诉,并在二审期间补充提交了委托支付购房款的相关证明。

二审法院审理认为,根据查明的事实,案涉房屋首付款及按揭款均由罗某某支付,罗某某委托其作为股东的公司支付购房首付款的行为符合法律规定,合法有效。案涉房屋按揭还款均由罗某某实际支付,并在原始凭证上签字确认,证实罗某某实际履行了房屋贷款按揭还款义务。自房屋交付后,由罗某某一直合法占有使用,有住宅小区的门卫、物业公司、小区所在的居委会出具的证明予以证实。房屋居住期间产生的所有物业费、水电费等费用均由罗某某本人支付,有其提供的缴费凭证、物业公司的缴费账册予以证实。此外,罗某某所称其因年满60周岁而无法办理按揭购房,遂以其儿媳陶某的名义签订购房合同,较为符合日常生活习惯。罗某某未及时变更产权登记,其原因在于未还清银行按揭贷款。综上,二审法院判决:撤销一审判决,停止执行案涉房屋。

二审判决作出后,申请执行人陈某平不服该判决,向上级人民法院申请再审。

再审法院审查认为,根据已查明事实,罗某某在超过贷款年龄的情况下以其儿媳陶某的名义签订购房合同,符合日常生活习惯。且借名购房中的购房人一般会承担全部费用,与家庭成员之间赠与有所区别。从本案的各种出资情况来看,可以认定罗某某委托他人代付购房款的事实成立,每月的房屋按揭贷款亦由罗某某支付,首付款和月付贷款的支付均与陶某无关。另外，结合房屋使用期间产生的各类费用凭证、费用缴纳凭证、证人证言等亦可以证实上述费用的真实付款人及案涉房屋实际占有、使用人均为罗某某。故，二审判决认定案涉房屋系罗某某借陶某名义购买，且首付款及按揭款均由罗某某支付，从签订合同、交付房屋到至今房屋一直被罗某某合法占有、使用，具有相应的事实依据，并无不当。再审法院审查后裁定：驳回陈某平的再审申请。

法律索引

《中华人民共和国民法典》

第二百一十四条　不动产物权的设立、变更、转让和消灭，依照法律规定应当登记的，自记载于不动产登记簿时发生效力。

第二百一十六条第一款　不动产登记簿是物权归属和内容的根据。

第二百一十七条　不动产权属证书是权利人享有该不动产物权的证明。不动产权属证书记载的事项，应当与不动产登记簿一致；记载不一致的，除有证据证明不动产登记簿确有错误外，以不动产登记簿为准。

第二百二十条第一款　权利人、利害关系人认为不动产登记簿记载的事项错误的，可以申请更正登记。不动产登记簿记载的权利人书面同意更正或者有证据证明登记确有错误的，登记机构应当予以更正。

《最高人民法院关于人民法院办理执行异议和复议案件若干问题的规定》（法释〔2020〕21号）（2020年修正）

第二十四条　对案外人提出的排除执行异议，人民法院应当审查下列内容：（一）案外人是否系权利人；（二）该权利的合法性与真实性;(三)该权利能否排除执行。

律师解读

根据法律规定并结合本案的审理和裁判可以看出,不动产物权登记产生的公示公信效力仅是一种推定效力,登记行为本身不产生物权,当事人有证据证明其为真正权利人时可以推翻不动产登记的推定,维护事实上的真实。如果借名人通过借名买房,将真实物权登记于出名人名下,且并非为规避法律、行政法规的强制性规定或政府的限购政策、经济适用房供应政策等规定,亦不违背公序良俗,则当物权登记与实际权利状况不符,需要确定不动产的真实权利人时,应当以实际权利状况为依据认定事实。人民法院在审理此类案件中,原则上根据不动产登记簿进行产权判断,案外人主张自己为诉争不动产的真实权利人的,应当提供充分的证据予以证明,且证据要有很强的证明效力,必须达到确实充分的程度。

二、借名买房产生纠纷的法律问题（2）

借名买房存在很多法律风险，引发的法律纠纷也较多，比如，房屋登记在了出名人的名下，随着房屋价格的不断攀升，出名人看着自己名下的房屋越来越值钱，极有可能否认借名买房的事实，进而以较小的代价换取较高的房屋增值收益，同时使借名人遭受较大的经济损失。又如，借名买房协议的效力必须受到法律法规、政策性规定、公序良俗等的制约，如果以规避政策性规定、违反公序良俗等为条件的借名买房，在司法实践中将会被认定为无效的协议。针对借名买房过程中存在的各种风险，借名买房人应当在行事前做好充足的风险评估和风险防范，最大限度地避免遭受经济损失。

典型案例

借名买房以规避政策性规定、违反公序良俗等为条件的，借名买房的协议将会被认定为无效的合同

案例要旨

借名买房如果以规避政策性规定、违反公序良俗等为条件，借名买房的协议将会被认定为无效的合同。即使借名买房合同有效，借名人在向出名人主张权利时，也应举示充分的证据证明自己为房屋的实际权利人，否则就会承担举证不能的不利后果。

二、借名买房产生纠纷的法律问题（2）

📖 案例内容

周某、李某系夫妻关系，李某与刘某系同学关系。2006年1月7日，周某取得购买经济适用房的资格，刘某遂找到周某商谈借名买房。后刘某（借名人）以周某（出名人）的名义购买了位于古槐辖区开泰花园的一套房屋，总房款136,225元。该房屋的购房首付款50,000元由刘某以周某的名义交纳，剩余购房款由周某在银行贷款交纳，贷款由刘某按期向银行偿还直至全部贷款偿还完毕，房屋交付后由刘某居住至今。2006年8月14日，办理房屋所有权证时登记的房屋所有权人为周某。而后，周某更换案涉房屋的不动产权证，登记周某、李某为房屋权利人，共同共有。由于房屋一直由刘某居住，周某、李某遂提起诉讼，要求确认房屋归两人所有，刘某限期腾空并归还房屋。刘某在答辩意见和庭审中均称，案涉房屋系其借用周某、李某名义所购，周某在商品房买卖合同、银行的贷款合同上的"周某"名字均是刘某所代签，非周某本人所签，亦在本案审理程序中向一审法院申请了对合同上的"周某"的签字是否是周某本人所签进行司法鉴定，后又申请撤回鉴定。另查明，原、被告之间曾有借贷关系发生。

一审法院审理认为，周某、李某已经合法取得了案涉房屋的物权，请求确认案涉房屋归其所有证据充分、合法有据。刘某反驳原告诉讼请求时辩称"案涉争议房屋系其借用两原告名义所购，原、被告间形成借名买房关系"，请求人民法院对两原告诉讼请求予以驳回。但至本案判决前，除两原告认可系由刘某交纳购房款并在案涉房屋内居住至今的事实外，刘某未提供证据证明其与两原告之间形成借名买房关系，原告对此亦予以否认，故对被告的反驳意见一审法院不予采信，并由刘某承担因举证不能而对其不利的后果。2007年11月19日，国务院颁布《经济适用住房管理办法》,该办法第2条规定,经济适用房是指政府提供政策优惠,限定套型面积和销售价格,按照合理标准建设,面向城市低收入住房困难家庭供应,具有保障性质的政策性住房。第30条规定,经济适用住房购房人拥有有限产权。购买经济适用住房不满5年,不得直接上市交易,购房人因特殊原因确需转让经济适用住房的,由政府按照原价格并考虑折旧和物价水平等因素进行回购。故具体到本案中,即便刘某在诉讼中提供了充分证据证明其与周某之间形成"借名买房"的事实,根据上述《经济适用住房管理办法》的规定,原、被告之间的"借名买房"亦应属无效,根据法律规定的对于"无效合同"的处理原则,被告的辩称反驳意见亦不能对抗原告对案涉房屋所享有的物权请求权。两原告要求刘某腾退房屋于法有据,依法予以支持。至于刘某所交纳的购房款、刘某所借原告的借款、原告两次向刘某转款等事实,因各当事人均未在本案中主张,本案不予审理,双方可另行主张各自的权利。一审法院判决:一、确认房屋归两原告所有;二、被告限期腾空房屋并归还给原告。

一审判决作出后,刘某不服一审判决,提起上诉。

二审法院审理认为,经济适用房是指政府提供政策优惠,限定套型面积和销售价格,按照合理标准建设,面向城市低收入住房困难家庭供应,具有保障性质的政策性住房。规避国家经济适用房政策的行为目的及方式均存在不正当性,具有法律上的可非难性,该行为也违背公序良俗。规避国家经济适用房政策致使可以享有该政策的不确定相对人享受不到政策优惠,侵害了不确定相对人利益,确认此种行为效力,必然导致国家关于经济适用房安置政策出现偏颇,使不应当享受该政策的人从中获利。故即便本案刘某与周某之间形成"借名买房"的事实,但该规避国家经济适用房政策的"借名买房"行为亦应当确认为无效。故一审法院根据查明的事实，判决涉案房屋归周某、李某所有，并无不当。二审法院判决：驳回上诉，维持原判。

法律索引

《中华人民共和国民法典》

第一百四十四条 无民事行为能力人实施的民事法律行为无效。

第一百四十六条 行为人与相对人以虚假的意思表示实施的民事法律行为无效。以虚假的意思表示隐藏的民事法律行为的效力，依照有关法律规定处理。

第一百五十三条 违反法律、行政法规的强制性规定的民事法律行为无效。但是，该强制性规定不导致该民事法律行为无效的除外。违背公序良俗的民事法律行为无效。

第一百五十四条 行为人与相对人恶意串通，损害他人合法权益的民事法律行为无效。

第二百零九条第一款 不动产物权的设立、变更、转让和消灭，经依法登记，发生效力；未经登记，不发生效力，但是法律另有规定的除外。

第二百一十六条第一款 不动产登记簿是物权归属和内容的根据。

律师解读

本案中，一方面，刘某主张是借周某的名义买房，但是并未举示足够的证据用以证明其与周某之间存在借名买房的合意，因此人民法院无法采信其说法。另一方面，人民法院明确认定，经济适用房是政府提供给城市低收入住房困难群体、具有保障性质的政策性住房。刘某不具有购买案涉经济适用房的资格，不应当购买此类房屋。刘某主张借用周某、李某的名义购买经济适用房，属于规避国家经济适用房政策的行为，违反了《民法典》第153条关于"违背公序良俗的民事法律行为无效"的规定，因此即使能够认定双方存在借名买房的事实，借名买房的协议也属无效合同。

可以看出，借名买房协议只有在不违反政策性规定、不违反公序良俗原则的情况下，才具有法律效力，受到法律的保护。而即使借名买房协议有效，借名人在请求人民法院判决房屋归其所有时，也必然举示充分的证据予以证明其是房屋的真实权利人，一旦证据存在不足或者瑕疵，就有可能面临败诉的情况，这既符合我国法律关于物权变动的实然规定，也是借名买房人故意制造名义买房人与实际买房人不一致时应面临的权利风险。

三、夫妻一方擅自出卖共有房屋的责任

婚姻的本质是一种以感情为纽带,在让渡相应权利后形成的契约关系。既然是契约,在履约的过程中就会有各种的情况甚至产生违约。明·冯梦龙《警世通言》中"夫妻本是同林鸟,巴到天明各自飞"、明·西周生《醒世姻缘传》中"正妻本是同林鸟,心变翻为异国人"无不道尽夫妻在婚姻中自私自利的一面。这种自私自利也充分体现在了夫妻共有财产的法律纠纷中。现实中的房屋买卖合同纠纷案件经常会涉及夫妻共同所有房屋被一方擅自出售的情况。鉴于房屋通常是夫妻共同财产中最为重要的组成部分,甚至涉及夫妻双方的基本居住权,人民法院在处理该类纠纷时相对比较慎重。从司法实务来看,此类案件的纠纷大致可分为三种情形,一是房屋产权证书上登记的权利人为夫妻双方,夫妻中的一方与第三人签订房屋买卖合同;二是房屋产权证书上登记的权利人仅为夫妻中的一方,登记权利人与第三方签订房屋买卖合同;三是房屋产权证书上登记的权利人仅为夫妻中的一方,未登记的另一方与第三人签订房屋买卖合同。实践中人民法院根据上述不同情况,还必须考虑买受人是否支付了对价、房屋是否办理了转移登记以及买受人是否基于善意进行交易等其他不同情形,对案件作出综合认定和最终的裁判。

典型案例

夫妻中的一方擅自处置共有房屋的，如果买卖合同不存在无效情形，且购买人已经支付合理对价并办理了产权登记，则买卖关系合法成立，房屋应当归购买人所有

案例要旨

夫妻中的一方擅自处置共有房屋的，如果房屋买卖合同不存在无效的情形，且购买人已经支付合理对价并办理了产权登记，则买卖关系合法成立，房屋应当归购买人所有。夫妻中的另一方可以根据现行法律规定要求擅自处置共有房屋的一方予以损失赔偿。但是，这种损失赔偿的实现也有必要的前提，即应当在双方办理离婚、进行财产分割时实现。

案例内容

杨某与黄某于1982年9月13日办理结婚登记，双方于1987年向防城第一房产公司购买了一处宅基地建房（现防城港市防城区房屋）。1987年8月10日办理《房产所有权证》，1999年12月30日办理《国有土地使用证》，均登记在黄某名下。1990年杨某与黄某因工作调动全家搬迁到钦州市，后因感情矛盾，杨某于1998年离家外出并中断与家人联系。2003年4月24日，黄某向钦州市钦北区人民法院提起离婚诉讼，因当时杨某下落不明，该院于2003年7月16日缺席判决准许杨某与黄某离婚，并对相关财产进行了处理，但是没有处理案涉房产。2006年3月5日，黄某将位于防城港市防城区的案涉房产以

63,000元的价格卖给了温某某、吴某某,并签订《断卖房屋契据》。黄某及儿子杨某烜、吴某某在该合同上签名捺印。吴某某于2005年8月28日已向黄某支付全部购房款63,000元,黄某出具了收据。2021年6月29日,杨某以上述房屋是其与黄某婚姻存续期间的共同财产为由,向人民法院提起共有权确认纠纷诉讼,人民法院经审理于2021年9月15日作出(2021)桂0603民初×××号民事判决,判决案涉房屋为杨某、黄某的共有财产。本案中,杨某再次提起诉讼,请求人民法院判决:黄某与温某某、吴某某签订的《断卖房屋契据》无效。

一审法院审理认为,案涉房屋已经由(2021)桂0603民初×××号民事判决认定为杨某与黄某共有财产。现黄某擅自将属于共有财产的房屋出售,侵犯共有人杨某的权利,其行为属无权处分。但是,案涉《断卖房屋契据》并不具备合同无效的法定条件,应为有效合同。杨某诉请确认黄某与温某某、吴某某对案涉房屋签订的《断卖房屋契据》交易无效,无事实及法律依据,不予支持。黄某未经共同共有人杨某同意而处分共有财产,温某某、吴某某因黄某未取得处分权而致使交易的房产物权不能转移,杨某、温某某、吴某某可另案向黄某主张权利。一审法院判决:驳回杨某的诉讼请求。

一审判决作出后,杨某不服一审判决,提起上诉。

二审法院审理认为,首先,关于黄某无权处分案涉房屋是否导致案涉《断卖房屋契据》无效的问题。本案中,黄某擅自将其与杨某共有的房屋出售,侵犯共有人杨某的权利,构成无权处分,但这并不必然导致案涉《断卖房屋契据》无效。其次,关于合同在缺少温某某签名的情况下是否成立的问题。根据《民法典》第490条第1款"当事人采用合同书形式订立合同的,自当事人均签名、盖章或者按指印时合同成立。在签名、盖章或者按指印之前，当事人一方已经履行主要义务，对方接受时，该合同成立"的规定，本案虽然温某某未在合同上签名，但其作为合同的一方当事人已履行支付全部价款的义务，黄某在接受房款后也已交付房屋给温某某、吴某某，该合同已成立。再次，关于案涉《断卖房屋契据》是否具有法定的无效情形的问题。原《合同法》第52条规定合同无效的法定情形为"一方以欺诈、胁迫的手段订立合同，损害国家利益；恶意串通，损害国家、集体或者第三人利益；以合法形式掩盖非法目的；损害社会公共利益；违反法律、行政法规的强制性规定"，而《民法典》第144条、第146条、第153条、第154条规定民事法律行为无效的情形包括无民事行为能力人实施的民事法律行为，行为人与相对人以虚假的意思表示实施的民事法律行为，违反法律、行政法规的强制性规定，违背公序良俗，行为人与相对人恶意串通损害他人合法权益的民事法律行为。杨某上诉主张案涉《断卖房屋契据》没有表述买卖房屋所有权、标的与标的物不一致、缺少温某某的签名、黄某为无权处分等情况，均不属于上述法律对于合同无效或民事法律行为无效的情形。综上，二审法院判决：驳回上诉，维持原判。

法律索引

《中华人民共和国民法典》

第二百一十五条 当事人之间订立有关设立、变更、转让和消灭不动产物权的合同，除法律另有规定或者当事人另有约定外，自合同成立时生效；未办理物权登记的，不影响合同效力。

第五百九十七条第一款 因出卖人未取得处分权致使标的物所有权不能转移的，买受人可以解除合同并请求出卖人承担违约责任。

三、夫妻一方擅自出卖共有房屋的责任

第一千零九十一条 有下列情形之一，导致离婚的，无过错方有权请求损害赔偿：(一) 重婚；(二) 与他人同居；(三) 实施家庭暴力；(四) 虐待、遗弃家庭成员；(五) 有其他重大过错。

《最高人民法院关于适用〈中华人民共和国民法典〉婚姻家庭编的解释（一）》（法释〔2020〕22号）

第二十八条 一方未经另一方同意出售夫妻共同所有的房屋，第三人善意购买、支付合理对价并已办理不动产登记，另一方主张追回该房屋的，人民法院不予支持。夫妻一方擅自处分共同所有的房屋造成另一方损失，离婚时另一方请求赔偿损失的，人民法院应予支持。

第八十七条 承担民法典第一千零九十一条规定的损害赔偿责任的主体，为离婚诉讼当事人中无过错方的配偶。人民法院判决不准离婚的案件，对于当事人基于民法典第一千零九十一条提出的损害赔偿请求，不予支持。在婚姻关系存续期间，当事人不起诉离婚而单独依据民法典第一千零九十一条提起损害赔偿请求的，人民法院不予受理。

律师解读

本案涉及的法律问题体现在以下两个方面，一是无权处分情形下的合同效力问题，二是夫妻一方擅自处分共有财产的法律后果。首先，《民法典》第144条、第146条、第153条、第154条对合同无效的法定情形规定得十分明确，本案中房屋产权登记在黄某的名下，温某某、吴某某在购买房屋时没有能力确认房屋是否属于夫妻共有财产，因此本案的房屋买卖合同效力不受影响，黄某即使存在无权处分夫妻共有财产的情况，温某某、吴某某在支付合理对价、办理产权变更登记后，也完全可以适用善意取得制度合法取得房屋的所有权。其次，

夫妻一方擅自处置共有房屋，变更产权登记，导致房屋无法返还后，另一方可以根据现行法律规定要求擅自处置的一方予以损失赔偿。但是，这种损失赔偿的实现也有必要的前提，即在双方办理离婚、进行财产分割时才能实现。夫妻双方在婚姻存续期间，任意一方的财产包括一方擅自处置共有房屋而获得的购房款等，原则上均属于双方共同所有，因此在婚姻存续期间一方难以向另一方就擅自处置共有财产主张损害赔偿。

四、楼盘烂尾后按揭贷款偿还问题（1）

近日，"烂尾楼业主公告强制停贷"话题冲上热搜。多地烂尾楼业主发出停贷告知书，要停止偿还贷款，直至相关项目完全复工为止，有些楼盘的业主还直接向银行发出停止还贷通知书，引发社会舆论的持续关注。那么，楼盘烂尾后业主是否有权停止还贷？如果允许业主停止还贷，银行面临的损失又该如何补救？实际上，中国人民银行早在2003年就下发了《关于进一步加强房地产信贷业务管理的通知》，该通知明确要求"只能对购买主体结构已封顶住房的个人发放个人住房贷款""企业将贷款挪作他用的，经办银行应限期追回挪用资金"。因此，如果是银行在放贷过程中监管不到位，使得房地产企业挪用资金导致楼盘烂尾，则银行在此事件中难辞其咎，不仅成为业主停止还贷的理由，自己的损失也将难以追回。

典型案例

银行在发放个人购房按揭贷款中，由于故意或者过失等原因未履行资金支付的监管义务，致使开发商挪用项目资金导致项目无法按期交房的，购房人在房屋具备交付条件之前有权拒绝偿还贷款本息

案例要旨

银行在发放个人购房按揭贷款过程中，应当严格按照规定将资金支付至项目开发商的专用资金监管账户，而非其他银行账户。如果银

行由于故意或者过失等原因未履行资金支付的监管义务,致使开发商挪用项目资金导致项目无法按期交房,则购房人在房屋具备交付条件之前有权拒绝向贷款银行履行按揭贷款本金及利息的偿还义务,直至房屋具备交付条件之日才负有继续偿还贷款本息的合同义务。

案例内容

购房人张某婷与明耀集团有限公司(以下简称明耀公司)签订《商品房买卖合同》,约定购买明耀公司开发的一套商品房,付款方式为首付款加银行按揭贷款。合同签订后,张某婷、明耀公司及招商银行股份有限公司惠州分行(以下简称招商惠州分行)签订了购房按揭贷款抵押借款合同。张某婷的购房款包括银行按揭贷款支付完毕后,明耀公司开发的楼盘迟迟无法完工,甚至存在烂尾的风险。张某婷眼见交房无望,遂停止偿还按揭贷款。因此,招商惠州分行以张某婷为被告向人民法院提起诉讼,要求偿还贷款本息。

一审法院审理认为,招商惠州分行在履行贷款发放义务中存在过错,没有按照合同约定将房屋买受人的按揭贷款全部存入惠州市房产管理局要求的预收款专用账户,而是转入了开发商明耀公司的其他银行账户,致使开发商挪用了专用资金。一审法院最终判决:购房人张某婷从起诉之日起至案涉商品房具备交付条件之前有权不履行抵押贷款合同中的偿还本金及利息的义务,且无须向招商惠州分行支付上述期间案涉借款的利息(含复利及罚息),在上述期间张某婷已经向招商惠州分行偿还的本金及利息不予退回;但案涉商品房具备交付条件之时,张某婷仍应履行《个人购房借款及担保合同》中偿还本金及利息的义务。

一审判决作出后,招商惠州分行不服一审判决,向广东省惠州市

四、楼盘烂尾后按揭贷款偿还问题（1）

中级人民法院提起上诉。

二审法院审理认为，本案的争议焦点，一是招商惠州分行在转账购房人所贷房款上是否存在过错；二是一审判决是否正确。招商惠州分行作为办理房贷业务的商业银行，长期从事商品房按揭贷款业务，应知晓惠州市房产管理局颁布的《关于进一步加强商品房预售款管理的通知》中关于商品房按揭款专款专用规定，其自己出具的《商品房购房（按揭）款存入专户具结书》亦承诺保证将买受人所购商品房的后续房款（按揭款）全部存入预收款专用账户，如有违反，愿承担责任。惠州市房产管理局向招商惠州分行出具的《关于对预售房按揭贷款发放进行整改的函》（惠市房函〔2016〕×××号）表明，惠州地区商品房按揭贷款必须划转到贷款商品房对应的预售资金监管账户，由房管部门监管使用，违规可能引发不良后果，且惠州市房产管理局已对招商惠州分行作出明确要求。因此，招商惠州分行不仅了解政府部门关于预售商品房按揭贷款专款专用的规定，而且知晓明耀公司开立的商品房预售款专用账户，并且自己作出保证要将按揭款项存入该账户。故，招商惠州分行未将按揭款打入专用账户存在过错。因招商惠州分行在本案履行合同中有过错，一审判决正确，应予维持。二审法院判决：驳回上诉，维持原判。

招行惠州分行不服二审判决，向广东省高级人民法院申请再审。

再审法院审查认为，本案招行惠州分行与张某婷签订的《个人购房借款及担保合同》未约定案涉贷款支付账户，招行惠州分行未将贷款支付至明耀公司就案涉商品房项目开设的商品房预售款专用账户，而是支付至该公司开立的其他银行账户。对此，惠州市房产管理局向招行惠州分行发出的《关于对预售房按揭贷款发放进行整改的函》（惠市房函〔2016〕×××号）表明，惠州地区商品房按揭贷款必须划转到贷款商品房对应的预售资金监管账户，由房管部门监管使用，违规可能引发不良后果。而且，招行惠州分行就案涉贷款出具的《商品房购房（按揭）款存入专户具结书》，承诺将买受人所购商品房的后续房款（按揭款）全部存入预收款专用账户，如有违反愿承担责任。由此可见，招行惠州分行在知晓商品房按揭款专款专用要求、明耀公司开设的商品房预售款专用账户以及违规发放贷款可能引发不良后果的情况下，仍将案涉贷款支付至商品房预售款专用账户之外的银行账户，并出具与实际付款行为不符的具结书，其作为专业金融机构在签订和履行合同过程中存在过错，一审、二审判决据此认定张某婷从起诉之日起至案涉商品房具备交付条件之前无须向招行惠州分行履行《个人购房借款及担保合同》中偿还本金及利息的义务，张某婷已经向招行惠州分行偿还的本金及利息不予退回，在案涉商品房具备交付条件之时张某婷仍应履行《个人购房借款及担保合同》中偿还本金及利息的义务，并无不当。再审法院裁定：驳回招商惠州分行的再审申请。

法律索引

《中华人民共和国民法典》

第六条 民事主体从事民事活动，应当遵循公平原则，合理确定各方的权利和义务。

第五百零九条第一款 当事人应当按照约定全面履行自己的义务。

四、楼盘烂尾后按揭贷款偿还问题（1）

🧑 律师解读

消费者以银行按揭贷款方式购买商品住房，在买卖过程中存在购房者与开发商之间的买卖合同关系，以及购房者与银行之间的借款关系这两层法律关系。虽然就合同相对性而言，按期交付房屋是开发商基于买卖合同关系向购房者履行的主要合同义务，购房者在开发商不履行该义务时无权以其作为理由拒绝还贷。但是，通常情况下按揭贷款合同为三方合同，包括购房者、开发商和贷款银行三方主体，合同除约定购房者的按揭贷款事项外，还同时约定贷款由银行受托支付给开发商、开发商受托交付购房者的产权证书给银行办理抵押等相关事项。结合上述案例可以看出，如果银行基于三方合同在办理贷款发放过程中，故意或者由于过失导致资金监管不到位，使开发商挪用了专用资金，最终致使项目无法按期交付甚至产生烂尾现象，则银行应当就自身履约过程中存在的过错承担相应的责任。在此情况下，人民法院判决购房者可以在交房之前停止还贷符合公平原则。此外，笔者认为，如果有证据证明银行在此过程中与开发商存在串通的情况，则购房者还有权要求银行就自身的损失承担相应的赔偿责任。

五、楼盘烂尾后按揭贷款偿还问题（2）

"预售制"并非仅限于房地产商品，很多大额非标产品都采取预售制的销售模式。对于大额非标产品而言，预售制有其合理性和销售优势，它可以提前锁定买卖关系，保证卖家锁定交易风险而专注于后续的制造与交付过程。很多国家如美国、新加坡、日本等的房地产业也普遍采取预售制的方式，但是开发商无法向业主交房甚至项目出现烂尾的情况却比较少见。究其原因，是因为这些国家的商品房预售合同里买卖双方的权利义务相对对等，业主是在验收房屋时才支付大部分的购房款，或者根据工程进度情况分批支付购房款。反观我国的商品房买卖市场，在签订购房合同后即要求购房者支付全部购房款，如果购房者没有资金，则可以向银行贷款并按揭偿还给银行，使得开发商优先占用了购房者的资金，将部分风险转移给了购房者。尽管近年来国家出台了一系列政策，限制开发商挪用购房资金的行为，但是随着房地产市场的政策收紧和市场紧缩，开发商的利润正在变得稀薄甚至出现亏损。而一旦项目出现亏损，购房者的资金不足以建成现有房屋，开发商就极有可能转移资产，使项目变成烂尾。当烂尾出现时，无论是"短期输血"还是"长期纠偏"，都无法避免部分购房者发生经济损失，其中较为复杂的问题就是购房按揭贷款是否应当继续由购房者偿还，银行的损失又如何进行弥补，等等。

五、楼盘烂尾后按揭贷款偿还问题（2）

典型案例

商品房买卖合同被确认无效或者被撤销、解除后，商品房担保贷款合同也被解除的，购房者未清偿部分的按揭贷款应由开发商继续偿还

案例要旨

楼盘烂尾致使商品房买卖合同被确认无效或者被撤销、解除后，商品房担保贷款合同也被解除的，出卖人应当将收取的购房贷款和购房款的本金及利息分别返还担保权人和买受人。在此情况下，购房者从银行借得并已支付给开发商的银行按揭贷款，未清偿部分应由开发商继续偿还，购房者不再承担继续偿还的责任。

案例内容

2015年8月12日，钱某成与青海晟城房地产开发有限公司（以下简称晟城公司）签订《商品房预售合同》，购买晟城公司开发的西宁市城东区建设南路某商业用房，交付时间为2015年10月30日前。钱某成首付7398万元，剩余7397万元为按揭贷款。2015年8月14日，钱某成等人与中国建设银行股份有限公司青海省分行（以下简称建行青海分行）、晟城公司签订《借款合同》，钱某成等人向建行青海分行贷款7397万元，用于支付上述房屋的购房款，并以案涉房屋作为抵押。钱某成与建行青海分行、晟城公司签订的《房地产抵押合同（在建工程/预购房）》（以下简称《抵押合同》）约定，晟城公司应按预售合同约定期限向钱某成交房，交房时须经建行青海分行书面同意；晟城公司不按期交房而间接影响建行青海分行利益时，晟城公司应代替

钱某成承担赔偿建行青海分行损失的责任。2015年8月18日，建行青海分行取得案涉房屋他项权利证书，钱某成向晟城公司交纳了全部购房款。后由于晟城公司无法按期交房，钱某成提起诉讼，根据（2017）青民初×××号民事判决及（2017）最高法民终×××号民事判决，钱某成与晟城公司、建行青海分行解除了案涉《商品房预售合同》《借款合同》《抵押合同》。合同解除后，钱某成尚欠建行青海分行贷款本金6479万余元。后建行青海分行提起诉讼，要求钱某成归还上述贷款。

一审法院审理认为，首先，本案纠纷的起因在于晟城公司未按照约定向购房人钱某成交付所购房屋，致使《商品房预售合同》因晟城公司的违约行为而被解除。随之，导致贷款人建行青海分行与借款人钱某成等人签订的《借款合同》，建行青海分行与钱某成、晟城公司签订的《抵押合同》因合同目的无法实现而被解除，上述合同的解除不能归责于钱某成等人。其次，本案诉争的标的是建行青海分行发放的7397万元贷款，根据借款人钱某成委托，该笔贷款已经由建行青海分行汇入晟城公司账户，因所涉合同目的无法实现，收款人晟城公司继续占有该贷款无法律与合同依据，理应将贷款本息如数返还给建行青海分行，让被告与晟城公司共同承担还款责任，就意味着晟城公司有可能继续占有、使用借款，显然不妥。再次，根据最高人民法院生效判决，已确定由晟城公司承担对建行青海分行剩余贷款本息的还款责任，并明确认定抵押物属于在建工程，没有办理产权证，实际上的抵押人是晟城公司，应理解为建行青海分行对晟城公司在建商业用房享有抵押权。建行青海分行应当选择先行申请强制执行晟城公司财产，特别是在晟城公司无其他财产可供执行时，建行青海分行仍享有对抵押物优先受偿权，抵押物变现能够满足债权，建行青海分行就无须另案起诉钱某成等人。复次，虽然钱某成等人与建行青海分行签订的《借款合同》第19条约定，贷款人与借款人的借贷关系解除的，若借款人未能履行归还义务，贷款人保留提起诉讼的权利。但本案关联案件青海省高级人民法院（2017）青民初×××号、最高人民法院（2017）最高法民终×××号诉讼阶段、本案诉讼阶段都应视为建行青海分行不间断在向钱某成、王某博、王某宝及晟城公司主张债权，不会因为诉讼时效影响诉权。建行青海分行应根据最高人民法院（2017）最高法民终×××号生效民事判决执行情况、未偿还部分具体损失，再选择是否向借款人钱某成、王某博、王某宝主张承担补充还款责任。最后，建行青海分行向钱某成等个人办理巨额按揭贷款，从风险防范角度，应严格对借款人、开发商信用状况贷前调查、贷中审查、贷后管理。在担保方式选择上，应当对抵押物全面彻底审查。按揭贷款是一种相对低风险贷款，本质上属于抵押贷款。根据建行青海分行与钱某成、晟城公司签订的《抵押合同》载明抵押物评估价值为147,953,124元，鉴于《商品房预售合同》《借款合同》《抵押合同》被解除根本原因在于晟城公司违约而致；鉴于贷款实际收取方为晟城公司；鉴于晟城公司为借款保证人；鉴于生效判决确认了晟城公司的还款责任，并明确了抵押物的抵押人是晟城公司，本案中建行青海分行回避晟城公司的还款责任，回避抵押物处置变现，回避申请强制执行晟城公司，直接向借款人钱某成等人主张与晟城公司共同承担剩余全部借款本息，存在补救措施不当，亦不能排除建行青海分行与晟城公司恶意串通的可能，如果单独要求借款人承担共同还款责任，不仅与生效判决和商品房买卖合同司法解释精神相悖，而且是无限扩大借款人责任。故钱某成等三被告承担责任的前提是建行青海分行在穷尽对晟城公司的救济方式仍不能受偿，但建行青海分行怠于向晟城公司行使权利，故其在本案中的主张不能成立，法院不予支持。青海省西宁市中级人民法院一审判决：驳回建行青海分行的诉讼请求。

一审判决作出后，建行青海分行不服一审判决，向青海省高级人民法院提起上诉。

二审法院审理认为，《商品房预售合同》《借款合同》的当事人之间发生民事行为产生的民事法律关系不同，应从案涉当事人形成的民事法律关系分析认定权利义务。《最高人民法院关于审理商品房买卖合同纠纷案件适用法律若干问题的解释》第25条第2款规定："商品房买卖合同被确认无效或者被撤销、解除后，商品房担保贷款合同也被解除的、出卖人应当将收受的购房贷款和购房款的本金及利息分别返还担保权人和买受人。"晟城公司作为房屋的出卖人，在《商品房预售合同》解除后应当将其收到的钱某成购房贷款本息返还给建行青海分行，从法律关系上说是购房人钱某成委托晟城公司向建行青海分行归还贷款本息，晟城公司所还款项就是购房人钱某成的还款，故钱某成作为《借款合同》主债务人的还款责任并未免除。案涉《借款合同》被另案生效判决解除后，晟城公司并未依照生效判决向建行青海分行返还钱某成的贷款本息，钱某成等三人对建行青海分行所负债务并未清偿，故双方之间的借贷民事法律关系未消除。钱某成作为晟城公司债权请求权人及贷款本息返还的委托人，并未依据生效判决积极主张权利，其怠于行使权利的行为，造成建行青海分行债权受损。建行青海分行权衡利益，根据合同相对性原理，主张钱某成等三人偿还贷款本息，并不违反法律规定，也与生效判决不冲突或产生歧义，符合双方合同约定。钱某成等人承担偿还贷款责任后，并不影响其向晟城公司主张返还权利。因生效判决已判令晟城公司向建行青海分行返还贷款本息，其再主张晟城公司与钱某成等三人共同承担还款责任属重复起诉，二审法院不予支持。青海省高级人民法院二审判决：

一、撤销青海省西宁市中级人民法院（2018）青01民初×××号民事判决；二、钱某成等三人在判决生效后30日内偿还建行青海分行贷款本金58,546,649.55元、律师代理费466,876.2元，并以贷款本金58,546,649.55元为基数按年利率支付资金占用损失（每日10,107.43元），至实际清偿之日止。

二审判决作出后，钱某成等人不服二审判决，向最高人民法院申请再审。

最高人民法院再审认为，本案的争议焦点为案涉《借款合同》解除后钱某成等三人应否承担剩余贷款的还款责任。

第一，关于案涉《借款合同》解除后的贷款返还责任主体问题。《最高人民法院关于审理商品房买卖合同纠纷案件适用法律若干问题的解释》第25条第2款规定："商品房买卖合同被确认无效或者被撤销、解除后，商品房担保贷款合同也被解除的，出卖人应当将收受的购房贷款和购房款的本金及利息分别返还担保权人和买受人。"本案中，因晟城公司未按照约定期限交付房屋，致使案涉《商品房预售合同》解除，《借款合同》《抵押合同》因合同目的无法实现亦被解除。根据前述规定，应由出卖人晟城公司将收取的购房贷款本金及利息返还建行青海分行，钱某成等三人不负有返还义务。

第二，关于案涉《借款合同》中相关格式条款的适用问题。案涉《借款合同》第19条载明："贷款人与借款人的借贷关系解除的，借款人应当立即返还其所欠贷款的本金、利息、罚息及实现债权的费用，或委托售房人直接将上述款项归还贷款人。"该条款系建行青海分行为重复使用而提前拟定的格式条款。在《最高人民法院关于审理商品房买卖合同纠纷案件适用法律若干问题的解释》中已经明确规定，商品房买卖合同和商品房担保贷款合同解除后，出卖人将收取的购房贷款的本金及利息直接返还给贷款人而非购房人(借款人)的情况下,建行青海分行拟定该条内容,意味着要求钱某成等三人在既未取得所购房屋亦未实际占有购房贷款的情况下归还贷款,明显不合理地加重了钱某成等三人的责任,根据原《合同法》第 40 条"……提供格式条款一方免除其责任、加重对方责任、排除对方主要权利的,该条款无效"之规定,该条款对钱某成等三人不具有拘束力。

  第三,关于商品房按揭贷款商业模式下各方当事人权利义务关系问题。本案涉及商品房买卖合同和商品房担保贷款合同双重法律关系。从合同内容来看,在商品房买卖合同中,钱某成等三人支付房款,晟城公司交付房屋;在商品房担保贷款合同中,建行青海分行将钱某成等三人所贷款项直接支付给晟城公司,晟城公司实际用款。钱某成等三人并不支配购房贷款,但需偿付贷款本息。如果案涉合同正常履行,钱某成等三人取得房屋,各方权利义务亦可保持平衡。但本案中,因晟城公司不能交付房屋而致使合同解除,导致合同约定的各方权利义务严重失衡。具体表现为:晟城公司违约不能交房导致各方合同解除,但却实际占有使用钱某成等三人支付的首付款及建行青海分行按揭贷款;建行青海分行依据合同约定既享有抵押权,又同时享有对晟城公司、钱某成等三人的债权;钱某成等三人未取得房屋,却既支付了首付款,又需偿还按揭贷款。若按合同约定的权利义务关系处理,则在钱某成等三人对合同解除无过错的情况下,仍要求其对剩余贷款承担还款责任,明显不合理地加重了其负担,各方权利义务失衡,有违公平原则。因此,审理案件时,必须充分考虑商品房按揭贷款商业模式下各合同之间的密切联系和各方权利义务关系的平衡问题,避免因强调单个合同的相对性而造成三方权利义务的失衡。

综上，最高人民法院改判：一、撤销青海省高级人民法院（2018）青民终×××号民事判决；二、维持青海省西宁市中级人民法院（2018）青01民初×××号民事判决。

法律索引

《中华人民共和国民法典》

第四百九十七条　有下列情形之一的，该格式条款无效：（一）具有本法第一编第六章第三节和本法第五百零六条规定的无效情形；（二）提供格式条款一方不合理地免除或者减轻其责任、加重对方责任、限制对方主要权利；（三）提供格式条款一方排除对方主要权利。

第四百九十八条　对格式条款的理解发生争议的，应当按照通常理解予以解释。对格式条款有两种以上解释的，应当作出不利于提供格式条款一方的解释。格式条款和非格式条款不一致的，应当采用非格式条款。

《最高人民法院关于审理商品房买卖合同纠纷案件适用法律若干问题的解释》（法释〔2020〕17号）

第二十一条第二款　商品房买卖合同被确认无效或者被撤销、解除后，商品房担保贷款合同也被解除的、出卖人应当将收受的购房贷款和购房款的本金及利息分别返还担保权人和买受人。

律师解读

笔者认为最高人民法院的再审评析可谓经典。首先，从法理方面讲。《最高人民法院关于审理商品房买卖合同纠纷案件适用法律若干问题的解释》对商品房买卖合同被确认无效或者被撤销、解除后，商品房担保贷款合同也被解除的情况下，房屋出卖人应当将购房贷款和购房款的本金及利息分别返还担保权人和买受人等作出了明确规定。本案完全符合该规定的具体情况，晟城公司作为房屋出卖人负有向建行青海分行返还购房贷款本金及利息的法定义务，钱某成等人不负有返还义务。在购房者根本无法监控按揭贷款使用、无法制约开发商行为的情况下，建行青海分行利用《借款合同》规避司法解释的相关规定明显是变相加重了购房者的责任，达到确保自身资金安全的目的。因此，最高人民法院援引原《合同法》关于格式条款的规定，认定该条约定无效，减少了钱某成等人不必要的负担。

其次，从事理方面讲。购房者在购买案涉房屋的过程中与开发商签订了商品房买卖合同，又与银行签订按揭贷款合同。根据合同相对性的原则，各自享有和承担合同权利及义务。如果合同各方都能正常履行合同内容，则权利义务即可保持平衡。但是，如果开发商不能交付房屋而致使合同解除，导致合同约定的各方权利义务严重失衡，即银行享有对开发商、购房者的债权和抵押权，开发商既占用了贷款资金又保有对房屋的产权，而只有购房者在支付购房款、抵押贷款后，既无法享受房屋产品又要背负继续偿还按揭贷款的压力，使原有较为平衡的权利义务关系严重失衡，如果人民法院按照这样的逻辑审理和认定按揭贷款继续由购房者支付，将不利于平息诉讼纠纷、化解社会矛盾。

最后，从情理方面讲。大多数购房者是倾尽全部家资购买商品房，不仅赌上了全部家当甚至还向银行借来巨资，普通家庭购买房屋的银行按揭贷款通常要偿还十几年到二十几年。如果在此过程中开发商出现违约，即使解除购房合同，开发商全额退还购房款的可能性也极低。就普通购房者而言，在这种情况下既丧失了对房屋的期待权和请求权,又存在购房首付款无法收回的可能,还要背上继续偿还十几年甚至二十几年贷款的负担,是任何人都不愿意面对又无法承受的。虽然民法调整的是平等主体之间的权利和义务关系,应当尊重合同主体的意思自治,但是《民法典》开篇即讲明,制定本法"为了保护民事主体的合法权益,调整民事关系,维护社会和经济秩序,适应中国特色社会主义发展要求,弘扬社会主义核心价值观",可见民法的立法目的也要求在适用法律时不能机械地予以援引。我们不要求法律粗暴地"锄强扶弱",但是当强者利用优势地位来肆意践踏弱者尊严,扰乱社会和经济秩序时,法律有义务进行适当的调整。

六、购房后能否主张退赔精装修的差价

随着楼市调控限价政策的不断出台,很多城市明确规定商品房实际销售价格不得高于申报备案价格。在此情形下,开发商必须按照主管部门的要求和上限价格申报备案,而且要将具体情况告知消费者,这样一来开发商想要赚取房屋销售溢价回报就变得十分困难。但是,商品房开发和买卖的市场规律仍然没有变,开发商仍然是以赚取更多的房屋销售利润为目标。因此很多开发商开始利用各种方式"找漏洞""耍手段""钻空子""设套路",也就出现了商品房市场上"捂盘不卖等涨价""收取电商团购费""内部认购再转卖""买房必须买车位""利用精装修赚差价"等现象。其中,鼓励精装修交付使得开发商有了赚取差价的机会,因此很多开发商在精装修上打起了主意。而业主在收房后,明显感觉装修成本与合同约定不符,认为开发商从中非法获利,很多人开始主张退还相应的差价。然而,在司法实践中这种退还房屋精装修差价的主张却很难得到支持。

典型案例

商品房的装修价格不能直接等同于装修标准,房屋购买人不能以开发商交付的房屋装修标准低于约定的装修标准为由要求返还装修差价

六、购房后能否主张退赔精装修的差价

案例要旨

除非购房合同中已明确约定,否则商品房的装修价格不能直接等同于装修标准,房屋购买人以开发商交付的房屋装修标准低于约定的装修标准为由,要求开发商按照装修造价与约定的装修价格之间的差价赔偿损失,没有事实和法律依据。

案例内容

原告杨某于2020年4月3日与被告青岛金福置业有限公司(以下简称金福公司)签订《商品房买卖合同(预售)》,约定杨某向金福公司购买青岛市黄岛区衡山路某小区的一套商品房,该商品房单价为每平方米10,859.08元,总价款(不包含房屋装修)为1,545,138.00元,装修标准为每平方米4500元,装修总价为640,305.00元。合同附件十一补充协议第3条约定"1.……(2)出卖人按本补充协议附录二《装修装饰、设备标准》进行交付,不按照合同附件六《关于装修装饰及相关设备标准》的约定进行交付……"合同签订后,杨某依照合同约定履行了付款义务。2020年8月24日,杨某取得案涉项目建设工程竣工验收备案表(黄建竣备字第××××号),后金福公司向杨某发送期楼售楼通知书交房,杨某主张因房屋装修价值远低于合同约定、房屋存在质量问题、案涉小区未做到全封闭等原因未收房。2021年4月7日,杨某向山东省青岛市黄岛区人民法院提起诉讼,要求判决金福公司赔偿装修差价款暂计10,000元(具体金额以装修造价评估鉴定的金额与约定标准4500元/平方米的差额为准),并向其交付住宅装饰装修竣工图、室内空气质量检测报告、住宅质量保证书、住宅使用说明书。本案一审阶段杨某申请对房屋装修价值进行鉴定,一审

法院未支持该请求。

金福公司辩称，已根据合同约定对房屋完成了装修，商品房买卖合同为双方真实意思表示，合同中价格条款明确约定房屋装修总价，合同明确约定装修材质且原告在该页单独签字捺手印。合同中装修单价系销售价而非成本价，包括但不限于市场供求关系、人力成本、设施配套等价值，不能按照鉴定价值计算。对于竣工图、空气质量检测报告等已存放在档案馆，原告可自行查阅；住宅质量保证书、住宅使用说明书应在房屋交付时一并提供，原告因自身原因拒绝收房，与合同约定不符，其可在办理收房手续时现场接收。

一审法院审理认为，本案的争议焦点，一是开发商是否应当退还案涉房屋的装修差价；二是开发商是否负有向原告交付住宅装饰装修竣工图、室内空气质量检测报告、住宅质量保证书、住宅使用说明书的责任。关于第一个争议焦点，本案的商品房买卖合同合法有效。商品房本身属于交易商品，在其出售过程中必然包含开发商的可得利润，合同约定的装修价值是开发商综合了交易市场的供求关系、价值规律、利润空间等各种因素，在双方当事人自愿平等协商的基础上形成的，并非对房屋装修中各单项项目用材及施工价值的简单累加。因此，即使合同约定的装修价值较高，也符合商品市场正常运行规律，原告以实际装修价值达不到约定的价格为由申请鉴定，对本案不具有参考意义，本案也无须对房屋装修价值进行评估鉴定。原告没有提供充分证据证明案涉房屋装修违反合同约定，并给其造成损失，故该项请求法院不予支持。关于第二个争议焦点，《山东省建筑装饰装修管理办法》第29条规定,房地产开发企业交付统一进行装饰装修的商品房时，应当向商品房买受人提供住宅装饰装修工程竣工图、室内空气质量检测报告和包含装饰装修内容的住宅质量保证书、住宅使用说明书。根据合同约定案涉房屋的交付期限为2021年8月30日,现该房屋尚未到交付期限,故原告的该项请求亦不予支持。

一审判决作出后,杨某不服一审判决,提起上诉,并在二审期间撤回关于判令金福公司交付住宅装饰装修工程竣工图、室内空气质量检测报告、包含装饰装修内容的住宅质量保证书、住宅使用说明书的诉讼请求。

二审法院审理认为,本案争议焦点即金福公司应否赔偿杨某房屋装修款差价。房屋具有特殊属性,房屋买卖行为系普通购房人的重大经济活动,但在商品房买卖关系当中,购房人缔约自由并不受限制,房屋价格,包括装修价格,仍然是双方合意的结果。价值决定价格,价格围绕价值上下波动,价格的形成受商品价值、市场供求关系、区域、习惯、交易主体等多种因素影响,商品的价格由双方在自愿平等协商基础上形成。金福公司装修案涉房屋所支出的费用,并非杨某、金福公司协商确定案涉房屋装修价格的决定因素,亦不能作为认定双方约定装修标准的证据,故杨某以另案《价格评估报告》作为其主张装修差价的依据,不具有参考价值。装修价格不能直接等同于装修标准,杨某以金福公司交付的房屋装修标准低于约定的装修标准,在诉讼中要求对装修造价进行鉴定,按照装修造价与约定的装修价格之间的差价赔偿损失,没有法律依据。且双方合同包括房屋买卖及房屋装修两部分内容,应当认定双方在同一合同项下,约定了商品房买卖与房屋装修两项相互关联的债权债务,对于产生的争议,应当综合整个合同的约定作出处理,双方在合同中仅约定装修价格,未明确约定房屋装修包含的项目规格、质量,房屋购买人不能以装修造价低于约定的装修总价为由单独要求赔偿差价损失。综上,杨某要求金福公司退还部分房屋装修款的理由不能成立。二审法院判决:驳回上诉,维持原判。

法律索引

《中华人民共和国民法典》

第七条　民事主体从事民事活动，应当遵循诚信原则，秉持诚实，恪守承诺。

第五百一十条　合同生效后，当事人就质量、价款或者报酬、履行地点等内容没有约定或者约定不明确的，可以协议补充；不能达成补充协议的，按照合同相关条款或者交易习惯确定。

第五百八十二条　履行不符合约定的，应当按照当事人的约定承担违约责任。对违约责任没有约定或者约定不明确，依据本法第五百一十条的规定仍不能确定的，受损害方根据标的的性质以及损失的大小，可以合理选择请求对方承担修理、重作、更换、退货、减少价款或者报酬等违约责任。

第五百八十三条　当事人一方不履行合同义务或者履行合同义务不符合约定的，在履行义务或者采取补救措施后，对方还有其他损失的，应当赔偿损失。

第五百八十四条　当事人一方不履行合同义务或者履行合同义务不符合约定，造成对方损失的，损失赔偿额应当相当于因违约所造成的损失，包括合同履行后可以获得的利益；但是，不得超过违约一方订立合同时预见到或者应当预见到的因违约可能造成的损失。

律师解读

关于商品房的购房者能否要求退赔精装修差价的问题，应当依据相关法律规定，从以下几个方面进行考虑。

一是购房合同中有无精装修质量、价格及违约责任的明确约定。

法律对于违约责任的承担，优先以双方的合同约定为准，只有在双方未作出明确约定的情况下，才适用法定的责任承担方式。购房合同是双方的真实意思表示，签约双方均应依据合同承担义务、享受权利。如果购房者和开发商在签订商品房买卖合同过程中，对装修材料、品牌、质量、价格等作出了明确约定，且另明确约定由于装修材料、品牌、质量达不到合同约定的标准时购房者有权依据合同向开发商进行索赔，那么当开发商出现违约时，购房者当然有权依据合同要求开发商承担相应的违约责任。

二是商品房精装修的质量能否达到国家、行业规定的装修标准。装饰装修工程属于建筑工程类的专业项目，在工程施工、验收过程中，应适用国家相关部门颁布实施的统一标准。2018年住房和城乡建设部发布的《建筑装饰装修工程质量验收标准》（GB 50210-2018），明确规定新建、扩建、改建和既有建筑的装饰装修工程的质量验收应遵照执行，并与现行国家标准《建筑工程施工质量验收统一标准》（GB 50300）配套使用。如果商品房装修工程达不到国家强制性标准和规范的相关规定，则购房人有权要求开发商承担相应的违约责任。如果工程无法返修或开发商明确不愿意进行返修，则购房人可以要求退赔相应的装修价款。

三是房地产开发企业利用商品房的装修工程获利是否合法。通常情况下房地产开发企业的经营范围中，包含了房屋的装饰装修工程，且商品房交付具备全装修住宅的使用功能符合现有的政策导向和具体规定。因此，如果购房者与开发商在商品房买卖合同签订过程中，已就装修价款进行了约定，无论是单独描述还是包含在购房价款内，购房者都不应当再以开发商对于装修房屋的实际投入成本来判断装修价款的合理性，即使购房者认为开发商实际装修成本远低于装修费用价格，也不能以此为依据主张退赔装修款差价。否则，将有悖于诚实信用的法律原则和自由公平的市场精神。这也符合上述案件中人民法院的裁判原则，即合同双方当事人在达成合意、同意履行合同义务后，不应当再以一方成本价值衡量合同标的的市场价格，并据此要求对方改变履行方式、承担违约责任。

七、层高缩水开发商应承担违约责任

一般而言，商品房买卖合同纠纷案件中，大多是开发商由于自身原因导致逾期交房、逾期办理房屋权属证书而被判决或裁决承担相应的违约责任。这是由于房地产开发项目涉及的程序较多，开发周期较长，政策变动频繁，项目开发的受制因素也很多，因此即使是规模较大、管理比较成熟的房地产开发企业，也难以精确掌控项目开发的进度，使得开发商逾期交房、逾期办理权属证书的情况极易出现。而在商品房买卖合同中同样有具体约定的层高问题，却很少出现在法律纠纷中，究其原因，一是"层高"在国家建筑行业相关标准中有明文规定，房地产开发项目从设计到施工均配有专业的工程团队，因此不容易出现违反行业标准和规范的情况。二是购房者在验收房屋时，如果层高未见明显偏低，大多数人并不在意，在不影响正常居住和房屋使用的情况下，很少有人针对该问题主张权益。但是，在商品房买卖合同中已对楼层高度作出明确约定的情况下，实际层高确实与合同约定不符，虽然法律对此没有明文规定，购房人亦有权依据合同主张相关权益。

典型案例

房屋层高"缩水"使得房屋的可用空间相应减少，在实际层高明显少于合同约定的层高时，购房者有权要求开发商承担违约责任

案例要旨

房屋的层高属于商品房买卖合同中必须明确约定的事项。虽然房屋层高的轻微"缩水"一般不会严重影响正常居住和使用,亦不会达到合同目的无法实现的程度,但是实际层高的减少也使得房屋的可使用空间相应减少,在实际层高明显少于合同约定的层高时,购房者可以依据合同要求开发商承担违约责任。

案例内容

原告陈某向被告江苏省苏建集团股份有限公司南通崇川分公司(以下简称苏建集团崇川分公司)、江苏省苏建集团股份有限公司(以下简称苏建集团)购买了一套房屋,双方签订的《商品房买卖合同(预售)》除了对房屋面积、价款、交付条件及手续、房屋质量及保修责任等事项分别作出约定外,还明确约定房屋层高为2.95米,并约定了面积差异的处理方式即按实际面积误差比例多退少补。合同签订后,陈某按约付清了全部购房款。陈某在收房时发现,房屋实际层高仅为2.9米,较合同约定缩水5厘米,误差比例约为1.695%。经申请政府信息公开,南通市住房和城乡建设局依法作出《政府信息公开申请答复书》,并附涉事楼栋竣工测量技术报告层高示意图,其上载明涉事房屋层高确为2.9米。陈某据此向江苏省南通市崇川区人民法院提起诉讼,主张参照商品房面积差异处理方式,请求人民法院判令开发商返还层高误差对应比例的购房款及利息70,556.05元。

一审法院审理认为,苏建集团、苏建集团崇川分公司承认陈某在本案中主张的事实,故对陈某主张的事实予以确认。双方签订的案涉合同不违反法律、行政法规的强制性规定,合法有效。陈某已经支付相应购房款,苏建集团、苏建集团崇川分公司应当交付符合合同约定的商品房。双方约定的层高虽符合住房和城乡建设部《住宅设计规范》,但实际层高低于合同约定层高,误差比例约为1.695%,可以认定为差异不大,购房人可以要求赔偿损失,损失的计算可以参照合同约定的房价乘以相应的误差比例予以确定。对于苏建集团、苏建集团崇川分公司抗辩称合同约定的2.95米层高仅为笔误,因苏建集团、苏建集团崇川分公司未能提供证据予以证明,故一审法院不予采信。关于陈某主张的利息,缺少合同和法律依据,一审法院不予支持。苏建集团崇川分公司系苏建集团依法设立的分支机构,苏建集团应当对其分公司的债务承担共同清偿责任。综上,一审法院判决:苏建集团与苏建集团崇川分公司返还陈某层高误差对应的房价款48,061.44元。

一审判决作出后,苏建集团与苏建集团崇川分公司不服一审判决,提起上诉。

二审法院审理认为,陈某与苏建集团崇川分公司签订的《商品房买卖合同(预售)》是双方真实意思的表示,内容不违反法律、法规的强制性规定,合法有效。当事人应当按照约定全面履行自己的义务。根据原《合同法》第107条之规定,当事人一方不履行合同义务或者履行合同义务不符合约定的,应当承担继续履行、采取补救措施或者赔偿损失等违约责任。苏建集团与苏建集团崇川分公司向陈某交付的案涉房屋实际层高为2.9米,属于履行合同义务不符合约定,应承担违约责任。双方在合同中未对层高减少的违约责任作出约定,而案涉房屋层高已无法改变,不具备采取补救措施的条件,陈某要求苏建集团赔偿损失于法有据。至于赔偿损失的标准,实际层高的减少致使房屋的可使用空间相应减少,客观上给陈某造成一定损失,一审法院酌定参照合同约定的房价乘以相应的误差比例确定损失并无不当。关于苏建集团称层高系笔误的上诉理由，缺乏事实依据，法院不予采纳。至于案涉房屋的房价是否上涨，与案涉房屋因层高减少产生的损失无关，故对该项上诉理由不予采纳。二审法院判决：驳回上诉，维持原判。

法律索引

《中华人民共和国民法典》

第七条　民事主体从事民事活动，应当遵循诚信原则，秉持诚实，恪守承诺。

第五百零九条第一款　当事人应当按照约定全面履行自己的义务。

律师解读

房地产开发项目的设计、施工、验收必须符合国家有关的行业标准和规范。同时，商品房作为预售制产品，实际建设也应当符合买卖合同的具体约定。根据住房和城乡建设部《住宅设计规范》关于层高的规定，一般商品房的层高宜为2.80米，商品房层高2.80米可以在保证居住舒适度的基础上，最大限度地节约能源。案涉商品房的层高为2.9米，完全符合且明显高于《住宅设计规范》的要求，因此应当能够满足购房者的使用需求。但是，建成后的房屋层高确实与合同约定不符，明显存在"缩水"的情况。

人民法院审理案件时已充分考量，首先，案涉房屋层高符合国家强制性标准，层高"缩水"问题一般不会严重影响正常居住和使用，亦不会达到合同目的无法实现的程度，因此开发商不构成根本违约。其次，法律虽未对商品房层高缩水问题作出明确规定，合同中也未约

七、层高缩水开发商应承担违约责任

定损失赔偿的数额或者计算方法,但是开发商明显未能按照合同约定全面履行义务,依法应当承担继续履行、采取补救措施或者赔偿损失等违约责任。因房屋层高已无法改变,客观上不能采取补救措施,故买受人有权要求开发商赔偿损失。此外,商品房买受人的合同目的是基于对所购房屋整体空间的利用,实际层高的减少致使房屋可使用空间相应减少。同时层高"缩水"将直接导致房屋成本价值的减少,主要包括土地成本、建筑成本及房地产开发费用等,开发商得以降低成本并由此获益,而且层高"缩水"亦在一定程度上降低了房屋再交易的市场价值,该预期利益损失理应由违约方承担。因此,人民法院从公平原则和诚实信用原则出发,综合考虑合同的履约情况、当事人预期利益、层高实际误差、对房屋使用价值及市场价值的影响程度、经济社会发展水平等因素,通过计算层高误差比据实结算房价款的方式作出本案的判决。

笔者认为,人民法院的判决无可厚非,但本案与其他案件不同之处,在于本案不属于开发商利用优势地位或者存在其他过错导致侵害购房者合法权益的情形,而是开发商自身在签订商品房买卖合同过程中没有认真研究现行行业标准的限度规定,没有在合同签订后按照合同约定建设房屋,致使房屋在已经达到建设标准、不影响购买人实际居住、没有明显侵害购房者合法权益的情况下,仍然要按照合同约定履行赔付义务。就该问题而言,应该引起房地产开发企业或者其他商品出卖人的重视,特别是在大型或大宗商品预售制销售合同签订过程中,应当严谨、审慎约定每项合同条款,在不侵犯对方合法权益的前提下,确保自身不受制于合同的不合理约定,造成不必要的经济损失。

八、恶意串通签订商品房买卖合同无效

房屋买卖属于价值较高的商品交易活动,交易的过程和结果都关系到买卖主体的切身利益。现实中围绕房屋买卖产生的法律纠纷各种各样,究其原因是买卖双方中至少有一方没有严守诚信,在较大利益的驱动下企图获得不合理甚至是不合法的利益。"诚实信用"是民事主体从事民事活动的基本行为准则,也是民法的基本原则,行为人与相对人恶意串通,损害他人合法权益,就是严重违背诚实信用原则的具体表现。这种违背诚信原则的行为,《民法典》中明确规定为无效行为。如果在房屋买卖过程中,一方主体与第三人恶意串通损害另一方合同主体权益,受害方可以依据《民法典》的规定主张加害方与第三人的行为无效。但是,受害方在司法实践中往往存在举证困难的问题,其不仅要证明加害方与第三人之间主观上具有损害自己利益的意图,还要证明双方实施了相互串通的行为。裁判者也仅能凭借常识、常理、常情进行判断,结合行为人的具体行为表现进行推断,这也给裁判者的具体裁判带来了很大的困难。

典型案例

恶意买受人即使已办理房屋权属证书,或者其权利的法律保护顺序在先,其权利亦不能优先于已经合法占有房屋或者保护顺序在后的其他买受人

八、恶意串通签订商品房买卖合同无效

📋 案例要旨

根据司法审判实践,处理一房多卖行为一般应按照已经办理房屋所有权变更登记、合法占有房屋、合同履行情况、买卖合同成立先后等顺序确定权利保护顺位。但出卖人与第三人恶意串通签订商品房买卖合同,明显损害了先前房屋买受人合法权益的,应认定该合同无效。基于此,即使恶意买受人已经办理了房屋权属证书或者其权利的法律保护顺序在先,但是其权利并不能优先于已经合法占有该房屋或者保护顺序在后的其他买受人。

📖 案例内容

被告何某利为第三人A公司铺设地暖,A公司将其开发的位于××县的一套商铺顶账给何某利。何某利因欠周某某材料款,两人于2014年3月签订协议书,约定何某利将上述房屋抵账给周某某,因该商铺未办理产权登记,仅签订《商品房买卖合同》,何某利应依约在2014年5月前将合同买受人变更为周某某,对于房屋作价超出材料款的部分由周某某提供等值的建材产品折抵房屋差价款,之后何某利将房屋交付给周某某占有使用。2017年7月4日,在何某利知情的情况下,A公司(出卖人)与被告丁某(买受人)签订《商品房买卖合同》,将案涉房屋以较低的价格出让给了丁某,双方约定购房款以工程款冲抵的方式支付。2017年10月,将案涉房屋登记在丁某名下,并办理了抵押登记。2019年6月,丁某起诉要求周某某等人返还案涉房屋并向其支付房屋租金,一审法院判决周某某向丁某返还案涉房屋。周某某不服,提起上诉。二审法院以一审判决认定的基本事实不清,遗漏必须参加诉讼的当事人为由,裁定撤销一审判决,案件发

回重审。该案件重审过程中,周某某提起诉讼,请求判决A公司与丁某签订的商品房买卖合同无效,并以该案需本案的审理结果为依据申请延期审理该案件。本案人民法院另查明,B公司成立于2017年9月21日,何某利在该公司持股31%,丁某持股69%并担任B公司的法定代表人,双方存在相关经济往来。

一审法院审理认为,本案的争议焦点为被告何某利将案涉商铺转让给被告丁某的行为是否应认定为无效。原告周某某与被告何某利签订的协议书系双方的真实意思表示,不违反法律、行政法规的强制性规定,合法有效。依法成立的合同,对当事人都有约束力,双方均应按照约定履行各自的义务。何某利对欠周某某材料款的事实无异议,亦对协议书签订的真实性无异议;合同签订后,何某利将案涉房屋交付给周某某,由周某某的侄子周某涛夫妇使用至今。周某某以材料款抵房款,系合法取得、占有该房屋。何某利辩称协议书未实际履行,双方达成口头租赁协议,将案涉房屋出租给周某某,但出租的期限、租金并不明确,且何某利未提供证据证明双方对租期、租金等进行过协商,对此抗辩法院不予采信。丁某与何某利系合作伙伴关系,且存在经济往来,双方交易的性质不确定,不能证明丁某已支付了案涉房屋的购房款。周某某自2014年在案涉房屋经营建材生意,丁某购买案涉房屋时未对房屋的现状进行了解与常理不符,毕竟该交易系大额交易,即便何某利将案涉房屋出租给周某某,也应当向丁某披露案涉房屋已出租的事实,或者双方对出租的后续问题进行协商。可以认定,在丁某办理不动产权证之前,周某某已合法占有案涉房屋,丁某与何某利之间就案涉房屋订立的协议损害了周某某的利益,应当认定为无效。一审法院判决:何某利将×××××商铺转让给丁某的行为无效。

一审判决作出后,何某利与丁某均不服该判决,提起上诉。

二审法院审理认为,本案纠纷的产生源于何某利一房二卖的行为。何某利先将案涉商铺以房抵债给周某某并交付其占有使用至今,后又将案涉商铺以房抵债转让给丁某并办理了过户登记,周某某取得了对案涉商铺的合法占有权,丁某取得了案涉商铺的所有权登记证书。根据司法审判实践,处理一房多卖行为一般应按照已经办理房屋所有权变更登记、合法占有房屋、合同履行情况、买卖合同成立先后等顺序确定权利保护顺位。但恶意办理登记的买受人,其权利不能优先于已经合法占有该房屋的买受人。根据原《合同法》第52条第2项的规定,恶意串通,损害国家、集体或者第三人利益的合同无效。本案中,何某利一房二卖,已属明显恶意,故本案争议的焦点在于何某利与丁某在房屋交易过程中,是否存在恶意串通的主观态度,并造成了损害周某某合法权利的客观结果。根据本案查明的事实,2016年年底,何某利与丁某是吉林某公司代理权的合作伙伴。2017年9月,何某利与丁某成立B公司。庭审中丁某陈述其与何某利之间存在借款及垫付货款的事实,故本案一审中丁某虽提交了其与何某利之间的手机转账、付款截图等支付凭据,但鉴于其与何某利之间的多种经济往来,其提交的支付凭证不能证明系支付案涉房款的凭据。且何某利与丁某交易的过程确实存在不同寻常之处,正如一审阐述,对于交易房产此类高价值商品,双方以房抵债之前,丁某没有到案涉商铺查看房屋现状,即便如丁某所述何某利告知其案涉商铺目前对外租赁,那么在其2017年办理房屋产权证后的多年间未就房租后续问题与租户进行协商,明显不符合常理。关于抵债商铺的价格,庭审中丁某陈述何某利是以950,000元的价格抵账与其,但其提交的与第三人A房地产公司签订《商品房买卖合同》中载明房屋总金额310,000元,明显低于市场价。

综合上述情况分析，应认定丁某与何某利在订立合同过程中，对于可能损害第三方事实的发生，在主观上即使不属于积极追求，亦属明知而放任损害结果发生的态度，应认定其存在主观恶意。如前所述，何某利之主观恶意已无争议，何某利将案涉商铺转让给丁某的行为，亦造成了损害周某某合法权益的客观事实，符合原《合同法》第52条第2项规定的合同无效情节，周某某要求确认何某利将案涉商铺转让给丁某的行为无效，一审法院予以支持并无不当。综上所述，本案一审判决认定事实清楚，适用法律正确，二审法院判决：驳回上诉，维持原判。

法律索引

《中华人民共和国民法典》

第七条 民事主体从事民事活动，应当遵循诚信原则，秉持诚实，恪守承诺。

第一百五十四条 行为人与相对人恶意串通，损害他人合法权益的民事法律行为无效。

律师解读

本案涉及的主要问题是何某利与丁某之间的房屋转让行为是否具有法律效力。按照原《合同法》第52条（现为《民法典》第154条）的规定，当事人恶意串通，损害国家、集体或者第三人利益所签订的合同，应属无效合同。而如何确定当事人之间存在恶意串通，损害第三人合法权益的事实，则是案件审查的重点。就本案而言，何某利对其与周某某之间存在经济往来并以房抵债的事实予以认可，双方亦签订了协议书予以确认,人民法院首先认定何某利与周某某之间的以房抵债行为合法有效,应受法律保护。而结合何某利与丁某之间经济往来、丁某购买房屋过程中的具体表现、房屋交易价格等情况,双方发生真实房屋交易的事实存在较多的疑点,尤其是丁某购买价值较大的房屋却没有尽到任何了解房屋情况的义务,明显不符合常理。而且,如果认定何某利与丁某的交易行为合法有效,则周某某权益受到损害的同时,何某利与丁某可能存在共同受益的情况,因此双方存在串通签订房屋买卖合同的动机。人民法院综合考量后认定丁某与何某利在订立合同过程中存在损害第三人的主观恶意,房屋买卖合同应属无效,既尊重了案件基本事实,符合一般人的正常认知,也没有违背任何法理,案件的判决结果能够为普通民众所接受。

第五部分 民间借贷法律问题

一、民间借贷的合法利率标准

民间借贷行为在我国自古就有，周代"亲亲"制度中规定宗人对族群间的借贷均为无息借贷，战国后期随着商品经济的发展演变成了以获取利息为主的有息借贷。有息借贷成了民间借贷最为主要的形式延续至今。在当今社会，民间借贷作为融资方式之一，变得越来越重要。现实生活中，随着民间借贷行为的逐渐频繁，围绕民间借贷产生的法律纠纷也越来越多，笔者在中国裁判文书网中以民事案由——"民间借贷"为关键词进行搜索，共检索出裁判文书4,341,359件，占民事案件中"合同纠纷"裁判文书总量的34.5%，可见处理民间借贷纠纷已成为当前司法机关的主要工作之一。民间借贷中的利率，是指借款期限内利息额与借贷资金额（本金）的比率，它的上下波动决定了民间借贷交易获利的资金数量，因此其也是民间借贷的核心，而在民间借贷纠纷案件中，也是需要重点审查和裁判的关键问题。

典型案例

出借人请求借款人按照合同约定利率支付利息的，人民法院应予支持，但双方约定的利率不得超过合同成立时一年期贷款市场报价利率的4倍

案例要旨

出借人请求借款人按照合同约定利率支付利息的，人民法院应予

支持，但是双方约定的利率超过合同成立时一年期贷款市场报价利率4倍的除外。此处所称的"一年期贷款市场报价利率"，是指中国人民银行授权全国银行间同业拆借中心自2019年8月20日起每月发布的一年期贷款市场报价利率。

案例内容

2019年3月22日，原告朱某与被告吴某签订了《抵押借款合同》，约定吴某向朱某借款40万元，期限12个月，自借款实际支付之日起开始计息，借期内利率为月利率2%。此外，吴某提供其自有的一套房屋作抵押担保，抵押物担保范围包括本金、利息、违约金、滞纳金、罚金、实际损失赔偿等，以及原告因追索借款本息所产生的包括但不限于诉讼费、执行费、律师费、评估费、拍卖费等费用。后双方到国土资源部门办理了抵押登记。借款合同签订后，朱某通过银行转账方式向吴某支付了借款40万元。吴某在借款期限内没有按照约定支付利息，借款期限届满后，继续欠付利息，且拒绝归还本金。朱某遂向人民法院起诉，请求判决：(1)吴某偿还借款本金人民币40万元；(2)吴某支付借期内利息、逾期利息(以本金40万元为基数，按照月利率2%的标准，自借款支付之日起计算至付清全部借款之日止)；(3)吴某支付律师费人民币16,000元；(4)朱某在借款本金、利息(含逾期利息)及律师费范围内，对吴某抵押的房屋折价、拍卖或变卖所得的价款享有优先受偿权。

法院审理认为，原、被告达成借款合意后签订了《抵押借款合同》，原告已向被告转账支付40万元，双方的民间借贷关系已于当日成立并生效，各方均应当按照借款合同的约定履行各自义务。原告出借款项后，被告未能按照约定履行还款义务，应当向原告承担违约责任。

本案涉及的具体问题分析如下：

一、关于借款本金及利息的问题。原告已按合同约定向被告支付借款本金 40 万元，原告主张被告向其返还借款本金 40 万元有事实根据和法律依据，法院予以支持。

二、关于借期内的利息。本案借款合同约定的期限为 2019 年 3 月 25 日至 2020 年 3 月 24 日，根据《最高人民法院关于审理民间借贷案件适用法律若干问题的规定》（法释〔2020〕17 号）第 31 条第 1 款、第 2 款"本规定施行后，人民法院新受理的一审民间借贷纠纷案件，适用本规定。2020 年 8 月 20 日之后新受理的一审民间借贷案件，借贷合同成立于 2020 年 8 月 20 日之前，当事人请求适用当时的司法解释计算自合同成立到 2020 年 8 月 19 日的利息部分的，人民法院应予支持；对于自 2020 年 8 月 20 日到借款返还之日的利息部分，适用起诉时本规定的利率保护标准计算"之规定，以及《最高人民法院关于审理民间借贷案件适用法律若干问题的规定》（法释〔2015〕18 号）第 26 条第 1 款"借贷双方约定的利率未超过年利率 24%，出借人请求借款人按照约定的利率支付利息的，人民法院应予支持"之规定，原告请求适用合同成立时的法律规定即按照月利率 2% 支付借期内的利息，符合法律规定及合同约定，法院予以支持。

三、关于逾期利息。借款期限届满后，被告未能按时还款，应向原告支付逾期利息。根据《最高人民法院关于审理民间借贷案件适用法律若干问题的规定》（法释〔2020〕17 号）第 28 条"借贷双方对逾期利率有约定的，从其约定，但是以不超过合同成立时一年期贷款市场报价利率四倍为限。未约定逾期利率或者约定不明的，人民法院可以区分不同情况处理:（一）既未约定借期内利率，也未约定逾期利率，出借人主张借款人自逾期还款之日起参照当时一年期贷款市报价利率标准计算的利息承担逾期还款违约责任的,人民法院应予支持;(二)约定了借期内利率但是未约定逾期利率,出借人主张借款人自逾期还款之日起按照借期内利率支付资金占用期间利息的,人民法院应予支持"之规定,涉案合同约定的借期利息为月息2%,因此原告主张自被告逾期还款之日起至2020年8月19日止按照借期内的利率支付资金占用期间利息,法院予以支持。对于2020年8月20日至借款返还之日的利息部分,适用起诉时的利率保护标准计算。

综上,逾期利息的具体计算方法为:以本金40万元为基数,按照月利率2%的标准自2020年3月25日计算至2020年8月19日;自2020年8月20日起,按照起诉时即2021年1月6日全国银行间同业拆借中心发布的一年期贷款市场报价利率的4倍计算至付清之日止。对原告超出该部分请求的逾期利息,法院不予支持。

四、关于优先受偿权的问题。《抵押借款合同》签订后双方办理了抵押登记,抵押权已成立并生效。原告就被告名下用于抵押的房屋折价、拍卖或变卖所得的价款优先受偿。

综上,法院最终判决:一、吴某向朱某偿还借款本金40万元及利息97,600元;二、吴某向朱某支付逾期利息(计算方式:以本金40万元为基数,按照月利率2%的标准自2020年3月25日计算至2020年8月19日;自2020年8月20日起按照2021年1月6日全国银行间同业拆借中心发布的一年期贷款市场报价利率的4倍计算至付清之日止);三、吴某向朱某支付律师费8000元;四、朱某有权就吴某用于抵押的房屋折价、拍卖或变卖所得的价款优先受偿。

一、民间借贷的合法利率标准

法律索引

《中华人民共和国民法典》

第六百六十八条 借款合同应当采用书面形式，但是自然人之间借款另有约定的除外。借款合同的内容一般包括借款种类、币种、用途、数额、利率、期限和还款方式等条款。

第六百七十四条 借款人应当按照约定的期限支付利息。对支付利息的期限没有约定或者约定不明确，依据本法第五百一十条的规定仍不能确定，借款期间不满一年的，应当在返还借款时一并支付；借款期间一年以上的，应当在每届满一年时支付，剩余期间不满一年的，应当在返还借款时一并支付。

第六百七十五条 借款人应当按照约定的期限返还借款。对借款期限没有约定或者约定不明确，依据本法第五百一十条的规定仍不能确定的，借款人可以随时返还；贷款人可以催告借款人在合理期限内返还。

第六百七十六条 借款人未按照约定的期限返还借款的，应当按照约定或者国家有关规定支付逾期利息。

第六百七十九条 自然人之间的借款合同，自贷款人提供借款时成立。

第六百八十条 禁止高利放贷，借款的利率不得违反国家有关规定。借款合同对支付利息没有约定的，视为没有利息。借款合同对支付利息约定不明确，当事人不能达成补充协议的，按照当地或者当事人的交易方式、交易习惯、市场利率等因素确定利息；自然人之间借款的，视为没有利息。

《最高人民法院关于审理民间借贷案件适用法律若干问题的规定》（法释〔2020〕17号）

第二十五条 出借人请求借款人按照合同约定利率支付利息的，人民法院应予支持，但是双方约定的利率超过合同成立时一年期贷款市场报价利率四倍的除外。前款所称"一年期贷款市场报价利率"，是指中国人民银行授权全国银行间同业拆借中心自2019年8月20日起每月发布的一年期贷款市场报价利率。

律师解读

本案是民间借贷纠纷案件中比较典型的案件，笔者结合本案就民间借贷利息起算时间、利率的法律保护上限标准、利率的演变和未来趋势等问题作如下解析。

1.利息的起算时间。《民法典》第679条规定，自然人之间的借款合同，自贷款人提供借款时成立。由此可见，民间借贷是典型的"实践性合同"，即除了双方当事人就借贷事宜形成一致的意思表示以外，还须交付标的物（借款本金）合同方可生效。利息应当自合同生效之时，也就是出借人实际将借款支付给借款人之日开始计算。比如，借款合同中约定的借款期限是2022年9月10日至2023年9月9日，而出借人实际支付借款本金的时间是2022年9月20日，那么借款利息就应当自2022年9月20日开始起算，而不是合同约定的2022年9月10日。

2.利率的法定标准。《民法典》第680条第1款明确规定，禁止高利放贷，借款的利率不得违反国家有关规定。《最高人民法院关于审理民间借贷案件适用法律若干问题的规定》（法释〔2020〕17号）第25条规定，出借人请求借款人按照合同约定利率支付利息的，人民法院应予支持,但是双方约定的利率超过合同成立时一年期贷款市场报价利率4倍的除外。前款所称"一年期贷款市场报价利率",是指中国人民银行授权全国银行间同业拆借中心自2019年8月20日起每月发布的一年期贷款市场报价利率。依据上述规定,当前我国法定的民间借贷利率上限标准为"全国银行间同业拆借中心自2019年8月20日起每月发布的一年期贷款市场报价利率的四倍"。同时,《最高人民法院关于审理民间借贷案件适用法律若干问题的规定》(法释〔2020〕17号)第31条第1款、第2款明确,本规定施行后,人民法院新受理的一审民间借贷纠纷案件,适用本规定。2020年8月20日之后新受理的一审民间借贷案件,借贷合同成立于2020年8月20日之前,当事人请求适用当时的司法解释计算自合同成立到2020年8月19日的利息部分的,人民法院应予支持;对于自2020年8月20日到借款返还之日的利息部分,适用起诉时本规定的利率保护标准计算。因本案合同签订于2020年8月20日之前,人民法院受理在2020年8月20日之后,因此本案利息须分段进行计算。

3.利率演变与未来。我国自古至今关于借贷利率的规定各有不同,《周礼》中有关于以都城为中心,以各地与都城的距离为标准确定借贷利率的规定。到汉初时,民间借贷的利息已相当高昂,即"当具有者半贾而卖,无者取倍称之息"。唐宋时期利率的负担有所缓解,元代将利息标准大幅降低,民间借贷利息标准为年30%左右,这一标准又被明、清两代沿用。新中国成立初期,最高人民法院1952年颁布的《关于城市借贷超过几分为高利贷的解答》中明确私人借贷利率一般不应超过3分。1991年7月2日,最高人民法院审判委员会第502次会议讨论通过了《关于人民法院审理借贷案件的若干意见》,正式拉开了我国民间借贷利息立法保护的序幕。该意见规定民间借贷的利率可以适当高于银行的利率，但最高不得超过银行同类贷款利率的4倍（包含利率本数），超出部分的利息不予保护，正式确立了民间借贷利率"四倍红线"机制。2015年9月1日，《最高人民法院关于审理民间借贷案件适用法律若干问题的规定》正式施行，开始了以年利率24%和36%为界划分"两线三区"的民间借贷利率标准。2021年1月1日《民法典》施行后，《最高人民法院关于审理民间借贷案件适用法律若干问题的规定》（法释〔2020〕17号）重新对民间借贷利率标准进行了规定，即利率不得超过合同成立时一年期贷款市场报价利率的4倍，使民间借贷利率的保护上限又重新回到了"银行贷款利率的四倍"的历史标准。法定利率标准回归常态，一方面有效降低了民间资金融通的热度，避免了暴力讨债等违法事件的滋生；另一方面也有效维护了金融市场秩序，有利于经济社会的和谐稳定发展。从2019年8月20日以来全国银行间同业拆借中心公布的一年期贷款市场报价利率情况看，利率在保持稳步下调的势头，由此判断，民间借贷法定利率上限在今后一定时期内仍然会保持稳步下降的总体趋势。

二、民间借贷"砍头息"问题

"砍头息"是民间的一种通俗叫法。民间借贷中出借人直接从本金中以扣除利息的方式来确保利息提前实现,使得借款人实际借到的本金低于约定的借款数额,同时也导致借款过程中实际利率高于约定的借款利率,这种行为通常被称为"砍头息"。现实生活中,高利放贷往往伴随"砍头息","砍头息"也是变相提高利率的一种方式。我国法律明令禁止高利放贷和"砍头息"行为,究其原因,一是高额利息将催生以放贷为职业的社会群体,在高利放贷的同时通常伴随暴力催债等不法行为,长此以往将严重影响社会长治久安。二是高利放贷和"砍头息"严重扰乱了正常的借贷秩序,加重了借款人的还贷压力,使部分原本良性的债务有可能陷入"不良"的危机,间接影响经济社会的和谐稳定发展。因此,我们在日常生活中遇到借贷问题时,应当严格遵守法律的规定,远离"高利贷"和"砍头息",避免不必要的法律纠纷。

典型案例

"砍头息"属于我国法律明确禁止的民间借贷行为,在正常的民间借贷中应当避免出现这种行为

案例要旨

出借人在支付借款时预先扣除部分款项,或者借款人在收到借款

后短时间内主动返还部分款项的行为，均有可能被认定为"砍头息"。"砍头息"属于我国法律明确禁止的民间借贷行为，出借人实施该行为不能得到法律的支持，不能起到确保利息提前实现、变相提高利率的作用，因此在正常的民间借贷中应当避免出现这种行为。

案例内容

2020年4月29日，彭某（甲方）与代某（乙方）签订了《合作协议书》，约定："一、乙方承接某项目的建筑设计，负责接洽和协调及全部设计服务管理工作。二、甲方负责给乙方提供50万元的现金支持。三、当乙方从建设单位分阶段收取了设计费，乙方应首先返还上述第二条的费用直至满50万元止。从2020年4月29日起至付清上述50万元之日止的时间内，按月息2%计息。四、设计利润分配：甲方利润总额为合同总额的8%。五、如果在一年时间内，乙方未承揽到该项目，则利润为0，乙方仅返还甲方上述第二条的50万元，并同时从甲方支付之日起至清偿之日止的时间内，以50万元为基数，按月利率2%计算利息。"冯某某作为连带担保人在《合作协议书》上签字并捺指印。当日，彭某向代某银行账户转账500,000元，代某又向彭某返还了20,000元。此后，代某并未承揽到工程项目。2020年7月至2021年5月以及2021年7月、8月，代某每月向彭某偿还10,000元，2021年9月偿还20,000元，合计偿还了150,000元。后彭某向人民法院提起诉讼，要求代某履行合作协议，支付相关款项。

一审法院审理认为，本案系民间借贷纠纷。合伙合同是两个以上合伙人为了共同的事业目的，订立的共享利益、共担风险的协议，而本案当事人彭某与代某签订的《合作协议书》仅就利益分配进行了约定，并未约定风险承担，故其性质并非合伙合同。此外，从协议第5条内容来看,代某未承揽到工程项目双方事实上即转为民间借贷关系。彭某依约履行了支付借款的义务,代某应依法依约履行偿还借款及利息的义务。冯某某作为连带责任保证人,对代某的债务承担连带清偿责任。关于本金,代某在收到借款500,000元的当天即返还了20,000元,其实际收到借款480,000元,故借款本金依法认定为480,000元。关于利息,按照相关法律规定,2020年8月20日之前的利息按约定月利率2%予以支持,此后利息按全国银行间同业拆借中心公布的LPR的4倍予以支持,经计算,截至2021年9月30日,代某欠付本金为447,047元。关于代某、冯某某所提出的合作协议无效及冯某某不承担保证责任的抗辩意见,虽然该协议实质并非合伙合同,但是仍系各方当事人的真实意思表示,其中关于借款本金及利率的约定并未违反当时的法律规定,且并不存在其他合同无效的情形,故对该抗辩意见不予支持。综上所述,一审法院判决:一、代某向彭某偿还借款本金447,047元并支付利息(利息以上述本金为基数按全国银行间同业拆借中心公布的LPR的4倍从2021年10月1日起计算至清偿之日止);二、冯某某对上述债务承担连带清偿责任。

一审判决作出后,代某不服该判决,提起上诉。

二审法院审理认为,本案争议的焦点是案涉民间借贷合同是否有效,代某是否应承担偿还责任;冯某某在本案中是否应承担连带担保责任。从本案查明的事实来看,依照《合作协议书》第5条的约定,如代某未承揽到该项目,则代某仅需返还500,000元,并以500,000元为基数支付利息。因代某未实际承揽约定项目,故双方实际成立民间借贷关系,彭某已履行了支付款项的义务,代某未依照约定偿还借款,彭某要求偿还借款的诉讼请求应予支持。代某收款当天返还的20,000元原判已判令抵付本金,不影响民间借贷合同的效力,故案涉民间借贷合同合法有效。另外，冯某某以连带担保人身份在案涉协议书上签名，其担保行为合法有效，应承担连带清偿责任。综上所述，二审法院判决：驳回上诉，维持原判。

法律索引

《中华人民共和国民法典》

第六百七十条　借款的利息不得预先在本金中扣除。利息预先在本金中扣除的，应当按照实际借款数额返还借款并计算利息。

《最高人民法院关于审理民间借贷案件适用法律若干问题的规定》〔法释〔2020〕17号〕

第二十六条　借据、收据、欠条等债权凭证载明的借款金额，一般认定为本金。预先在本金中扣除利息的，人民法院应当将实际出借的金额认定为本金。

律师解读

本案中，当事人提起诉讼，请求人民法院判决支持其主张的依据是双方签订的《合作协议书》，但是人民法院综合认定后，认为本案应属于民间借贷纠纷，并按照相关的法律规定予以判决。笔者认为，本案应引起关注的法律问题主要有以下几个方面。

一、合同性质认定问题

合同的性质是指合同的类别属性，如按照经济行为的类别可分为借款合同、买卖合同、租赁合同、承揽合同等，不同类型的合同具有不同的法律特征，法律针对其有不同的规定，司法实践中也有不同的法律适用标准和条件。因此，合同性质是人民法院裁判案件首要审查和认定的问题。就本案而言，彭某依据其与代某、冯某某签订的《合作协议书》提起诉讼，所以案涉《合作协议书》的性质是本案审查的重点问题。"合作协议"应当属于合伙合同的一种，合伙合同是两个以上合伙人为了共同的事业目的，订立的共享利益、共担风险的协议。其中目的共同、利益共享、风险共担是合伙合同的重要法律特征。

本案中，虽然彭某和代某、冯某某在签订《合作协议书》时是以代某承揽工程项目为依托，但是合作协议仅就项目利益分配进行了明确约定，未体现出风险共担的任何意思表示，彭某作为协议主体不承担任何风险，因此该协议不具备合伙合同的法律特征。从案涉协议书约定彭某出资后代某分阶段偿还本金，资金使用期限内支付固定利息，如有项目利润则增加分红，没有项目利润仅需确保固定利息的约定看，完全符合民间借贷的法律特征。因此，人民法院审查认定本案属于民间借贷纠纷是正确的。

二、"砍头息"的认定问题

《民法典》及相关司法解释均明确规定，出借人预先在本金中扣除利息的，应当按照借款人实际收到的借款数额确定借款本金。因此，认定"砍头息"应当依据法律规定，以"预先"为时间要件、"扣除"为行为要件。其中"预先"是指在借款本金实际支付给借款人之前，此时资金尚未脱离出借人的掌控，借款人因急需资金，缺少与出借人讨价还价的筹码，只能以牺牲部分利益为条件换取借款。"扣除"是指出借人没有按照借贷合同的约定足额将本金支付给借款人，由于民间借贷属于实践性合同，合同自借款本金实际支付时生效，借款本金的实际金额自出借人支付时方可确定，借款人也无法依据合同的约定向出借人主张补足资金。

实践中，对于直接预先扣除本金行为的认定并不存在太大的难度，但是出借人往往也知晓法律的相关规定，因此会采取一些规避行为变相实施"砍头息"。比如，本案中彭某向代某转账支付50万元借款后，代某于当日又向彭某返还了2万元，表面看彭某已足额支付了借款本金50万元，并没有"预先扣除"的行为。但是，从资金出借及返还的时间上可以看出，代某当日即返还了2万元，且双方未举证有其他经济往来，因此代某返还2万元给彭某不符合常理。虽然该种情况并不符合常理，但是如果严格按照法律规定的字面意思，则不应当认定其属于"砍头息"。

对上述情况的法律认定实践中也存在观点分歧。一种观点认为，出借人已全额支付了借款，该时借款人对款项已经具有绝对的支配权，借款人是出于自愿而支付利息，放弃了这部分资金的期限利益。因为法律赋予了民事主体支配自己财物的权利，基于真实意思表示而支配财物不应受到法律的强行约束，因此这与法律规定的"砍头息"有着明显区别，不应当认定为"砍头息"。另一种观点认为，当事人借款目的是取得资金利益，其中包括借款的期限利益，如果借款人当日或次日即支付利息，无疑剥夺了借款人对于该部分借款本金的期限利益。此种行为尽管并非在出借款项时直接扣除利息后再交付本金，但结合立法目的、利息性质等分析，应当认定其为"砍头息"。

笔者赞同上述第二种观点，从借贷本质来看，利息是借款人借得资金后应支付的资金时间价值，因此按照资金的实际数额来计算其实际的时间价值既符合情理也符合法理。"砍头息"或者提前超额归还利息，使借款人实际使用的本金减少，如果不按照其实际使用的本金数额计算利息，那么就等于变相提高了利率，这与法律关于合同约定内容清楚、双方诚信履约的价值导向不符，与法律关于禁止高利放贷、禁止"砍头息"的规定不符,因此该种情况不应得到支持。本案中,人民法院也认定该种情况属于"砍头息",应在本金中扣除后再计算利息。

三、"砍头息"的法律后果

首先,法律明确不支持"砍头息"。《民法典》第670条以及《最高人民法院关于审理民间借贷案件适用法律若干问题的规定》(法释〔2020〕17号)第26条均明确规定,预先在本金中扣借款利息的,人民法院应当将实际出借的金额认定为本金。这也是从根本上否认"砍头息"的合法性,无论何种情况下均应按照借款本金的实际金额计算应付利息。

其次,"砍头息"往往事与愿违。出借人实施"砍头息"的行为,主要是想提前实现资金利益、变相提高利率,但是一旦法律认定存在"砍头息"的情况,按照实际的借款本金数额计算利息,则借款人的愿望就会落空,根本无法起到提前实现资金利益、变相提高利率的作用。

再次,《最高人民法院关于审理民间借贷案件适用法律若干问题的规定》明确规定,借款合同约定的利率最高不得超过合同成立时全国银行间同业拆借中心公布的一年期贷款市场报价利率的4倍。因此即使不存在"砍头息"的情形,实际利率也不应超过法定利率保护上限。笔者在此提醒大家,在实施民间借贷行为时务必在法律允许的范围内约定利率,否则将无法得到法律的支持。

最后,民间借贷纠纷属于民事法律调整的范围,即使存在"砍头息",该问题也应当由人民法院引用民事法律条文或相应的司法解释予以审理裁判,不存在刑事犯罪的可能。因此,借款人仅以"砍头息"为由向司法机关控告,请求对出借人予以刑事处罚是不可行的。

三、法定利率上限不影响律师费的主张

在民事诉讼或仲裁案件中,当事人可能要垫付或承担的费用有诉讼费(仲裁费)、保全费、律师费等,其中诉讼费(包括案件受理费、申请费、其他诉讼费等)或仲裁费依法应由败诉方承担。而在只有一部分诉讼(仲裁)请求得到法院支持,另一部分诉讼(仲裁)请求不被支持的情况下,则由双方按比例承担诉讼费或仲裁费。现如今,越来越多的当事人选择聘请专业律师代理诉讼或仲裁案件,而律师费对于当事人来说也是一项重要成本,在争议标的额不高时甚至会成为案件办理的主要成本,因此在什么情况下律师费应由败诉方承担,现今也成为大家较为关心和急需明确的问题。

典型案例

律师费不属于民间借贷司法解释中规定的"其他费用",即使借款利率已达法定利率上限,出借人亦可要求借款人承担其合理支出的律师费

案例要旨

在民间借贷纠纷案件中,债权人支付的律师费是因借款人未按照约定偿还借款,导致其产生的费用支出和损失,而非债权人基于借款合同所直接获得的金钱利益,因此律师费不属于《最高人民法院关于审理民间借贷案件适用法律若干问题的规定》(法释〔2020〕

三、法定利率上限不影响律师费的主张

17号)第29条关于"出借人与借款人既约定了逾期利率,又约定了违约金或者其他费用,出借人可以选择主张逾期利息、违约金或者其他费用,也可以一并主张,但是总计超过合同成立时一年期贷款市场报价利率四倍的部分,人民法院不予支持"之规定中的"其他费用",借款人不能以借款利率已达法定利率上限为由,拒绝承担出借人合理支出的律师费。

案例内容

汤某军与王某生签订借款合同并经公证机关公证,合同约定借款金额5,000,000元,借期6个月,利率按银行同期贷款利率4倍计算,C房地产公司提供连带保证责任。之后双方又多次签订借款合同,对利息转为本金、合同利息标准、还款期限以及违约责任特别是违约方应承担守约方的律师费等事项作出明确约定,合同同样经过公证机关的公证,C房地产公司、王某提供连带保证责任。本案中,双方均认可该笔借款实际系对前期借款拖欠利息,后约定转为借款本金而签订的借款合同,实际未发生借款事实。对此汤某军在本案中只主张了3,796,000元。王某生于2014年5月29日起至2018年10月30日止,不同的时间段共分32笔向汤某军直接还款8,541,564元。

汤某军向一审法院提出诉讼请求为:(1)判令王某生偿还借款本金、利息3,796,000元;(2)判令王某生按照月利率2%承担起诉之日至实际还款之日的借款利息;(3)判令C房地产公司、王某对上述借款及利息的支付承担连带保证责任;(4)本案律师费530,000元由三名被告承担;(5)案件的诉讼费、保全费、担保费由三被告承担。

一审法院审理认为,第一,关于双方实际发生的借款金额问题。双方均认可多份借款合同系之前拖欠的借款利息转为借款本金而签

订,事实上并未发生借款行为。上述行为法律上虽并不禁止,但依据《最高人民法院关于审理民间借贷案件适用法律若干问题的规定》第28条的规定,借款人在借款期间届满后应当支付的本息之和,不能超过最初借款本金与以最初借款本金为基数、以年利率24%计算的整个借款期间的利息之和。出借人请求借款人支付超过部分的,人民法院不予支持。因此,本案对于汤某军将部分利息转为借款本金,而以此为本金再次主张之后的利息,超过法定标准部分的不予支持。第二,关于本案借款产生的利息问题。根据借款合同及还款协议约定,相关借款期间的利率在借款合同中均有明确约定,而应按照约定利率计算利息,对于汤某军另行主张按月利率2%支付利息不予采纳,各借贷的借款利率应分别计算(此处省略详细计算内容)。第三,关于汤某军主张的律师代理费用问题。律师费问题双方在借款合同及还款协议中均明确有约定,且汤某军也提供了相应的支付凭据,故对汤某军主张的律师代理费用予以支持。第四,关于汤某军主张的连带保证责任问题。C房地产公司就王某生所负的债务提供了连带保证责任,王某就其中的3,500,000元借款提供了连带保证责任,因此应按约定承担保证责任。

一审法院判决:一、王某生向汤某军偿还借款本金20,450,079元及支付借款利息5,649,425元;二、王某生向汤某军支付以借款本金17,556,658元为基数,自2019年3月30日起按月利率2%计算至债务全部清偿完毕之日止期间的利息;三、王某生向汤某军支付律师费530,000元及保全申请费5000元;四、C房地产公司对上述第一项、第二项、第三项王某生所负债务承担连带清偿责任;五、王某就王某生对汤某军所负债务3,500,000元及利息承担连带清偿责任。

一审判决作出后,王某生不服该判决,提起上诉称汤某军系职业

三、法定利率上限不影响律师费的主张

放贷人,本案借款合同应当无效。由于合同无效,因此其也无须就合同向汤某军承担律师费。

二审法院审理认为,第一,关于借款合同的效力问题。王某生未举证证明汤某军为职业放贷人,王某生与汤某军在案涉合同中关于本金及利息的约定在未超过法律规定的幅度范围内应属有效。第二,关于部分借款本金数额计算及王某生主张的已偿还部分借款问题。原审判决认定事实正确,应予维持。第三,关于汤某军主张的律师费、保全费及担保费是否应当支持的问题。首先,案涉借款合同中均明确约定,借款人自逾期之日起至借款全部清偿前,应承担借款本金、所欠利息、诉讼费、执行费、公证费、律师费、误工费、差旅费等实现债权的一切费用。汤某军提交的证据充分证明其因本案诉讼委托律师并支出了相应的费用,原判判令王某生向汤某军支付其因本案诉讼支出的律师费用符合双方合同约定。其次,双方合同中虽约定借款方应承担为实现债权的一切费用,但对该约定的理解应遵循诚实信用原则,对其履行亦应尽最大善意。汤某军主张的保全费系其为申请法院保全所必须支出的费用,一审法院支持并无不当;汤某军主张的保全担保费,因该费用并非申请保全所必须支出的费用,故一审法院未予支持亦无不妥。综上,二审法院判决:驳回上诉,维持原判。

王某生不服二审判决,向上级人民法院申请再审。

再审法院审查认为,第一,关于王某生提交的新证据是否足以推翻原审判决的问题。王某生提交的证据均系在原审庭审结束前已经存在,且证据无法推翻原审判决依据各方当事人在原审诉讼中的举证质证情况认定的事实,法院不予支持。

第二,关于王某生部分借款本息计算问题。王某生未能提供新的证据推翻其在原审中的陈述,故对王某生的主张不予支持。

第三，关于王某生主张已归还部分借款本息问题。王某生未能提供证据证实给付案外人王某的款项与偿还汤某军借款本息的关联性，无法证实其主张成立，应承担举证不能的不利后果。

第四，关于律师费530,000元是否应由王某生承担的问题。王某生未提交足以证明汤某军是职业放贷人的证据，故对王某生据此认为借款合同无效的主张，法院不予支持。依据《最高人民法院关于审理民间借贷案件适用法律若干问题的规定》第30条关于"出借人与借款人既约定了逾期利率，又约定了违约金或者其他费用，出借人可以选择主张逾期利息、违约金或者其他费用，也可以一并主张，但总计超过年利率24%的部分，人民法院不予支持"的规定，其他费用在性质上属于借款人为获得借款支付的成本或支出。而律师费等实现债权的费用系因借款人未按照约定偿还借款，导致债权人产生的费用支出和损失，非债权人基于借款合同所直接获得的金钱利益，不属于其他费用的范围。故原判决依据借款合同约定认为王某生应承担律师费530,000元，不存在适用法律错误的情形。

综上，再审法院裁定：驳回王某生的再审申请。

法律索引

《中华人民共和国民法典》

第一百一十九条　依法成立的合同，对当事人具有法律约束力。

第五百八十四条　当事人一方不履行合同义务或者履行合同义务不符合约定，造成对方损失的，损失赔偿额应当相当于因违约所造成的损失，包括合同履行后可以获得的利益；但是，不得超过违约一方订立合同时预见到或者应当预见到的因违约可能造成的损失。

三、法定利率上限不影响律师费的主张

律师解读

笔者结合本案，想和大家重点讨论一下关于诉讼或仲裁纠纷发生后，一方主张律师费由对方承担，人民法院或仲裁机构是否应当予以支持的相关问题。

一、律师费的承担应有明确的裁判依据

"律师费"又称律师服务费或律师代理费，是指律师为委托人代理法律事务应当收取的报酬。法律并未强制规定当事人在诉讼或仲裁中必须聘请专业律师代理案件，当事人在没有律师代理人的情况下仍然可以自行完成诉讼或仲裁案件的相关程序。而聘请律师代理诉讼或仲裁，是当事人为便于案件办理、提高办案效率，经过选择和评估后自愿承担的维权成本。因此，当一方当事人主张律师费应由对方承担时，就必须向人民法院或者仲裁机构提供律师费应由对方承担的事实和法律依据。

通常情况下，在合同纠纷案件中，人民法院或仲裁机构裁判的依据即当事人双方签订的有效合同。因此，双方如果在合同中明确约定律师费应由败诉方承担，那么人民法院或仲裁机构就可以据此裁判。就本案而言，汤某军与王某生等人签订的借款合同中已明确约定律师费应由败诉方承担，因此人民法院最终也据此判决支持了原告汤某军的相关诉讼请求。

除当事人明确约定外，人民法院依法支持律师费由败诉方承担的情况大多出现在"不正当竞争案""知识产权侵权案""互联网侵害人身权益案"以及恶意诉讼、虚假诉讼等滥用诉讼权利、非诚信诉讼等案件中。因为我国的《专利法》《著作权法》《商标法》等专门法律以及最高人民法院颁布的相关司法解释，均对此有相对明确的规定，人民法院裁判的法律依据比较明确。在实现担保权的案件中，也有很大一部分法院认为律师费属于实现债权的必要费用，因此当事人即使未事先约定，很多人民法院也给予了支持。此外，在商事仲裁案件中，仲裁机构也可依据仲裁规则就律师费的承担问题作出相应的裁决。

二、胜诉方的律师费必须已经实际交纳

律师费作为当事人维权的重要成本，其产生的前提是相对方的合同违约行为或其他侵害行为。当事人是出于维权需要而聘请专业律师，因此主张将该项支出作为实际损失由对方予以承担。在司法实践中，当事人的实际损失是指已经发生或确定产生且能够以货币价值形式进行衡量的损失。因此，律师费必须是已经由当事人支付给律师事务所后，才能按照实际支付的金额确定为当事人的实际损失，当事人才有权向对方主张承担，否则人民法院或仲裁机构不能认定该项损失已经产生或确定产生，无法裁判支持当事人的主张。就本案而言，汤某军明确提供了律师费的支付凭证，证实律师费已经缴纳，因此最终获得人民法院的支持。

三、律师费的数额应当符合案件的情况

关于律师费的承担问题，人民法院或仲裁机构一般会审查律师费支出的必要性，即律师费的支出金额与案件诉讼或仲裁的难度、工作量等是否匹配。《中国国际经济贸易仲裁委员会仲裁规则》《北京仲裁委员会仲裁规则》均作出规定，仲裁庭有权根据当事人的请求在裁决书中裁定败诉方补偿胜诉方因办理案件支出的合理费用，包括但不限于律师费、保全费、差旅费、公证费等。仲裁庭在确定上述费用时，应考虑案件的裁决结果、复杂程度、当事人或代理人的实际工作量以及案件的争议金额等有关因素。因此，律师费的支出只有在合理范围，

三、法定利率上限不影响律师费的主张

既符合司法行政机关颁布的相关收费标准，也与案件的复杂程度、工作量等因素相匹配时，当事人关于由对方承担该费用的主张才能获得人民法院或仲裁机构的支持。

四、出借人对已支付借款承担举证责任

古往今来，人们在生活中都会遇到借钱给别人或者向别人借钱的事儿。现如今，很多人要么为生活所迫，为向他人借钱而发愁；要么是想把钱借给他人，却又为存在收不回钱的风险而发愁。这种左也不是、右也不是的尴尬，映射出了浮躁社会背后的诚信危机，体现了人们现实生活中的心酸和无奈，可谓"富贵不能乐业、贫穷难耐凄凉"。总之，借钱的确是一件很让人为难的事，而借钱给别人之后一旦产生纠纷，作为出借人不仅要证明双方存在借贷关系的事实，还必须证明资金已经实际支付给了对方，否则即使钱真的借出去了，人民法院或仲裁机构也难以查明事实支持出借人的主张。

典型案例

民间借贷合同自出借人实际支付借款时成立，出借人向借款人主张权利的，应当承担借款合同合法成立的举证责任

案例要旨

民间借贷合同属于实践性合同，即借款合同自出借人实际支付借款时成立，合同成立后借款人才负有偿还本金、支付利息等相关义务。因此，出借人依据借款合同向借款人主张归还借款本金、支付利息的，应当同时举证证明借款已经实际支付及具体数额的事实，否则人民法院或仲裁机构难以支持其主张。

四、出借人对已支付借款承担举证责任

案例内容

左某持有一份《借据》，内容是唐某于2018年5月10日借到左某人民币3万元，借期1年，月利率为2.5%，唐某在上面签字并捺指印。2020年4月，左某以唐某不偿还借款本息为由向人民法院提起诉讼，请求判决：唐某偿还借款、支付利息。被告唐某则辩称，其是向第三人黎某而非向原告左某借款，黎某向其微信支付28,500元（按月利率5%扣除首月利息1500元后）。唐某还提供微信转账账单、聊天记录等作为佐证。在庭审中，原告左某述称，被告唐某出具案涉借据时其并不在场，其本人没有直接向被告支付现金30,000元，而是委托第三人黎某支付借款，但是并不确定黎某转账给唐某的28,500元是否与本案有关。第三人黎某坚称其向被告唐某微信转账的28,500元与案涉《借据》无关。

法院审理认为，本案的争议焦点是原、被告之间是否存在民间借贷关系。根据法律规定，自然人之间的借款合同，自贷款人提供借款时生效。以现金形式支付的，自借款人收到借款时视为合同成立。由此可见，自然人之间的借款合同是实践性合同，以借款实际交付为生效要件。本案中，即自被告唐某实际收到原告左某给付的借款时，借款合同才能成立。原告单凭案涉《借据》不足以证明被告收到原告现金30,000元的事实，对该争议事实原告应进一步提供相关合法有效的证据加以证实，但原告未能提供，应承担举证不能的责任。综上，人民法院以本案目前证据不能充分有效证实原告已支付案涉借款给被告为由，判决：驳回原告左某的诉讼请求。

法律索引

《中华人民共和国民法典》

第六百七十九条 自然人之间的借款合同,自贷款人提供借款时成立。

《最高人民法院关于审理民间借贷案件适用法律若干问题的规定》(法释〔2020〕17号)

第二条 出借人向人民法院提起民间借贷诉讼时,应当提供借据、收据、欠条等债权凭证以及其他能够证明借贷法律关系存在的证据。当事人持有的借据、收据、欠条等债权凭证没有载明债权人,持有债权凭证的当事人提起民间借贷诉讼的,人民法院应予受理。被告对原告的债权人资格提出有事实依据的抗辩,人民法院经审查认为原告不具有债权人资格的,裁定驳回起诉。

律师解读

在民间借贷合同中,双方应将借款金额、用途、借期内利息、逾期还款利息、违约金、还款日期及履行方式等作为合同的主要内容。值得注意的是,民间借贷合同属于实践性合同,也即以出借人实际履行借款支付义务为成立要件。而不同的支付方式也会使借款合同的成立时间有所不同。比如,以现金形式支付的,应当自借款人收到借款时成立;以银行转账、网上电子汇款等形式支付的,应当自资金到达借款人账户时成立;以微信、QQ、支付宝等方式支付的,应当自借款人接收款项时成立。

法律之所以规定以借款实际支付作为借贷合同生效的要件,是为了平等保护借贷双方的合法权益,一方面借款人自合同成立时才负有

四、出借人对已支付借款承担举证责任

支付利息、偿还借款本金的义务，另一方面也避免在借款人并未收到借款的情况下，出借人仅以借据为凭主张权益而产生不当得利。因此，当民间借贷纠纷诉诸人民法院或请求仲裁机构裁决时，人民法院或仲裁机构不会仅凭借据、借条等就认定出借人已经履行了借款支付义务。在借款人否认借款事实时，人民法院或仲裁机构会要求出借人提供证据证明已经履行借款支付义务，借款人不能提供证据或证据不足的，就应当承担举证不能的不利后果。

笔者在此提醒，当借钱给他人时除了要求对方出具借据、借条等凭证，还应当保留实际支付借款的相关证据。以现金形式支付借款的，应当让借款人签署收条，并留存现金来源的必要证据；以转账方式支付借款的，应保留银行转账流水凭证；以微信、QQ或支付宝等方式支付借款的，应留存原始记录或打印平台账单。除此之外，还应当利用转账留言、微信或QQ聊天记录等方式，在支付借款时将借款事实备注清楚，以备不时之需。

五、职业放贷人的法律认定及法律后果

民间借贷市场的繁荣，催生了以借贷为生的群体，俗称"职业放贷人"。职业放贷人是指未取得金融监管部门批准，不具备发放贷款资质，但向社会不特定对象出借资金以赚取高额利息，且出借行为具有营业性、经常性特点的单位以及以放贷为其重要收入来源的个人。其实，职业放贷人在我国民间长期存在，因此我国对民间的放贷行为也一直在进行管控。1991年8月13日施行的《最高人民法院关于人民法院审理借贷案件的若干意见》第6条规定，民间借贷利率不得超过银行同类贷款利率的4倍。这种利率标准符合当时的经济发展需求，促使民间借贷为我国经济社会发展贡献了不可磨灭的力量。2015年9月1日施行的《最高人民法院关于审理民间借贷案件适用法律若干问题的规定》对民间借贷的利率划分为"两线三区"，最高支持年利率为36%。由于这种回报率是很多其他投资无法达到的，因此该司法解释发布后，职业放贷人的群体又一次迅速壮大。然而，职业放贷人群体的壮大也使得其与暴力讨债、涉黑涉恶非法团体活动联系在一起，不仅严重扰乱了金融监管秩序，也间接影响了社会的和谐稳定发展。鉴于此，2019年7月最高人民法院与最高人民检察院、公安部、司法部联合制定了《关于办理非法放贷刑事案件若干问题的意见》，将职业放贷行为认定为无效的民事法律行为，由此拉开了对职业放贷人规制和打击的序幕。2020年8月最高人民法院修改了《关于审理民间借贷案件适用法律若干问题的规定》，将上限利率调低至全国银行间同业拆借中心公布的一年期贷款市场报价利率的4倍，进一步对民间借

贷行为进行规制。

典型案例

资金出借人未依法取得放贷资格，反复或经常性地向不特定对象出借资金以赚取高额利息，其行为明显带有营业性、营利性特点的，可被认定为职业放贷人

案例要旨

资金出借人在未依法取得放贷资格的情况下，反复或经常性地向社会不特定对象出借资金以赚取高额利息，其行为明显带有营业性、营利性特点的，可被认定为职业放贷人。因职业放贷行为严重扰乱金融秩序、影响经济社会稳定发展，因此职业放贷人有可能面临的法律风险不仅是民事法律责任，其在行为后果严重的情况下还有可能承担相应的刑事法律责任。

案例内容

2019年5月9日，章某（出借人）与於某某、冉某（借款人）、於某海（担保人）签订了一份《借款合同》，约定於某某、冉某向章某借款100万元，借款月利率为2%，借款期间为2019年5月9日至2019年8月8日；於某海提供连带责任保证，担保范围包括借款本金、利息、违约金及实现债权的律师费等相关费用。合同签订当天，章某向於某某支付30万元，2019年5月10日支付70万元。此后，於某某、冉某分4次向章某还款共计75.21万元。因仍有24.79万元未归还，章某将於某某等人起诉至人民法院，要求借款人及担保人归还借款本

金 24.79 万元及约定的利息。

这起看似较为常见的借款合同纠纷,一审法院支持了原告的诉讼请求。但在二审过程中,法官却发现借款纠纷背后另有端倪。上诉人(原审被告)主张章某为职业放贷人,其表示,半年内上诉人与章某及案外人耿某发生了 4 次借贷,第一次借款本金 50 万元,短短几天还款 51.85 万元,利息高达年利率 135%,由耿某出借,章某收取利息和费用。第二次借款本金 90 万元,仅 7 天即须偿还本息共计 93.15 万元。第三次借款即本案的 100 万元,收取了 1.9 万元"砍头息"和费用,上诉人签名时是空白合同,章某的名字是后加的,实际出借人是耿某。第四次借款本金 60 万元,於某某用款时间 4 天,向章某还款 61 万元,利息高达年利率 152%。而章某自称无业,案涉借款是因为朋友介绍於某某有资金需求,其为赚取利息才同意出借。人民法院另查明,出借人章某的微信名为"垫资过桥调头·章某",章某出借的资金全部来源于案外人耿某。

二审法院审理认为,本案民间借贷存在以下情形:(1)出借资金全部源于案外人,而非自有资金;(2)出借人与借款人在一段期间陆续发生 4 笔借款,每笔借款均收取了高额利息;(3)案涉借款合同格式化程度较高,且借款人、担保人签字时出借人一栏空白未填写;(4)出借人使用的微信名中包含"垫资过桥调头"字样,有招揽不特定对象放贷的特征。综合上述因素,章某具有明显的职业放贷特征,案涉借款合同应当依法认定无效,人民法院对合同约定的高额利息不予保护。基于借款人、保证人明知出借人为职业放贷人仍向其借款,三方对合同无效均有过错,二审法院判决:一、确认借款合同无效;二、借款人偿还借款本金及资金占用费用;三、保证人对借款不能清偿部分承担 30% 的赔偿责任。

法律索引

《中华人民共和国民法典》

第六百八十条　禁止高利放贷，借款的利率不得违反国家有关规定。借款合同对支付利息没有约定的，视为没有利息。借款合同对支付利息约定不明确，当事人不能达成补充协议的，按照当地或者当事人的交易方式、交易习惯、市场利率等因素确定利息；自然人之间借款的，视为没有利息。

《最高人民法院、最高人民检察院、公安部、司法部关于办理非法放贷刑事案件若干问题的意见》

一、违反国家规定，未经监管部门批准，或者超越经营范围，以营利为目的，经常性地向社会不特定对象发放贷款，扰乱金融市场秩序，情节严重的，依照刑法第二百二十五条第（四）项的规定，以非法经营罪定罪处罚。前款规定中的"经常性地向社会不特定对象发放贷款"，是指2年内向不特定多人（包括单位和个人）以借款或其他名义出借资金10次以上。贷款到期后延长还款期限的，发放贷款次数按照1次计算。

《最高人民法院关于审理民间借贷案件适用法律若干问题的规定》（法释〔2020〕17号）

第十三条　具有下列情形之一的，人民法院应当认定民间借贷合同无效：……（三）未依法取得放贷资格的出借人，以营利为目的向社会不特定对象提供借款的……

律师解读

在民间借贷案件审理过程中，个别被告人出于减轻还款责任的考量，有时会主张原告的行为属于职业放贷，因此人民法院也会重点审查借贷行为的性质。那么，什么情况下人民法院会将出借人认定为职业放贷人？认定为职业放贷人后会有哪些法律后果？

一、职业放贷人的法律认定

根据 2019 年 11 月 8 日最高人民法院《全国法院民商事审判工作会议纪要》等的规定，职业放贷人的特点体现在以下三个方面：一是出借人未依法取得放贷资格；二是出借人出借资金的行为具有反复性、经常性；三是出借人借出款项的目的明显具有营业性、营利性特征。

第一，关于放贷资格问题。2018 年 4 月中国银行保险监督管理委员会、公安部、国家市场监督管理总局、中国人民银行联合下发的《关于规范民间借贷行为维护经济金融秩序有关事项的通知》明确规定，未经有权机关依法批准，任何单位和个人不得设立从事或者主要从事发放贷款业务的机构或以发放贷款为日常业务活动。职业放贷人的行为，实际上变相违反了该规定，属于从事非法金融业务活动，如果数量多、金额大，将会对正常金融秩序产生危害。现实中职业放贷人不可能具有合法的放贷资格。

第二，关于经常性问题。对于"经常性向社会不特定对象发放贷款"这一要件，最高人民法院考虑到各地经济发展水平以及民间借贷活跃程度不同，并未作出统一的认定标准，而将认定标准的制定权下放给民间借贷比较活跃的地方高级人民法院或者经其授权的中级人民法院。但是，《最高人民法院、最高人民检察院、公安部、司法部关于办理非法放贷刑事案件若干问题的意见》第 1 条明确规定，"经常性地向社会不特定对象发放贷款"，是指 2 年内向不特定多人（包括单位和个人）以借款或其他名义出借资金 10 次以上。贷款到期后延长还款期限的,发放贷款次数按照1次计算。因此,地方高级人民法院或者经其授权的中级人民法院根据本地区的实际情况制定的认定具体标准,应当以该刑事司法解释的标准为参考基准。

第三,关于营利性问题。首先,民间借贷的正当性建立在出借人以自有闲置资金借予急需的借款人,通过收取利息获得一定收益。而很多职业放贷人是吸收他人资金或从金融机构贷款后实施放贷,属于以营利为目的的放贷,超出了民间借贷应有的正当性。其次,职业放贷人多采用高额利息获取非正常的收益,因此实践中若借款利率接近或超过法定利率标准,也是职业放贷人的重要特征之一。最后,有些出借人意图规避职业放贷人的认定,通常采取在合同中约定"服务费、咨询费、管理费、违约金等相关费用"来变相提高利息数额,因此具有这种特征的借贷合同也是辨别职业放贷人的重要依据。

二、职业放贷人的法律后果

资金的出借人一旦被认定为职业放贷人,将产生民事法律责任和刑事法律责任两种风险。

首先,民事法律责任风险。《最高人民法院关于审理民间借贷案件适用法律若干问题的规定》(法释〔2020〕17号)第13条第3项规定,未依法取得放贷资格的出借人,以营利为目的向社会不特定对象提供借款的,人民法院应当认定民间借贷合同无效。《民法典》第157条规定,民事法律行为无效、被撤销或者确定不发生效力后,行为人因该行为取得的财产,应当予以返还;不能返还或者没有必要返还的,应当折价补偿。有过错的一方应当赔偿对方由此所受到的损失;各方都有过错的,应当各自承担相应的责任。法律另有规定的,依照其规定。根据上述规定,职业放贷行为导致合同无效后，借款人只需返还本金即可，对于占用资金期间的损失，人民法院可能会参照相应期间的贷款利率判决借款人予以补偿。主合同无效，保证合同也当然无效，保证人如果没有过错的将不再承保证责任。

其次，刑事法律责任风险。《最高人民法院、最高人民检察院、公安部、司法部关于办理非法放贷刑事案件若干问题的意见》明确规定，违反国家规定，未经监管部门批准，或者超越经营范围，以营利为目的，经常性地向社会不特定对象发放贷款，扰乱金融市场秩序，情节严重的，依照《刑法》第225条第4项的规定，以非法经营罪定罪处罚。《刑法》第225条关于非法经营罪规定，违反国家规定，扰乱市场秩序，情节严重的，处5年以下有期徒刑或者拘役，并处或者单处违法所得1倍以上5倍以下罚金；情节特别严重的，处5年以上有期徒刑，并处违法所得1倍以上5倍以下罚金或者没收财产。因此，职业放贷行为情节严重的，将被认定为犯罪行为，出借人在承担民事法律责任的基础上，还有可能会面临相应的刑事处罚。

三、规制职业放贷人的目的

正常的民间借贷行为有利于促进民间资金融通，提高投融资效率，缓解区域资金供求矛盾，弥补银行信贷资金不足造成的中小企业融资难等问题，推动经济社会繁荣稳定发展。而职业放贷行为则严重扰乱金融市场，威胁经济社会稳定发展。从职业放贷人的特征可以看出，其放贷行为变相违反了《中国银行保险监督管理委员会、公安部、国家市场监督管理总局、中国人民银行关于规范民间借贷行为维护经济金融秩序有关事项的通知》中关于"未经有权机关依法批准，任何单位和个人不得设立从事或者主要从事发放贷款业务的机构或以发放贷款为日常业务活动"的规定。因此，打击职业放贷行为、稳定金融市场秩序势在必行。而规制和打击职业放贷并非要完全抑制民间借贷行为，对于普通的民间借贷行为法律并未禁止，只要不形成经常性、职业性的放贷，借款利率不超过法定利率上限标准，民间资金融通行为是完全受到法律保护的。

第六部分 物业纠纷法律问题

一、业主应当依约履行物业费等费用交纳义务

物业费是小区业主依据物业服务合同的约定，在接受物业服务的同时向物业服务人支付的费用。因为小区内除了业主的专有部分（室内）外，还有很多属于全体业主共有的部分，如道路、绿化、设备用房、管理用房、天台、楼梯等，共有部分的管理对小区业主的居住生活质量影响重大，所以业主支付的物业费中很大部分是针对共有部分的管理支出。特别是现代小区，由于规模越来越大，配套设施越来越多，运营设备越来越复杂，使得共有部分的维护成本也越来越高。也有个别小区的业主为了降低物业管理成本，经业主大会共同决定由业主委员会自行对小区进行管理的。在此情况下，业主也应当向实施管理的业主委员会或者相关机构依约交纳物业费等费用。

典型案例

物业服务人无论是基于物业服务合同还是小区自治管理公约、方案、规定等，均有权向业主收取物业费

案例要旨

物业服务人无论是基于物业服务合同还是小区自治管理公约、方案、规定等，均有权向业主收取物业费、垃圾费等费用。如果业主认为物业服务人存在主体不合法、服务质量有瑕疵等问题的，可以通过合法途径维护自身权益，但是不能以此作为拒交物业费的抗辩理由。

📖 案例内容

新市花园二区第一届业主委员会(以下简称新市花园业委会)成立后,与该小区业主朱某某因物业费等问题产生纠纷,双方诉至法院。新市花园业委会向一审法院起诉,请求判决朱某某交纳物业管理费、垃圾费及违约金等。

一审法院审理认为,本案属于《民法典》施行前的法律事实引起的民事纠纷案件,应当适用当时的法律、司法解释的规定。结合双方诉辩意见,本案主要存在以下争议焦点:一是关于涉案小区第二次业主大会通过的《新市花园二区自治管理方案》等决议是否合法有效;二是关于朱某某是否应向新市花园业委会交纳物业管理费、垃圾费。第一,案涉小区第二次业主大会表决通过的《新市花园二区自治管理方案》等决议并无违反法律法规的强制性规定,朱某某亦未曾申请过撤销该决议,故该会议表决通过的《新市花园二区自治管理方案》等决议合法有效,对朱某某具有约束力,双方之间的物业服务合同关系成立,合法有效。第二,案涉小区是由新市花园业委会自治管理,朱某某应交纳业委会自治管理期间的物业管理费及垃圾费。朱某某请求撤销新市花园二区业主大会作出的选举成立新市花园业委会的决定诉请已被另案生效判决驳回,其以新市花园业委会成立不合法为由拒付案涉费用的抗辩意见不予支持。新市花园业委会已在街道办事处备案,案涉小区的管理规约、业主大会议事规则亦规定业主委员会有权督促业主按时缴纳物业管理费,有权依管理规约向人民法院提起诉讼,朱某某以新市花园业委会未向房地产行政主管部门备案为由抗辩新市花园业委会不具备诉讼主体资格于法无据,不予支持。朱某某认为新市花园业委会与相关物业公司恶意串通,恶意侵占小区业主的公共收入等集体利益,可另行主张权利,其以此为由拒交物业管理费及垃圾费的抗辩意见无法律依据,法院不予支持。第三,朱某某未按指定期限交纳管理费及垃圾费,应依约支付违约金,但新市花园业委会主张按照每日3‰计收违约金的标准过高。结合本案实际情况,人民法院酌情调整为分别以每月欠交的物业管理费和垃圾费为本金,自次月1日起计算至所欠相应费用实际清偿之日止,其中2018年11月1日至2019年8月19日的违约金按照中国人民银行公布的同期同类贷款基准利率计算,自2019年8月20日起之后的违约金按照同期全国银行间同业拆借中心公布的贷款市场报价利率计算,每月物业管理费或垃圾费之违约金总额以相应的每月应交物业管理费或垃圾费本金为限。一审法院最终判决:朱某某向新市花园业委会支付物业管理费及垃圾费、违约金及违约金。

一审判决作出后,朱某某不服该判决,提起上诉。

二审法院审理认为,从本案事实来看,新市花园业委会已提供表决票,证明小区第二次业主大会通过的《新市花园二区自治管理方案》等决议符合《物权法》第76条规定的"双过半"要求,朱某某未能提供相反证据予以反驳。而根据《物权法》第78条第1款及第81条第1款之规定,"业主大会或者业主委员会的决定,对业主具有约束力""业主可以自行管理建筑物及其附属设施,也可以委托物业服务企业或者其他管理人管理",因此《新市花园二区自治管理方案》等决议合法有效,对包括朱某某在内的全体业主具有约束力,双方之间的物业服务合同关系成立,合法有效。朱某某应依《新市花园二区自治管理方案》载明的收费标准,交纳相应物业管理费及垃圾费。朱某某请求撤销广州市白云区新市花园二区业主大会作出的选举成立新市花园业委员会的决定,已被生效判决驳回。且新市花园业委会已在广州市白云区人民政府新市街道办事处备案。因此，一审对于朱某某拒交物业管理费及垃圾费的抗辩意见不予支持，并无不当。法院二审审理期间，鉴于朱某某既未有新的事实与理由，也未提交新的证据予以佐证自己的主张，故法院二审维持一审对事实的分析认定，对朱某某的上诉请求不予支持。二审法院判决：驳回上诉，维持原判。

法律索引

《中华人民共和国民法典》

第二百八十条　业主大会或者业主委员会的决定，对业主具有法律约束力。业主大会或者业主委员会作出的决定侵害业主合法权益的，受侵害的业主可以请求人民法院予以撤销。

第二百八十四条　业主可以自行管理建筑物及其附属设施，也可以委托物业服务企业或者其他管理人管理。对建设单位聘请的物业服务企业或者其他管理人，业主有权依法更换。

律师解读

本案中涉及两方面的法律问题，一是小区业主自治管理方案的效力问题。《民法典》第280条明确规定，业主大会或者业主委员会的决定，对业主具有法律约束力。第284条规定，业主可以自行管理建筑物及其附属设施，也可以委托物业服务企业或者其他管理人管理。案涉的《新市花园二区自治管理方案》属于该小区业主集体表决对建筑物及其附属设施行使自治权的具体体现，且自治管理方案经过业主大会通过，其形成的程序、载明的内容、履行的目的均符合法律规定，因此属于合法有效的文件，且对包括被告在内的全体业主均有约束力。

二是被告拒交物业费的理由能否成立。案涉的新市花园业委会是经业主大会合法选举产生,其依据《新市花园二区自治管理方案》对小区实施管理,并依约收取物业费、垃圾费等,属于在业主大会授权范围内开展的自治管理工作,既有合法的授权依据,又符合全体业主的共同利益。被告主张业委会的成立违反法律规定,但无法举证证明其主张的事实。被告作为业主应当依据《新市花园二区自治管理方案》履行交纳物业费、垃圾费的义务,否则就等同于侵犯了其他业主的合法权益。

二、业主不应以物业服务瑕疵为由拒交物业费

随着现代小区规模越来越大,物业管理和服务难度也在不断增加,物业服务人不仅要履行公共设施设备的维修保养、公共绿化的养护、安全设备的日常调试等,还要负责业主侵占公共权益等行为的协调劝阻,配合政府相关部门做好安全防控等工作。管理事项的繁杂使物业管理工作有可能出现漏洞、空缺甚至死角,作为业主当然有权对物业管理和服务进行监督,提出意见和建议,或者行使主张权益损害赔偿的权利。但是,在物业服务人基于合同已经履行了服务管理职责的情况下,即使出现服务质量瑕疵,业主也不应当以物业服务瑕疵为由拒交物业费。

典型案例

在物业服务人提供了相应的物业服务前提下,即使出现服务质量瑕疵,亦不能成为业主拒交物业费的理由

案例要旨

物业服务人收取物业费既是对其履行义务的对价报酬,也是保障其正常运转的重要收入来源。在物业服务人履行了提供物业服务义务的前提下,业主应当向物业服务人履行交纳物业费的义务。对物业服务人存在的一般性服务瑕疵,业主应当通过召开业主大会或成立业主委员会等方式依法维权,过渡期可通过物业管理部门强化对物业服务

人的监督、管理，更好地维护小区业主的利益，而非个别业主以拒交物业费的方式主张抵消物业服务人的服务瑕疵。

案例内容

原告永家物业管理有限公司（以下简称永家物业公司）为金都小区的物业服务人，被告吴某系该小区某户业主。2015年12月27日，原告永家物业公司与金都小区业主委员会签订《物业服务合同》，约定：高层住宅物业服务费按建筑面积0.9元/月/平方米交纳，电梯费每户35元/月，物业服务期限为5年，自2016年1月1日起至2020年12月31日止。服务期限届满3个月，业主委员会未将续聘或解聘意见通知原告的，视为业主委员会同意续聘，服务期限自动延续1年。前述物业服务合同签订后，原告开始对该小区实施物业管理、提供相应的物业服务。被告自2020年1月1日至2021年12月31日共拖欠原告24个月的物业服务费及电梯费。原告永家物业公司遂诉至法院，请求判决被告支付相关费用。

一审法院审理认为，依法成立的合同受法律保护。被告所在小区的业主委员会与原告签订了《物业服务合同》，该合同系双方当事人的真实意思表示，内容亦不违反我国法律、行政法规的强制性规定，合法有效。我国法律明确规定，业主委员会与业主大会依法选聘的物业服务人订立的物业服务合同，对业主具有法律约束力。根据上述规定，本案原告向被告所在小区提供物业服务的行为合法有效。原告按合同约定为被告所在小区提供了物业管理及服务，被告应按合同约定履行交纳物业服务费及电梯费的义务。物业合同中明确约定高层住宅物业服务费为0.9元/月/平方米，电梯费每户35元/月，被告欠交物业服务费及电梯费的时间为2020年1月1日至2021年12月31日，被告应交纳物业服务费为0.9元/月/平方米×130.8平方米×24个月=2825元，被告应交纳电梯费为35元/月×24个月=840元，故该院对原告要求被告交纳自2020年1月1日至2021年12月31日拖欠的2825元物业服务费及840元电梯费的主张予以支持，对原告主张超出部分该院不予支持。关于被告辩称原告物业服务不到位而缓交物业服务费和电梯费。法院认为，物业服务具有整体性、多面性、连续性的特点，本案原告已实际提供物业服务，被告的抗辩及举证不能充分证明原告提供的物业服务存在根本性违约。如原告在服务过程中存在瑕疵，业主应通过召开业主大会或成立业主委员会实施管理权利。同时，原告作为服务者，应本着积极服务的工作态度，对业主提出的合理建议和要求及时改进，为业主创造良好舒适的生活环境。现被告以不交纳物业费和电梯费来对抗原告提供的服务，显系不妥。故对被告该项辩称不予采信。一审法院判决：被告吴某一次性给付原告永家物业公司自2020年1月1日起至2021年12月31日止的物业服务费及电梯费合计3665元。

一审判决作出后，吴某不服该判决，提起上诉。

二审法院审理认为，本案的争议焦点为永家物业公司提供的管理和服务是否存在较大瑕疵构成违约，物业费应否予以减免。一审中吴某提供了小区环境、消防设备、电梯责任险贴纸等部分的照片、视频资料、消防维修建议等，用于证明永家物业公司在物业管理服务过程中存在瑕疵，虽不构成根本违约但对一般瑕疵也应减免物业费；永家物业提交证据证明其对相关问题进行了整改，履行了养护、维修公共设施、设备的义务，消防问题经协调处理已基本解决，对小区内私占公摊面积违章建筑，予以制止并向有关执法部门做了报告，一楼外墙的广告系一楼商户自用广告，在永家物业公司接手前就已存在，电梯广告费用并未占用，仍留存为业主共有。结合双方证据及当庭陈述，现有证据尚不足以证明永家物业公司的管理和服务存在重大瑕疵。永家物业公司收取物业费用既是对其履行义务的对价报酬，也是保障其正常运转的重要收入来源。在物业服务企业履行了提供物业服务义务的前提下，业主应当向物业服务企业履行交纳物业费的义务。永家物业公司已对案涉小区实施了物业管理服务，并履行了相应的义务，且对服务中的不足进行完善、整改，在物业公司履行物业服务合同无重大瑕疵的情况下，若个别业主以物业公司服务存在一般性瑕疵、较大瑕疵为由拒不完全履行交纳物业费的义务，对已交付物业费的业主显系不公，也不利于物业公司平稳运行、保障物业服务的质量，一审法院判令吴某交纳物业费并无不当。鉴于案涉小区业委会解散后尚未组建，对物业公司物业服务的一般性瑕疵，建议通过召开业主大会或成立业主委员会依法维权，过渡期可通过物业管理部门强化对物业公司服务的监督、管理，更好地维护小区业主的利益。同时，物业公司应不断提高物业服务质量，对业主反映的问题及时改进，共同营造和谐小区。二审法院判决：驳回上诉，维持原判。

法律索引

《中华人民共和国民法典》

第五百零九条第一款 当事人应当按照约定全面履行自己的义务。

第五百六十三条第一款 有下列情形之一的，当事人可以解除合同：……（四）当事人一方迟延履行债务或者有其他违约行为致使不能实现合同目的……

第九百三十九条 建设单位依法与物业服务人订立的前期物业服

务合同,以及业主委员会与业主大会依法选聘的物业服务人订立的物业服务合同,对业主具有法律约束力。

第九百四十四条 业主应当按照约定向物业服务人支付物业费。物业服务人已经按照约定和有关规定提供服务的,业主不得以未接受或者无需接受相关物业服务为由拒绝支付物业费。业主违反约定逾期不支付物业费的,物业服务人可以催告其在合理期限内支付;合理期限届满仍不支付的,物业服务人可以提起诉讼或者申请仲裁。物业服务人不得采取停止供电、供水、供热、供燃气等方式催交物业费。

律师解读

本案涉及的法律问题包括:一是物业服务人是否构成根本违约。根据《民法典》第563条第1款第4项的规定,根本违约是指合同中一方迟延履行或者其他违约行为,导致合同相对方的合同目的落空的严重违约行为。本案根据法院审理查明,永家物业公司已经依照合同约定投入物业服务成本,开展了相应的物业管理和服务工作,虽然在日常的物业服务过程中确实存在一定的管理瑕疵,但在诉讼过程中提交了证据证明其已进行整改,且这些方面的问题不足以导致案涉《物业服务合同》的目的无法实现,因此永家物业公司不构成根本违约。二是业主能否以物业服务人的服务瑕疵进行抗辩拒交物业费。物业服务人的日常管理和服务应当接受业主的监督,在物业管理不符合合同约定,物业服务质量出现问题时,业主有权要求物业服务人进行整改、补救甚至承担违约或赔偿责任。但是,业主拒交物业费和物业服务人的服务质量不合格都属于违约行为,业主不能以物业服务质量问题为由拒绝交纳物业费。本案中,在案涉《物业服务合同》合法有效,永

二、业主不应以物业服务瑕疵为由拒交物业费

家物业公司没有根本违约,且在其已对相关管理问题和服务瑕疵进行整改的情况下,业主再以物业服务质量为理由进行抗辩拒交或主张减免物业费显然没有法律依据或合同依据。

三、门禁卡、电梯卡等不能与物业费进行捆绑

随着现代科技的发展,居民小区的管理越来越智能化、规范化、精细化,如目前小区普遍设置的全方位监控系统、车辆进出自动识别系统、业主进出门禁以及电梯乘坐识别卡等,一方面明显增强了小区的安全保障管理能力,另一方面也便利了业主的日常生活。然而,在运用这些智能手段管理小区的同时,也有个别物业服务人通过智能系统设置障碍等方式,倒逼拖欠、拒交物业费的业主按照规定交纳物业费。比如,将门禁卡、电梯卡等与物业费进行捆绑,业主不按时交纳物业费就停止门禁卡、电梯卡服务,给业主进出小区、乘坐电梯带来极大的不便。但是,这种故意给业主设置障碍的行为是明显违反法律规定的,不能作为催缴物业费的合理手段。

典型案例

业主违反约定逾期不支付物业费的,物业服务人可以催告其在合理期限内支付,但不得采取停止供电、供水、供热、供燃气等方式催缴物业费

案例要旨

业主违反约定逾期不支付物业费的,物业服务人可以催告其在合理期限内支付;合理期限届满仍不支付的,物业服务人可以提起诉讼或者申请仲裁。但是,物业服务人不得采取停止供电、供水、供热、

三、门禁卡、电梯卡等不能与物业费进行捆绑

供燃气等方式催缴物业费。其中也应包括将门禁卡、电梯卡等与物业费捆绑收费,故意给业主设置生产、生活或出行障碍等催缴物业费的方式。

案例内容

原告王某系沈阳市和平区河北街某小区的业主,被告万富物业公司系该小区的物业服务人。万富物业公司经该小区业主大会投票表决后,被第二次聘为该小区物业服务企业。万富物业公司第二次受聘后,对小区门禁系统、电梯系统等进行了升级改造,因王某拖欠物业费,万富物业公司拒绝为其办理门禁卡、电梯卡识别手续,妨碍了王某的居住和出行。万富物业公司曾因原告欠交2016年1月1日至2019年12月31日的物业服务费诉至人民法院,该案审理过程中,人民法院结合案件双方当事人提供的证据、现场查看情况、庭审陈述等,判决原告王某按照应支付物业服务费的80%向物业公司给付,该案件经沈阳市中级人民法院二审,作出维持原判的终审判决。本案中,王某以万富物业公司为被告提起诉讼,要求判决万富物业公司:(1)赔偿不履行物业服务义务和侵占共有部位收益损失8000元;(2)停止捆绑门禁卡、电梯卡,强盗式收费的侵权行为。

一审法院审理认为,首先,原告对自己的主张具有举证义务。本案中,原告主张的一应损失皆为自己估算,却并未提供证据证明损失确实存在及损失的具体数额;其次,原告虽提供了转账回执,但接受款项一方的身份以及接受款项的事由却并无证据证明,且该证据与原告主张的诉求并无关联;再次,共有部位收益依法应由所有业主共有并主要用于补充专项维修基金,或者由业主大会决定用途,不宜也不应以金钱给付方式分配给单一业主;最后,在合理范围内,物业公司

确有权利维护园区基本秩序,本案中,并无证据证明被告万富物业公司作为物业服务企业更新门禁系统的行为超越其权利界限,应界定为合理行使职权。综上,一审法院判决:驳回原告王某的全部诉讼请求。

一审判决作出后,王某不服该判决,提起上诉。

二审法院审理认为,《民法典》第282条规定:"建设单位、物业服务企业或者其他管理人等利用业主的共有部分产生的收入,在扣除合理成本之后,属于业主共有。"本案中,上诉人王某主张被上诉人万富物业公司给付其损失均是以万富物业公司侵犯业主的共有部分的利益为事实基础的,故一审对上诉人主张给其个人损失赔偿未予支持并无不当。关于上诉人主张万富物业公司停止对门禁卡、电梯卡与物业费捆绑收费的主张,《民法典》第944条规定:"业主应当按照约定向物业服务人支付物业费。物业服务人已经按照约定和有关规定提供服务的,业主不得以未接受或者无需接受相关物业服务为由拒绝支付物业费。业主违反约定逾期不支付物业费的,物业服务人可以催告其在合理期限内支付;合理期限届满仍不支付的,物业服务人可以提起诉讼或者申请仲裁。物业服务人不得采取停止供电、供水、供热、供燃气等方式催交物业费。"依据上述法律规定,被上诉人万富物业公司以将门禁卡、电梯卡与物业费捆绑收费的行为显系违法,万富物业公司应当停止该侵害业主的行为,不能为业主正常出行设置障碍。故一审对该事实未予认定错误,法院予以纠正。综上,二审法院判决如下:一、撤销一审民事判决;二、被上诉人万富物业公司停止将门禁卡、电梯卡与物业费捆绑收费的行为;如果万富物业公司未按本判决指定的期间履行义务,应当依照法律规定支付迟延履行金。

三、门禁卡、电梯卡等不能与物业费进行捆绑

🏛 法律索引

《中华人民共和国民法典》

第九百四十四条 业主应当按照约定向物业服务人支付物业费。物业服务人已经按照约定和有关规定提供服务的,业主不得以未接受或者无需接受相关物业服务为由拒绝支付物业费。业主违反约定逾期不支付物业费的,物业服务人可以催告其在合理期限内支付;合理期限届满仍不支付的,物业服务人可以提起诉讼或者申请仲裁。物业服务人不得采取停止供电、供水、供热、供燃气等方式催交物业费。

👤 律师解读

本案涉及的法律问题主要是物业服务人的合法权益否能以损害业主利益的方式实现。虽然在一般合同中,合同相对方的权利和义务应该是对等的,在一方出现违约或者其他情况使另一方权利实现出现障碍时,另一方有权行使不安抗辩权或先履行抗辩权,以确保自己一方的权益不受侵害。但是,在物业服务合同的履行过程中,物业服务人的合同相对人是全体业主,而且物业服务和管理直接关系到业主的生存权,关系到人民群众生活的幸福感、获得感,关系到经济社会的健康稳定发展。因此物业服务人在个别业主欠交或拒交物业费时,不能以此为由利用管理权限和便利,为业主的正常生产、生活设置障碍,限制业主享受部分物业服务。《民法典》第944条第3款明确规定:"物业服务人不得采取停止供电、供水、供热、供燃气等方式催交物业费。"充分体现除了《民法典》的立法目的和现实意义。当然,物业服务人

的合法权益也应当受到法律保护,因此物业服务人完全可以通过法律途径合法向个别业主主张相关的权益,这样既不损害业主的权益,也能充分保障自身的合法权益。

四、服务合同终止后原物业服务人应及时退场

随着小区业主大会、业主委员会(以下简称业委会)等决策机制的不断健全,业主对小区的自治管理程度越来越高、管理方式越来越规范。业主通过业主大会或业委会选聘物业服务人,能够充分发挥业主对物业服务人的监督作用,也有利于物业服务人提高管理能力,提升服务质量,以竞争手段达到优胜劣汰、净化物业服务市场的效果。但是,对于物业服务人而言,提高管理能力、提升服务质量需要支出一定的经营成本,比如,招聘青壮年保安、保洁人员的工资要高于招聘中老年工作人员的工资,因此就会降低相应的经营收益。而对于业主而言,当然要选择更加专业、更加规范、更加精细的物业服务人,为小区打造更加良好的居住生活环境。如此一来,当业主大会选聘新的物业服务人后,原物业服务人的利益就会受到威胁,实践中经常出现原物业服务人不愿退场离开,以各种方式阻挠新物业服务人进驻等情况,甚至诉至人民法院解决纠纷。

典型案例

前期物业服务合同终止后,无论选聘新物业服务人的流程是否合法,原物业服务人均应当依法退出小区的物业管理

案例要旨

小区业委会与新聘物业服务企业签订的《物业服务合同》生效时,

前期《物业服务合同》即终止。前期《物业服务合同》终止后,原物业服务人应当依法退出小区的物业管理。选聘新物业服务企业的流程是否合法,不是原物业服务人拒不退出小区物业管理的理由。

案例内容

2018年1月1日,君盛物业管理有限公司(以下简称君盛物业)受聘为嘉龙小区提供物业服务。2021年3月15日,小区业委会经业主大会选举成立,并取得街道办事处及房地产行政主管部门的备案。嘉龙小区业委会征求业主意见后,于2021年6月7日对外发布《选聘物业公告》,载明了参选物业公司资质和能力、报名和选聘要求等相关信息。2021年6月23日,嘉龙小区业委会在小区内张贴《关于公示报名选聘物业管理企业物业服务承诺的通知》,将参选物业公司的服务承诺在每栋大厅进行张贴公示。2021年7月2日,嘉龙小区业委会张贴《召开第二次业主大会的公告》,约定2021年7月17日至8月1日为投票期,并于2021年8月2日进行唱票。当日,嘉龙小区业委会向五里牌街道办事处申请选聘物业监督。2021年7月6日,嘉龙小区业委会在小区内公示入选物业企业名单为万夏园丁物业管理有限公司(以下简称万夏园丁公司)、昌贤物业管理公司、君盛物业。2021年7月12日,嘉龙小区业委会张贴公告要求业主持身份证验证进行投票。2021年8月27日,嘉龙小区业委会申请岳阳市岳阳楼区公证处对开箱唱票过程进行公证,由业主代表进行拆箱、唱票、计票、统计面积,结果为万夏园丁公司中选物业服务企业。2021年8月31日,嘉龙小区业委会通知万夏园丁公司中选,并通知其前来洽谈物业合同。2021年9月1日,嘉龙小区业委会与万夏园丁公司签订《嘉龙小区物业服务合同》。2021年9月1日,嘉龙小区业委会向君盛物业送达《关于物业管理交接的通知》，要求君盛物业准备相关资料，近日将组织新旧物业进行交接。2021年9月10日，嘉龙小区业委会在小区内对与万夏园丁公司签订的《嘉龙小区物业服务合同》进行公示。2021年9月14日，嘉龙小区业委会通知万夏园丁公司于9月22日之前进场，通知君盛物业退场并做好物业交接事宜。但是，君盛物业认为本案的物业服务企业选聘不合法，拒不退场。嘉龙小区业委会遂向人民法院提起诉讼，请求判决：（1）判令君盛物业立即退出嘉龙小区；（2）判令君盛物业向其交接相关资料和财物。

一审法院审理认为，依据法律规定，在业主委员会与物业服务企业签订的《物业服务合同》生效时，前期物业服务合同即终止。本案中，嘉龙小区在业主委员会成立后，就更换物业管理公司通过书面形式向业主征求意见，嘉龙小区业委会公告选聘程序后，符合法定比例的业主参与了选举，嘉龙小区业委会代表全体业主与万夏园丁公司签订了《嘉龙小区物业服务合同》，在无其他情形导致该物业服务合同无效的情形下，该物业服务合同已生效，前期物业服务合同即终止。首先，关于君盛物业主张嘉龙小区业委会选聘后期物业管理公司不合法问题，法律明确规定受侵害的业主可以请求人民法院予以撤销，前物业公司不是主张该权益的合法主体。因此关于嘉龙小区选聘后期物业管理公司的业主大会决议是否合法，是业主与自治组织及其执行机构之间的内部关系，不能作为君盛物业抗辩而拒不退出嘉龙小区物业管理的理由。其次，关于君盛物业辩称新签订的物业服务合同，由于街道办事处不同意备案故无效的问题，备案并非物业服务合同的生效要求，故对君盛物业的该答辩意见不予采信。一审法院判决：一、君盛物业退出嘉龙小区物业管理；二、君盛物业向嘉龙小区业委会移交《物业管理条例》第29条规定的相关资料。

一审判决作出后,君盛物业不服该判决,提起上诉。

二审法院审理认为,案件的争议焦点为:(1)嘉龙小区业委会与万夏园丁公司签订的《嘉龙小区物业服务合同》是否有效;(2)君盛物业是否应当立即撤离嘉龙小区。关于焦点一,根据《民法典》第278条的规定,经专有部分面积2/3以上的业主且人数占比2/3以上的业主参与表决,经参与表决的业主面积与人数双过半同意,小区业主即可自行选聘物业服务企业。嘉龙小区在业主委员会成立后,依法进行了选聘物业服务企业的投票,并与新的物业服务企业签订了《嘉龙小区物业服务合同》,虽然该合同未在街道办备案,但备案并非物业服务合同的生效要求。在无其他情形导致该物业服务合同无效的情形下,该物业服务合同已生效。君盛物业主张"签字表"存在大量的冒签和代签情形,但君盛物业未提供证据证明,应承担举证不能的法律后果。关于焦点二,嘉龙小区选聘后期物业管理公司的业主大会决议及流程是否合法,是业主与自治组织及其执行机构之间的内部关系,应当由对选聘万夏园丁公司为嘉龙小区物业服务公司不服的业主向人民法院申请撤销,该理由不能作为君盛物业拒不退出嘉龙小区物业管理的理由。嘉龙小区业委会与万夏园丁公司签订的《嘉龙小区物业服务合同》生效后,嘉龙小区与君盛物业签订的前期物业服务合同即终止,根据《民法典》第949条第1款的规定,君盛物业依法应当退出嘉龙小区的管理。二审法院判决:驳回上诉,维持原判。

法律索引

《中华人民共和国民法典》

第二百八十条 业主大会或者业主委员会的决定,对业主具有法律约束力。业主大会或者业主委员会作出的决定侵害业主合法权益的,

四、服务合同终止后原物业服务人应及时退场

受侵害的业主可以请求人民法院予以撤销。

第九百四十条 建设单位依法与物业服务人订立的前期物业服务合同，合同约定的服务期限届满前，业主委员会或者业主与新物业服务人订立的物业服务合同生效的，前期物业服务合同终止。

第九百四十九条 物业服务合同终止的，原物业服务人应当在约定期限或者合理期限内退出物业服务区域，将物业服务用房、相关设施、物业服务所必需的相关资料等交还给业主委员会、决定自行管理的业主或者其指定的人，配合新物业服务人做好交接工作，并如实告知物业的使用和管理状况。原物业服务人违反前款规定的，不得请求业主支付物业服务合同终止后的物业费；造成业主损失的，应当赔偿损失。

第九百五十条 物业服务合同终止后，在业主或者业主大会选聘的新物业服务人或者决定自行管理的业主接管之前，原物业服务人应当继续处理物业服务事项，并可以请求业主支付该期间的物业费。

律师解读

本案涉及的法律问题，一是原物业服务人在合同终止后的法定义务。《民法典》第949条明确规定，原物业服务合同终止后，物业服务人应当在约定期限或者合理期限内退出物业服务区域，将物业服务用房、相关设施、物业服务所必需的相关资料等交还给业主委员会、决定自行管理的业主或者其指定的人，配合新物业服务人做好交接工作，并如实告知物业的使用和管理状况。因此，合同终止后，原物业服务人退场及交接是法律明确规定的义务，原物业服务企业必须遵守。

二是原物业服务人在合同终止后拒不退场的法律后果。根据《民法典》第949条第2款的规定，原物业服务人拒不退场，首先不得再

收取业主的物业费，其次如果给业主造成损失的，还必须进行赔偿。这是由于《物业服务合同》已经终止，物业服务人继续收取物业费没有合同依据，而当业主或业委会明确要求其退场的，拒不退出也是对业主权益的侵犯，依法应当承担相应的责任。当然，如果存在《民法典》第950条规定的情形，即新的物业服务人未产生或业主未决定自行管理接管小区前，为了保障小区的正常运转，允许原物业服务人继续开展物业服务，并可以请求业主支付该期间的物业费。

三是原物业服务人能否以新物业服务企业选聘存在不合法为由，要求撤销业主大会或者业主委员会选聘物业公司的决定或认定新物业服务合同无效。《民法典》第280条第2款明确规定，业主大会或者业主委员会作出的决定侵害业主合法权益的，受侵害的业主可以请求人民法院予以撤销。依据该规定，小区选聘新物业管理公司的业主大会决议是否合法，是业主与自治组织及其执行机构之间的内部关系，受侵害的业主是提起诉讼请求撤销业主大会或者业主委员会不法侵害决定的适格主体，而原物业服务人属于非利害关系人，无权提起此类诉讼，更不能作为其拒不退出物业管理的理由。

物业服务合同终止后，如果业主已不愿接受原物业服务人继续提供服务，原物业服务人强行继续提供服务属于"一厢情愿"，有违诚实信用原则。物业服务人也不应只为了眼前利益，违反法律规定，违反市场竞争机制，而是应当以提高服务质量、完善协商机制等方式，争取业主的信任和支持，避免无谓的纠纷。只有互惠互利，才能实现利益的最大化和长久化。

五、"人防车位"的收益应当归全体业主所有

"人防工程"即人民防空工程,是为保障战时人员与物资掩蔽、人民防空指挥、医疗救护等而单独修建的地下防护建筑,以及结合地面建筑修建的战时可用于防空的地下室。普通的商用及住宅类建筑物在修建时必须同时建设相应的人防工程,而修建好的人防工程平时均是空置,因此开发商多将其设计成地下停车位,也就是现在人们经常提到的"人防车位"。这样既满足了法律规定的人防工程建设要求,也可以满足小区住户的日常停车需要。而基于停车位产生的停车费收益到底应该归谁所有,个别开发商和物业公司及业主之间产生了分歧。

典型案例

在开发商没有证据证明人防工程的建设成本核算在商品房开发成本之外时,应当认定人防工程的建设成本随着房屋销售实际已转化为全体购房业主承担,"人防车位"的收益应当归全体业主所有

案例要旨

"人防车位"的收益应当归建筑物的投资者所有。当开发商没有证据证明人防工程的建设成本核算在商品房开发成本之外时,可以认定人防工程的建设成本随着商品房的销售、业主购房的完成,实际已转化为全体购房业主承担。因此,业主也是人防工程的投资者,"人

防车位"的收益应当归全体业主所有。

案例内容

无锡多益公司作为银鹭国际花园工程项目开发建设单位,经无锡市人民防空办公室批准建造防空地下室,面积为10,248平方米。多益公司称,其拥有经营性车位约760个及"人防车位"200个。多益公司将人防区域范围内的127个车位长期租赁给业主,并明确其对"人防车位"享有权利。多益公司认为,"人防车位"是为了在人防特殊时期满足人民防空工程需要,而在平时避免长期空间闲置、浪费资源而建设的车位,因此其在规划建设中已保留了其中127个"人防车位",作为自己的经营性车位,并按照"人防车位"租赁期限及收费标准,口头委托无锡银鹭物业管理有限公司(以下简称物业公司)管理出租收费。物业公司也将该127个"人防车位"调剂后出租给业主。之后,物业公司向银鹭国际花园业主委员会(以下简称业委会)上交了车位收益的1,968,918.1元,实际为73个"人防车位"和127个经营性车位租金收益,多益公司要求无锡市业主委员会予以返还。一审人民法院组织本案当事人对讼争收益1,968,918.1元对应的车位进行勘察,并调取了小区人防区域图纸。经确认,讼争收益1,968,918.1元对应的车位,在人防区域内的车位有73个,收益为718,655.07元,人防区域外车位有127个,收益为1,250,262.93元。

一审法院认为,本案争议焦点:一是本案讼争的200个车库车位收益1,968,918.1元的性质。二是本案200个"人防车位"收益1,968,918.1元归谁所有。关于争议焦点一,人民法院认定本案讼争的200个车库车位收益1,968,918.1元为"人防车位"收益。关于争议焦点二,《人民防空法》第5条规定,人民防空工程平时由投资者使用管理，收益归投资者所有。此外，人防和物业管理法规均要求对开发利用的人防工程应加以维护管理。本案有证据证明人防工程的建设成本核算在商品房开发成本之内，人防工程的建设成本随着商品房的销售、业主购房的完成，实际已转化为银鹭国际花园全体业主承担。因此，多益公司主张其系人防工程投资者的依据不足，诉讼主张不能成立。一审法院判决：驳回多益公司的诉讼请求。

一审判决作出后，多益公司不服该判决，提起上诉。

二审法院审理认为，人防工程平时由投资者使用管理，收益归投资者所有。本案中，多益公司对是否已将人防工程建设成本分摊到银鹭国际花园商品房基准销售价格之中负有举证责任。现没有证据证明多益公司未将人防工程建设成本分摊到银鹭国际花园商品房基准销售价格之中，故多益公司要求业主委员会返还"人防车位"收益1,968,918.1元，无事实和法律依据。一审诉讼中，多益公司、业主委员会、物业公司均确认讼争的车位中位于人防区域内的73个，人防区域外的127个。但是，多益公司又明确表示将预留的经营性车位127个和"人防车位"73个交由物业公司管理，是为了保证人防特殊时期满足人防工程的需要，避免已长期出租127个"人防车位"腾出的情况。多益公司认为出租的127个车位属于经营性车位，车位租赁收益归其所有，与事实不符。二审法院判决：驳回上诉，维持原判。

法律索引

《中华人民共和国民法典》

第二百五十四条 国防资产属于国家所有。铁路、公路、电力设施、电信设施和油气管道等基础设施，依照法律规定为国家所有的，属于国家所有。

律师解读

本案涉及的法律问题,一是"人防车位"收益的性质。《民法典》第254条第1款规定,国防资产属于国家所有。《人民防空法》第13条规定,城市人民政府应当制定人民防空工程建设规划,并纳入城市总体规划。可以看出,人防工程属于特殊的市政建设工程,其产权属于国家。但是,人防工程建设过程中国家并未实际投资,所以人防工程的产权和投资收益权是应该分开认定的,"人防车位"的收益属于普通的投资性收益,收益应当归投资者所有。

二是人防工程的投资人是谁。根据《建设工程质量管理条例》等相关法律法规中关于建筑物整体竣工验收的规定,人防工程属于综合验收的子项目,必须验收通过才能办理房屋整体权属证书。因此开发商在建设过程中必须配套建设人防工程,开发商是人防工程建设的先期投资人。但是一方面人防工程的产权属于国家,开发商即使单独承担了该部分的建设成本,也无法取得该部分的产权。另一方面开发商的投资是以创造收益为目的的,所以开发商必然要将投资成本以房屋销售的形式转移到房屋购买人身上。所以,开发商主张没有将该部分建设成本摊入整体工程并转移给购房者,是不符合常理的。由此可见,当房屋销售给购房者以后,购房业主就当然成了人防工程的投资者,除非开发商能够举证证明该部分工程的投资未列入销售成本,否则该部分收益就应当归全体购房业主所有。

六、停车费中包含车位租金和停放费是否合理

随着居民生活水平的不断提高,家用汽车的拥有量也在日益增多。家用汽车的逐渐普及提高了人们的家庭生活质量,但是也带来了道路拥堵、环境污染、停车位紧张等一系列问题。而停车交费对于现代城市居民而言也是再正常不过的事情了。一方面停车位紧张导致停车成本日益提高,另一方面物业企业乱收费的现象也很突出,由此产生的停车收费纠纷也在日益增多。对于住宅小区而言,业主最关心的问题就是停车费的构成和停车费收益的分配。其中,停车费的构成并没有明确的法律法规予以规定,目前普遍遵循的是车位租金+停放费的方式。车位租金是车位使用人租用车位而支付给车位产权人的租赁费用,车辆停放费则是物业服务人基于车位管理和物业管理而收取的必要费用。

典型案例

通常所说的小区停车费或称车位费,一般包含车位租金和汽车停放费两部分费用

案例要旨

我们通常所说的小区停车费或称车位费,包含车位租金和汽车停放费两部分。其中,车位租金是停放人向车位产权人支付的车位租赁费用,而汽车停放费则是物业服务人基于物业管理和服务而收取的管理费。

案例内容

原告鲁某系美地小区业主,被告扬州瑞福物业服务有限公司(以下简称瑞福公司)系该小区的物业服务人。原、被告曾签订《美地三期前期物业服务协议》一份,该协议第4条物业管理服务费用第6项约定:"地上车位服务费:80元/月;室内地下车位费:140元/月;专有地下车位服务费:50元/月。"《业主手册》中含有《小区物业管理服务工作指南》,该指南的收费明细中载明露天地面车位、专有地下车位服务费和室内地下车位费的收费标准分别为80元/辆/月、50元/辆/月、140元/辆/月。2020年10月10日,被告向全体业主发出了《关于加强地下人防车辆管理的通知》,告知业主使用地下"人防车位"需办理租赁手续,具体价格为140元/月(租金)+50元/月(停车服务费)。原告鲁某认为,被告将协议中明确约定的140元/月车位费私自提高至190元/月,属于不合理收费。另外,被告瑞福公司曾起诉原告鲁某要求给付物业费,人民法院作出的另案民事判决中,对鲁某就瑞福公司擅自提高室内地下车位费属于违约在先的主张,认为瑞福公司属于违约,鲁某有权要求瑞福公司按照合同履行,如果瑞福公司不予履行,鲁某可另行提起诉讼。因此,原告鲁某向人民法院提起本案诉讼,请求判决:(1)确认地下"人防车位"的使用费用(含汽车停放费、车位租金)为140元/月;(2)要求被告按上述价格向原告出租地下"人防车位"。

法院审理认为,《江苏省物业服务收费管理办法》(苏发改规发〔2018〕3号)第19条规定,本办法所称汽车停放费,是指物业管理区域内用于车位、车库的公共设施设备运行的能耗及维护、保洁、秩序维护、管理服务人员费用以及法定税费等费用。本办法所称车位租金是车位所有权人或管理者将车位采取租赁方式,出租给使用人所收取的费用。地下人防车位的使用费用包括汽车停放费和车位租金。原、被告对物业服务合同中的"车位费"的具体含义产生分歧,原告认为"车位费"为使用地下"人防车位"的全部费用,即包括汽车停放费和车位租金,而被告认为"车位费"仅指车位租金。依据相关法律规定,当事人就有关合同内容约定不明确的,可以协议补充,不能达成补充协议的,按照合同相关条款或者交易习惯确定,仍不能确定的,按照订立合同时履行地的市场价格履行,依法应当执行政府定价或者政府指导价的,依照规定履行。《小区物业管理服务工作指南》中关于"专有地下车位服务费""室内地下车位费"的收费依据均载明为"物价局文件",而仪征市物价局对于车位租金、汽车停放费分别以《关于制定仪征市住宅小区汽车停车位(库)租金标准的通知》《关于公布仪征市普通住宅物业公共服务收费指导价及相关收费标准的通知》予以规定。由于案涉车位为地下"人防车位",还有其特殊性,其车位租金应用于人防工程的维护、维修,其汽车停放费用于保洁、秩序维护、管理服务人员费用等,两种用途不同,理应予以区分。被告分别按140元/月、50元/月收取地下"人防车位"租金、汽车停放费,均为政府指导价最高限价的70%左右。故对于被告主张"车位费"为车位租金的意见,法院予以采纳,对于原告要求确认地下"人防车位"的使用费用(含汽车停放费、车位租金)为140元/辆/月和被告以该价格出租地下"人防车位"的诉讼请求,法院均不予支持。人民法院最终判决:驳回原告鲁某要求确认地下"人防车位"的使用费用(含汽车停放费、车位租金)为140元/月、被告瑞福公司按该价格向原告出租地下"人防车位"的诉讼请求。

法律索引

《中华人民共和国民法典》

第二百五十四条第一款 国防资产属于国家所有。

第二百七十五条 建筑区划内，规划用于停放汽车的车位、车库的归属，由当事人通过出售、附赠或者出租等方式约定。占用业主共有的道路或者其他场地用于停放汽车的车位，属于业主共有。

第二百八十五条 物业服务企业或者其他管理人根据业主的委托，依照本法第三编有关物业服务合同的规定管理建筑区划内的建筑物及其附属设施，接受业主的监督，并及时答复业主对物业服务情况提出的询问。物业服务企业或者其他管理人应当执行政府依法实施的应急处置措施和其他管理措施，积极配合开展相关工作。

第二百八十七条 业主对建设单位、物业服务企业或者其他管理人以及其他业主侵害自己合法权益的行为，有权请求其承担民事责任。

律师解读

停车位是现代小区中必不可少的基础设施。小区停车位大致可分为三类，一是业主产权车位，即小区业主在购买房屋时出资购买或开发商附赠的停车位，这种由业主购买或获赠后可办理权属证书的车位属于业主的产权车位。二是小区公用车位，这类车位利用的是小区共有部分，在小区建设时开发商已规划设计或建成后物业服务人为满足业主停车需求而划定的车位，如小区地上公用空间的车位等。三是人防工程车位，是人防工程建成后，开发商或物业服务人为避免长期闲置空置而划定的车位。

六、停车费中包含车位租金和停放费是否合理

对于第一种类型即业主的产权车位,因为产权属于业主所有,因此业主使用车位停放车辆不须交纳租赁费,只需交纳物业管理费即可。第二种类型的小区公共车位,因为占用了业主的共有空间,因此停车的业主等同于向全体业主租用了该车位,因此在交纳物业管理费的基础上还要再交纳相应的车位租赁费。而第三种类型的"人防车位",虽然人防工程的产权属于国家,但是人防车位的收益属于投资人,也就是全体业主。因此可以理解为物业服务人是代全体业主向外出租车位并收取租赁费,业主在租用该车位时也应当支付租赁费和物业管理费。可以看出,无论哪种类型的车位,都必须交纳的是物业管理费,也就是汽车停放费,这是因为物业服务人基于对车位的管理和小区的服务,需要收取一定的费用来支付日常的运营和管理成本,还要赚取一定的利润以保证企业的持续健康发展。

本案中,被告要求原告支付"人防车位"的车位费(通常所说的停车费)中包括车位租赁费和汽车停放费两项费用,其属于合理的收费要求。物业服务人收取的车位费最终去向,人民法院在判决中也已经明确:"其车位租金应用于人防工程的维护、维修,其汽车停放费用于保洁、秩序维护、管理服务人员费用等。"可以看出,人民法院认定的车位费中,车位租金应用于车位对应的公用设施、设备的维修和维护,其利益惠及全体业主。而汽车停放费则主要用于物业服务人提升管理和服务质量,利益主要用于填平物业服务人的服务成本。如果按照原告的主张,则该部分车位只收取停放费(车位租金),则会使物业管理人的管理成本无法得到填平,损害了物业管理人的利益。而如果业主将停放费等同于管理费,则会导致个别车位使用人受益,而使全体业主利益受损。业主对物业服务人使用费用的情况也享有监督权和知情权,至于物业服务人是否

完全按照正确的方式支配使用费用，业主或业主大会（业主委员会）可另行选择有效的方式进行监督和制约，确保业主的利益不受损害。

七、业主被隔离桩设施绊伤物业服务人须担责

物业服务人的工作职责之一是以各种管理和服务避免业主出现安全事故,造成业主权益受损。因此物业服务人在其管理和服务的区域内,应对该区域的安全管理负责。然而,事故是否会发生并不会因物业服务人的意愿而改变,即使再严密的保障措施、再周到的信息提示、再严格的巡逻检查,有些事故终究难以避免。只要事故发生,物业服务人就有可能成为业主主张损害赔偿的对象。但是,法律并不强人所难,比如,《民法典》明确规定,被侵权人对同一损害的发生或者扩大有过错的,可以减轻侵权人的责任;损害是因受害人故意造成的,行为人不承担责任;因不可抗力不能履行民事义务的,不承担民事责任;等等。虽然法律提供了物业服务人主张免责的相关依据,但是通常情况下业主的举证,是围绕权益损害发生的事实、物业服务人缺乏必要管理措施和安全提示,以及权益受损与物业疏于管理的因果关系展开的,举证的难度相对较小;而物业服务人则要针对已采取的安全管理措施和防护提示等进行反证,举证难度相对较大,一旦举证不能就要承担不利的法律后果,法院就可能推定物业服务人存在过错,判令其承担相应的赔偿责任。

典型案例

物业服务人实际工作存在疏忽或者漏洞，致使业主因此受到伤害的，即使业主自身存在一定的过错，物业服务人也须承担相应的赔偿责任

案例要旨

物业服务人在服务和管理的区域内安装设施设备、设置警示标识等，属于履行物业管理职责的具体体现，其出发点和目的应当予以肯定。但实际工作如果存在疏忽或者漏洞，提示、警示不到位等，致使业主因此受到伤害的，即使业主自身存在一定的过错，物业服务人也须承担相应的赔偿责任。

案例内容

原告古某某系某镇东方明珠小区的住户。被告H物业公司受聘为东方明珠小区提供物业服务，以及管理该小区外的东方明珠广场的卫生清洁和设施维护等。2020年12月6日凌晨，原告古某某从东方明珠广场对面的某超市前横穿马路，欲经东方明珠广场回家。在原告进入东方明珠广场时被安置在广场路沿上两根隔离桩间的铁链绊倒并致其左腕受伤。后原告被送往医院住院治疗至12月26日。住院期间，医院为原告进行了左桡骨远端骨折切开复位固定、韧带修复术。原告的出院证明记载，诊断意见为：(1)左桡骨远端骨折。(2)左尺骨茎突骨折。(3)左腕和腕关节韧带断裂。(4)孤立性肺结节。医生建议出院后休息3个月，在此期间避免患肢负重。并在骨折愈合后进行内固定取出术。本次住院共计发生医疗费15,838.75元，扣除保险报销

后，原告实际支付了4300元。2021年2月25日，医院给原告出具病情证明书，要求原告骨折愈合后到医院进行内固定取出手术，预计费用约为8000元。2021年2月22日，原告委托专业机构依照《人体损伤致残程度分级》鉴定标准对其伤残程度进行评定。鉴定结果：古某某左腕部损伤评定为十级伤残。原告为此支付鉴定费1000元。因原告古某某与被告H物业公司未就赔偿事宜达成一致意见。原告遂向人民法院提起诉讼，要求判决：被告H物业公司承担因管理不当给原告造成的损失共计112,646.75元（含医疗费、后续医疗费、误工费、护理费、伙食补助费、鉴定费、伤残补助金、精神抚慰金）。人民法院审理过程中查明，案涉的东方明珠广场段没有设置斑马线，广场边路沿上设有数十个警示隔离桩，该隔离桩主要用于提醒和警示机动车不得进入广场内。但分布在广场上的众多隔离桩，仅有原告受伤处的两个桩体进行过改动，在该两个桩体间加装了铁链，且设置铁链的位置并未设置安全警示标识。原告找被告公司负责管理该小区的物业经理协商赔偿事宜时，被告公司物业经理认可铁链是物业公司安装，目的是阻拦车辆驶入广场。原告受伤后，致原告受伤的铁链已经被拆除。

法院审理认为，公共场所的管理人负有在合理范围内保护他人人身和财产安全的义务。如果未尽到安全保障义务，造成他人损害的，应当承担相应的赔偿责任。被告H物业公司作为东方明珠广场和小区的物业管理人，在履行物业管理职责时，安装铁链阻拦机动车进入广场，以便更好地保障广场内行人的安全，其出发点和目的应当予以肯定。但被告在安置铁链时，未在改装后的警示桩旁设置安全警示标志，致原告在该处被铁链绊倒受伤，被告应对原告的损失承担相应的赔偿责任。原告作为东方明珠小区的住户，其明知在东方明珠广场边路沿某处设置有阻止车辆进入的铁链,但其在晚归时并未有意识避开存在安全风险的路段,原告亦未对自身安全尽到足够的注意义务。故根据《侵权责任法》第26条(现为《民法典》第1173条)"被侵权人对损害的发生也有过错的,可以减轻侵权人的责任"之规定,原告对损害后果也应承担一定责任。综上,酌情确定被告应承担60%的赔偿责任。法院最终判决:被告H物业公司按照60%的责任支付原告古某某赔偿款。

法律索引

《中华人民共和国民法典》

第九百三十七条第一款　物业服务合同是物业服务人在物业服务区域内,为业主提供建筑物及其附属设施的维修养护、环境卫生和相关秩序的管理维护等物业服务,业主支付物业费的合同。

第一千一百九十八条第一款　宾馆、商场、银行、车站、机场、体育场馆、娱乐场所等经营场所、公共场所的经营者、管理者或者群众性活动的组织者,未尽到安全保障义务,造成他人损害的,应当承担侵权责任。

第一千一百七十三条　被侵权人对同一损害的发生或者扩大有过错的,可以减轻侵权人的责任。

律师解读

本案涉及的法律问题主要体现在两方面,一是物业服务人对服务区域内的安全保障义务应尽的程度。物业服务人依据《物业服务合同》为业主提供物业管理和服务,并收取物业服务费,在物业服务区域内应对业主的安全负责。根据《民法典》第1198条第1款的规定,宾馆、商场、银行、车站、机场、体育场馆、娱乐场所等经营场所、公共场所的经营者、管理者或者群众性活动的组织者，未尽到安全保障义务，造成他人损害的，应当承担侵权责任。以本案为例，事故发生在小区广场，既是小区业主的活动范围，又属于社会公共场所，作为物业服务人依法应当承担该区域的安全保障义务。物业服务人履行安全保障义务的措施主要包括设置安全防护设施、加强区域巡逻巡查、作出安全防范提示、强化安全教育宣传等，但是这些工作所达到的程度是物业服务人在业主发生事故后能否免责的主要因素。比如，安全设施设备是否经常检修、能否正常启用，重点区域的巡逻巡查是否经常、有效，安全教育宣传是否具有针对性，安全防范提示的位置是否醒目、内容是否清晰等。作为物业服务人要想在每个方面都能做到尽善尽美实属不易，这也是业主就安全事故起诉物业服务人屡屡获得支持的原因。

二是业主本人在事故中存在过错是物业服务人相对免责的事由。根据《民法典》第1173条的规定，被侵权人对同一损害的发生或者扩大有过错的，可以减轻侵权人的责任。虽然法律明确规定被侵权人在损害事件发生中存在过错可以减轻侵权人的责任，但是被侵权人过错与侵权人减轻责任之间的比例并没有明确，这给司法裁判者的自有裁量留下了较大的空间。例如本案，法院审理认为原告对损害后果也应承担一定责任，因此"酌情"确定被告应承担60%的赔偿责任，这也是法官自由裁量权行使的具体体现。虽然说自由裁量权是法律条文与社会实际紧密结合的重要桥梁，但是自由裁量权的行使对法官本身的法律素养要求极高，而且自由裁量权客观上也会使法律适用存在很多漏洞，导致同法不同判、同判不同罚等问题的出现。由此，我们期待有更明确、更具体、更实用的法律条文或司法解释能够解决这些问题。

八、业主抄近道回家致摔伤物业服务人不担责

城市化的快速推进使城市小区数量不断增多、规模日益扩大,小区数量增多、规模扩大使业主与物业服务人之间存在的矛盾也日渐突出。特别是各地小区内业主意外事故时有发生,一旦有人在小区内受伤,往往第一时间要求物业服务人进行赔偿,甚至起诉到法院通过法律途径解决争议。而物业服务人的管理和服务具有点多、面广、布局分散、人员流动大等特点,很难举示充分的证据对业主的主张予以反驳,人民法院也从保护弱势一方和息事宁人的角度,倾向于判决物业服务人承担一定的赔偿责任。由此一来物业服务人的责任范围呈现无限扩大的趋势,物业服务人是"哑巴吃黄连,有苦说不出"。但是,随着近年来大多数物业服务人物业管理能力的不断提升、管理手段的现代化,物业服务人逐渐开始扭转了被动的局面。而且司法实践中裁判者的思维也在逐渐转变,朝着公平公正的方向发展。

典型案例

受害人系因贪图方便、自甘风险、破坏管理秩序或社会公德等方面的行为导致危险的发生,物业服务人不应成为"背锅侠"

案例要旨

物业服务人对其提供服务的区域负有安全保障义务,但该义务并非意味着受害人可以免除照顾自身安全的义务。如果受害人系因为贪

八、业主抄近道回家致摔伤物业服务人不担责

图方便、自甘风险、破坏管理秩序或社会公德等方面的行为导致危险的发生,则属于自身过错导致的损失,由此造成的任何损失均应当自行承担,物业管理人不应成为"背锅侠"。

案例内容

2021年5月的一天,杭州的Z先生开车外出办事后回家,因为小区停车位紧张,遂将车辆停放至杭州某物业公司经营和管理的停车场内,然后下车步行回家。在下车离开时,Z先生发现停车场内花坛绿化带护栏处有一缺口,因嫌停车场出口路远,便萌生了穿过绿化带到马路的念头。在他一边接听手机,一边在花坛通行的过程中,突然摔倒在地,由于摔伤严重不得不入院治疗。Z先生认为,花坛内的塑料窨井盖没有盖好,导致其踩到窨井盖时摔伤,杭州某物业公司作为窨井设施的管理人应当承担侵权责任,要求其赔偿医疗费、误工费、交通费等损失7000余元。

法院审理认为,杭州某物业公司无须承担民事责任。首先,Z先生作为完全民事行为能力人,应当知道花坛绿化带并非供行人通行,却为贪图方便,自甘风险,擅自穿行绿化带,主观上有过错。从监控视频可以发现,Z先生穿越停车场非通行区域的绿化带时,行走匆忙且接听手机,在此过程中发生了不慎摔倒受伤的情况,损害发生系Z先生疏于对自身的安全注意义务所致,应自行承担责任。其次,Z先生提供的视频、照片等证据也无法证明其摔倒受伤系被告管理的窨井设施造成。即Z先生诉称的其摔倒受伤是因为窨井盖不平整导致其身体失去平衡,事实依据不足。最后,该窨井设施设置在装有护栏的绿化带内,且加盖了窨井盖,物业公司作为窨井设施的管理人,已尽到了管理人的适当注意义务,其并无义务确保该窨井盖保持与花坛草坪

地面平整并达到供行人通行的标准。综上，法院判决：驳回 Z 先生的诉讼请求。

法律索引

《中华人民共和国民法典》

第一千一百七十四条　损害是因受害人故意造成的，行为人不承担责任。

律师解读

在业主诉物业服务人损害赔偿纠纷中，通常依据的是侵权行为的相关法律规定。针对侵权行为，法律规定的归责原则一般是过错责任原则，即加害人只有存在过错的情况下才承担相应的民事责任，没有过错就不承担民事责任。关于过错责任的有无，原则上应由受害人负举证责任，为进一步保护受害人，法律还规定了特殊情况下举证责任倒置的规则。虽然物业侵权纠纷中没有举证责任倒置的规定，但是业主作为受害人的举证难度相对较小，物业服务人如果不举出强有力的证据予以反驳，就很容易陷入被推定具有过错的境况，很难获得人民法院的支持而免除责任。这也使越来越多的业主抓住物业服务人的软肋，只要发生相关的伤害事故，就必须把物业服务人拉进来"背锅"。而本案中裁判者拒绝"和稀泥"式的裁判，从根本上没有支持受害人的主张。可以看出，人民法院明确认为物业服务人对其提供服务的区域负有安全保障义务，但该义务并非意味着受害人可以免除照顾自身安全的义务。本案中，当事人 Z 先生为贪图方便，自甘风险，擅自穿行绿化带，不但疏于对自身的安全注意义务，同时任意踩踏草坪这种不文明行为也违背了社会公德,其因自身过错导致的损失应自行承担。本案的判决将物业服务人安全保障义务的范围限制在了"合理范围",避免物业服务人沦为"背锅侠",对处理同类事件也具有很强的参考意义。

第七部分

常见合同法律问题

一、几种常见的合同纠纷

1. 疫情期间房租纠纷问题

突如其来的新冠肺炎疫情一直持续至今,这一突发的重大公共卫生事件,不仅对全人类生命安全造成了前所未有的威胁,也使我国的社会矛盾纠纷在表现类型、发生场域、解决形式等方面出现了重大变化,催生了众多新型的民事纠纷案件。这些特殊时期的特殊法律问题该如何处理,是摆在当前的一项重要司法实践课题。妥善处理疫情下的法律纠纷,不仅有助于化解社会稳定风险、构建和谐社会关系,也有利于体现新时代中国特色社会主义法治的优越性。

另外,作为纠纷当事人,应当秉承客观的态度、恪守诚信的原则,积极面对和化解纠纷,在维护自身合法权益的同时确保他人的权益得以实现。笔者相信,"飘风不终朝,骤雨不终日",再恐怖的疫情、再艰难的日子都会过去。在抗击疫情的日子里,真诚希望每一个人珍惜防疫工作者"一年三百六十日,多是横戈马上行"的艰辛付出,珍视他们"一腔热血勤珍重,洒去犹能化碧涛"的牺牲精神,自觉激发出中华民族骨子里"雨打灯难灭,风吹色更明"的坚韧顽强,展现出"不畏浮云遮望眼,自缘身在最高层"的高超智慧,在坚持防疫、共克时坚的同时,共同肩负起疫情带给我们的社会责任。

典型案例

在疫情突发期间，人们更应遵循诚实信用原则和鼓励交易原则，通过协商调整合同履行期限、履行方式或价款数额等，维持合同权利义务的平衡状态，促进市场交易的持续稳定，维护经济社会的平稳发展

案例要旨

民商事主体在从事民商事活动中，应当根据法律的基本原则和立法精神，结合具体法律规定，明确合理预期，约束经济行为，正确处理履行中的合同关系，即使受疫情等突发事件的影响也应如此。在疫情突发期间，更应遵循诚实信用原则和鼓励交易原则，通过协商调整合同履行期限、履行方式或价款数额等，维持合同权利义务的平衡状态，促进市场交易的持续稳定，维护经济社会的平稳发展。

案例内容

2019年11月21日，北京某Y服装公司（以下简称Y公司）作为甲方（出租方）、穆某某作为乙方（承租方）签订了《商贸用房租赁合同》（以下简称案涉合同），约定乙方承租Y公司位于北京某商城的商铺用于经营服装销售。合同约定，乙方在租期内中途退租，属于乙方违约，乙方无权要求退还押金，同时甲方保留向乙方索赔的一切权利。未经甲方书面同意，乙方连续关门停止营业达5日（含5日）或任意截取的30天时段关门停止营业累计达10日（含10日），视为乙方中途退租。案涉合同签订后，Y公司向穆某某交付案涉房屋，穆某某向Y公司支付押金8万元及截至2020年3月31日前的租金、管理费。此后，穆

某某未再向Y公司支付租金或费用。

2020年4月22日,Y公司向包括穆某某在内的商户发送通知,通知载明:考虑到疫情影响,Y公司决定把本应在3月中旬完成的租金收缴工作推迟到2020年5月11日开始。同时,Y公司决定与各商户共同承担损失,给予相当幅度的减免和优惠,具体政策以缴费通知为准。穆某某收到通知后未按时向Y公司支付租金。

2020年6月3日,Y公司在案涉房屋处张贴"通告"并在案涉房屋上张贴封条,提出终止合同收回房屋。穆某某收到通知后未按时与Y公司联系搬离事宜。之后,穆某某向人民法院提起诉讼,请求判决:解除涉案合同,Y公司退还押金8万元、租金12,400元及部分市场管理费5600元。Y公司提出反诉,请求判决:穆某某支付房屋租金13,020元及滞纳金、市场管理费及部分时段的房屋占有使用费等。

本案审理中,穆某某表示疫情期间商场客流量锐减,致使其签订合同目的无法实现,故2020年2月17日以来未开门营业。Y公司表示受疫情影响,商场客流量确有下降,但并未阻止客户进出大厦,特别是5月之后,无论是商户还是客人,只要登记即可进入。

法院审理认为,案涉合同系双方真实意思表示,不违反法律、行政法规的强制性规定,双方均应依约履行。本案的争议焦点,一是何方当事人有权解除案涉合同,二是案涉合同解除的法律后果。

一、何方当事人有权解除涉案合同

(一)穆某某有无权利解除涉案合同

本案中,穆某某主张依据"不可抗力"规则行使案涉合同的解除权。法律明确规定,因不可抗力致使不能实现合同目的,当事人可以解除合同;因不可抗力不能履行合同的,根据不可抗力的影响,部分或者全部免除责任。根据上述规定,穆某某若依据"不可抗力"规则解除案涉合同，需要满足两项条件：其一，疫情对案涉合同履行构成不可抗力；其二，穆某某受疫情影响无法实现合同目的。法院经审理认为上述两项条件均未成就，具体理由如下。

首先，疫情并未导致穆某某无法使用案涉房屋。根据本案查明的事实，Y公司已通知穆某某商场自2020年2月17日开始营业；在此之后，穆某某亦可自由进入案涉房屋。虽然疫情确对穆某某业务开展、业绩经营产生一定影响，但对穆某某使用案涉房屋并用于经营而言，并未构成"不能预见、不能避免并不能克服"之客观情况，现有证据亦足以证明疫情期间案涉房屋仍在使用，即使未能正常经营，也主要是因为穆某某拒绝开门营业；退一步讲，即便受疫情影响，案涉房屋无法发挥全部经济效用，但双方仍可通过变更合同履行期限、履行方式、价款数额等方式，重新达至权利义务平衡的状态。因此，本案中疫情对于房屋租赁而言，不构成不可抗力。

其次，疫情亦未导致案涉合同目的无法实现。承租人取得房屋使用权用于经营，出租人取得相应租金系租赁合同之主要合同目的。本案中，Y公司已依约履行将案涉房屋交付给穆某某之主要合同义务，穆某某的主要合同目的已获实现。至于穆某某陈述因商场客流量减少致其无法经营获利之意见，因该目的仅为穆某某通过租赁案涉房屋并以之经营的间接目的，而非双方签署案涉合同的直接目的；并且该目的亦非仅仰赖客流量予以实现，亦可在短期内通过变更经营模式、加强线上交易等方式积极增加创收，特别是考虑到案涉合同的长期性、防控措施的暂时性，实难称为合同目的无法实现。

综上，穆某某无权依据"不可抗力"规则在不承担任何责任的情况下即主张解除案涉合同。

（二）Y公司有无权利解除案涉合同

《最高人民法院关于依法妥善审理涉新冠肺炎疫情民事案件若干问题的指导意见（二）》第5条虽明确规定，承租房屋用于经营，疫情或者疫情防控措施导致承租人资金周转困难或者营业收入明显减少，出租人以承租人没有按照约定的期限支付租金为由请求解除租赁合同，由承租人承担违约责任的，人民法院不予支持。但该项规定的实质在于针对疫情或者疫情防控措施对合同履行的影响，尽量鼓励和推动合同的履行，力求将各方当事人损害降到最低，将疫情对市场秩序的影响降到最低，有效助力和推动复工复产，促进经济社会发展。具体到本案，疫情暴发伊始，在穆某某未按约缴纳租金时，Y公司考虑到疫情影响，并未向其催缴；疫情应急响应级别下调之后，Y公司虽然开始催缴租金，但同时根据实际情况提出相应的租金缴纳方案及减免措施，且减免幅度与国有企业大体相当；在穆某某超过其所规定的缴费时间半月有余仍未缴纳租金时，Y公司才以张贴通知的方式要求解除涉案合同、收回房屋，其已尽到"诚实信用""鼓励交易"之义务。反观穆某某，疫情期间迟延支付租金，并经Y公司给予减租、免租以及缓缴租金等优惠措施后既不与Y公司协商，亦不支付租金，且未正当使用案涉房屋，而是任由案涉房屋空置。即使穆某某提交的证据足以证明疫情或者疫情防控措施导致资金周转困难或营业收入明显减少，但在该时点，穆某某已无履行合同之意愿，而是坚持主张解除合同，因此并不属于上述指导意见规定的情况。在此情况下，穆某某拒付租金，并经Y公司催要后仍拒不缴纳，并以自己的行为明确表示不再履约，构成根本违约，Y公司有权按照法律规定和合同约定解除案涉合同。

综上，Y公司于2020年6月3日在案涉房屋张贴通告，通知穆某某解除案涉合同、收回案涉房屋，系行使合同解除权，故案涉合同于该日解除。

二、案涉合同解除的法律后果

法律明确规定当事人一方不履行合同义务或者履行合同义务不符合约定的，应当承担继续履行、采取补救措施或者赔偿损失等违约责任。本案中穆某某构成根本违约，故应当按照上述规定向Y公司承担相应的违约责任。

（一）关于房屋租金

法院综合考虑客流的减少程度、防控措施力度的大小等因素，酌情确定2020年2月1日至2020年4月30日，穆某某按原租金标准减半向Y公司支付租金；2020年5月1日至2020年6月3日，穆某某按原租金标准的80%向Y公司支付租金。

（二）关于占有使用费

Y公司解除案涉合同后，穆某某未按约向Y公司返还案涉房屋，故其应向Y公司支付相应期间（2020年6月4日至2020年11月25日）的房屋占有使用费。关于房屋占有使用费标准，法院综合考虑穆某某实际占有使用案涉房屋的情况、当事人过错程度、疫情对案涉房屋使用的影响等因素，酌情确定穆某某按照案涉合同所约租金标准的80%向Y公司支付占有使用费。

（三）关于市场管理费

案涉合同履行期间，穆某某应依约向Y公司支付市场管理费。关于市场管理费标准，法院依据案涉合同约定标准，综合考虑穆某某使用案涉房屋情况，参照穆某某租金支付标准，酌情确定穆某某应向Y公司支付的市场管理费具体数额。

（四）关于押金/违约金

案涉合同约定，穆某某违约时Y公司有权扣留穆某某全部的押金作为对Y公司的赔偿。法院认为，该项约定的实质意义为穆某某构成违约时，应当赔偿相当于押金数额的违约金，并以押金予以抵扣。本案中，因穆某某构成根本违约，Y公司虽然有权依据该项约定将穆某某支付的押金作为违约金予以扣留，但因该违约金标准畸高，且穆某某明确申请法院酌情降低，故法院综合考虑本案实际情况、穆某某的过错程度、Y公司的实际损失以及预期利益，酌情判处穆某某赔偿Y公司相当于3个月租金标准的违约金；剩余部分，根据押金的性质及案涉合同约定，在抵扣穆某某应当支付的相应费用后，Y公司应当返还穆某某。关于迟延履行违约金（滞纳金），因Y公司已就穆某某迟延支付租金解除案涉合同并主张解约违约金，受穆某某违约所造成的损失已获填平，故其无权再行主张滞纳金。

三、法院需特别说明的问题

疫情突发，作为参与经济活动的民商事主体，应当根据《合同法》的基本原则和立法精神，结合相应的法律规定，明确合理预期，约束经济行为，正确处理正在履行的合同，法院亦据此裁判。具而言之，在商业租赁领域，民商事主体应当遵循诚实信用原则和鼓励交易原则，法院对此分项论述如下。

（一）诚实信用原则

诚实信用是人类社会普遍崇尚的基本价值。诚实信用原则要求行为人恪守诺言、诚实不欺，在不损害他人利益和社会利益的前提下追求自己的利益，被公认为民商事活动的根本原则。在疫情的背景下，对于疫情所带来的暂行性困难，当事人基于诚实信用，应当本着"共担风险、共渡难关"的精神，互谅互让、调解协商解决纠纷。具体到本案中，新冠肺炎疫情发生以后，Y公司针对承租人营业额下降、资金回笼困难等实际，主动延迟缴租时间、合理降低租金标准、积极推动合同继续履行，通过各项措施分担疫情所造成的损失，充分践行了诚实信用原则，体现了企业在疫情防控面前的担当精神，法院对此予以肯定。反观穆某某，其未按期支付租金，违约之后亦未与Y公司协商继续履约的条件，且在Y公司放宽租金缴纳期限及作出租金减免措施，案涉商场商户十之七八选择继续履约后，亦未支付租金及就此与Y公司作进一步沟通，甚至双方纠纷发生后，仍然拒绝与Y公司就案涉合同解除、案涉房屋腾退等事宜进行协商，反而一纸诉状诉至法院，要求解除合同、赔偿损失。穆某某的上述行为，将风险转嫁对方，明显违反了诚实信用原则，法院对此予以否定。

（二）鼓励交易原则

市场主体越活跃，市场活动越频繁，市场经济才能真正得到发展。通过维护合同的效力，尽力鼓励当事人交易，是社会经济发展和进步所必需。鼓励交易原则要求当事人恪守合同约定，严格限制合同解除条件。疫情及防控措施在一定时期内确对经济社会产生了重大影响，以本案所涉商业租赁为例，大量业主房屋空置、收租困难，多数租户经营困难、收入锐减，各方利益均遭重创，社会整体经济增速减缓。正是基于此种背景，为了更快、更好地摆脱低迷形势，保持经济活力，政府有关部门及各级法院先后出台各项行政、司法政策，通过减免租金、延长租期、变更支付方式等措施，平衡各方风险利益，明确各方权利义务，积极引导当事人协商和解、共担风险、共渡难关，最大限度地促进既有合同积极履行。就本案而言，疫情及防控措施虽然导致穆某某收入受到一定影响，但是并未导致其根本无法使用房屋进行经营。即使在疫情最为严重的阶段，穆某某亦可通过拓展新的经营模式进行创收，而非"闭门谢客"、任由案涉房屋闲置，直至诉讼期间法院组织双方协商时，Y公司才收回案涉房屋。在合同履行期限未至1/6的情况下，穆某某因为一时的困难断然解约，将风险全部转嫁给Y公司，不仅导致案涉合同不能继续履行，并且造成社会财富的极大浪费，与相关政策精神明显相悖，更违反了鼓励交易原则。

法院认为，越是艰难困苦的外部环境，当事人越应克服困难积极履约，大而言之，是为国家、为社会贡献自己的力量；小而言之，是公民践行诚信等社会主义核心价值观的直接表现。法院正是基于上述考虑，认为穆某某系案涉合同不能履行的主要原因及直接责任人，构成根本违约，并据此作出裁判。法院希望双方当事人能够认真对待本案判决、清楚认识法院所持基本立场与价值导向；更希望双方在以后的经济生活中，在遵循诚实信用原则和鼓励交易原则的基础上，本着"共担风险、共渡难关"的精神，按照相关政策和判例确定的标准，以更为积极的态度和行为，主动与对方协商解决纠纷，促进合同切实履行，以使责归其位、物尽其用，在经济形势不甚理想的当前阶段，努力为增进而非浪费社会财富贡献自己的力量。

综上，法院最终判决：一、穆某某与Y公司签订的《商贸用房租赁合同》于2020年6月3日解除；二、穆某某给付Y公司欠付租金2356元、房屋占有使用费28,437.3元、市场管理费1064元（均由穆某某支付的押金予以抵扣）；三、穆某某赔偿被告Y公司违约金18,600元（由穆某某支付的押金予以抵扣）；四、Y公司退还穆某某押金29,542.7元。

法律索引

《中华人民共和国民法典》

第一百八十条　因不可抗力不能履行民事义务的，不承担民事责任。法律另有规定的，依照其规定。不可抗力是不能预见、不能避免且不能克服的客观情况。

第五百六十三条　有下列情形之一的，当事人可以解除合同：（一）因不可抗力致使不能实现合同目的；（二）在履行期限届满前，当事人一方明确表示或者以自己的行为表明不履行主要债务；（三）当事人一方迟延履行主要债务，经催告后在合理期限内仍未履行；（四）当事人一方迟延履行债务或者有其他违约行为致使不能实现合同目的；（五）法律规定的其他情形。以持续履行的债务为内容的不定期合同，当事人可以随时解除合同，但是应当在合理期限之前通知对方。

第五百七十七条　当事人一方不履行合同义务或者履行合同义务不符合约定的，应当承担继续履行、采取补救措施或者赔偿损失等违约责任。

律师解读

一场突如其来的新冠肺炎疫情不仅搅乱了人们的日常生活，也搅起了众多的法律纠纷。笔者在中国裁判文书网中以"疫情""合同纠纷"为关键词进行搜索，共检索到328,933篇裁判文书。经统计，涉疫案件集中发生在2020～2022年，共有324,050篇裁判文书，其中2020年为124,117篇、2021年为150,273篇、2022年1～8月为49,660篇。这些数据充分说明新冠肺炎疫情发生以来，涉疫案件的数量在激增，由疫情引发的合同纠纷案件不断出现在司法实践中。从案由分布情况可以看出，民事案件中最为主要的涉疫纠纷为房屋买卖合同纠纷、借款合同纠纷、租赁合同纠纷和劳动争议案件。本案即众多涉疫租赁合同纠纷中的一件。

本案判决中，人民法院已对案涉问题进行了详细分析和细致论理，判决认定的事实清楚，责任分配明晰，适用法律正确。尤其在最后部分，为了表明裁判的价值导向，人民法院特意就案涉的"诚实信用原则"和"鼓励交易原则"进行了充分说明，笔者完全赞同人民法院的裁判原则和价值导向。正如判决所言，越是艰难困苦的外部环境，我们越应克服困难积极履约，大而言之是为国家、为社会贡献自己的力量；小而言之是公民践行诚信等社会主义核心价值观的直接体现。笔者认为，无论我们是否身处疫情环境中，都应当严格遵循诚实信用原则和鼓励交易原则，以积极的态度和行为主动与相对方协商解决纠纷，促进合同切实履行，以使责归其位、物尽其用，努力为增进而非浪费社会财富贡献自己的力量。

2.一般租房合同违约问题

租房是我们生活中最为常见的民事法律行为之一，它以租赁合同约束双方当事人的权利和义务。房屋租赁合同是典型的"双务合同"，即签约的双方当事人互相承担合同义务、享有合同权利，两方承担的义务与享有的权利相互关联、互为因果，除法律或合同有特殊规定外，双方应同时对等给付。在包括房屋租赁合同在内的双务合同中，如果一方当事人不想再继续履行合同，就应当依据法律规定与对方进行协商，解除已签订的合同。如果一方不同意解除，而另一方又执意解除，那么违约方就应当依据合同约定或者法律规定承担相应的违约责任。

典型案例

房屋承租人以实际搬离承租房屋、拒付租金等方式主张解除租赁合同的,不能达到合同实际解除的效果

案例要旨

合同解除权是合同当事人享有的合法权利,但是合同解除权的行使应当严格依据法律规定,否则主张解除合同的一方不仅有可能达不到解除合同的目的,甚至有可能承担相应的赔偿责任。在房屋租赁合同履行过程中,承租人以实际搬离承租房屋、拒付租金等方式主张解除租赁合同的,不能达到合同实际解除的效果。

案例内容

张某于2019年2月22日通过中介方与曹某签订了《房屋租赁合同》,约定:张某将其所有的一套房屋租给曹某使用,租期为2019年2月25日至2021年2月24日,月租金1600元,按年支付,曹某交房屋押金1600元。在违约责任承担方面,合同约定双方有特殊情况需提前终止本合同,必须提前1个月通知对方和中介方,待对方同意后方可办理退房手续。如无故违约则向对方支付违约金1600元。后双方因房租问题产生争议诉至人民法院,庭审中张某陈述房屋现已空置,张某是在2020年6月接到中介方的通知,称曹某已经将房屋钥匙放到门口消防器材上,张某到物业查看,曹某在2020年3月30日开了出门证,搬离了案涉房屋。曹某在此过程中未告知张某解除合同,也未办理退房交接手续。张某遂提起诉讼,请求人民法院判决:(1)曹某支付房屋租金6400元;(2)曹某支付租房期间各项费用

2507.1元;(3)曹某支付违约金1600元;(4)曹某赔偿房屋空调遥控器1个价值20元。

法院审理认为,张某与曹某签订的房屋租赁合同系双方真实意思表示,双方应按合同享有权利并履行各自义务。曹某缴纳房屋租金至2020年2月24日,其未能与张某协商一致,单方面搬离,也未与张某办理房屋交接手续,张某要求其支付从2020年2月24日至6月24日租金损失6400元,依法予以支持。按照合同约定,曹某租赁期间的物业费应由曹某承担,张某要求曹某支付物业费用2507.1元,依法予以支持。张某与曹某对双方无故解除合同违约责任进行了约定,曹某未经张某同意自行搬离房屋,构成违约,张某主张曹某承担违约金,依法予以支持。张某主张曹某赔偿空调遥控器20元损失,未提供相应证据,不予以支持。综上,法院最终判决:曹某向张某支付房屋租金6400元、租房期间各项费用2507.1元、违约金1600元。

法律索引

《中华人民共和国民法典》

第五百六十二条 当事人协商一致,可以解除合同。当事人可以约定一方解除合同的事由。解除合同的事由发生时,解除权人可以解除合同。

第五百六十四条 法律规定或者当事人约定解除权行使期限,期限届满当事人不行使的,该权利消灭。法律没有规定或者当事人没有约定解除权行使期限,自解除权人知道或者应当知道解除事由之日起一年内不行使,或者经对方催告后在合理期限内不行使的,该权利消灭。

第五百六十五条 当事人一方依法主张解除合同的,应当通知对方。合同自通知到达对方时解除;通知载明债务人在一定期限内不履行债务则合同自动解除,债务人在该期限内未履行债务的,合同自通知载明的期限届满时解除。对方对解除合同有异议的,任何一方当事人均可以请求人民法院或者仲裁机构确认解除行为的效力。当事人一方未通知对方,直接以提起诉讼或者申请仲裁的方式依法主张解除合同,人民法院或者仲裁机构确认该主张的,合同自起诉状副本或者仲裁申请书副本送达对方时解除。

第五百六十六条 合同解除后,尚未履行的,终止履行;已经履行的,根据履行情况和合同性质,当事人可以请求恢复原状或者采取其他补救措施,并有权请求赔偿损失。合同因违约解除的,解除权人可以请求违约方承担违约责任,但是当事人另有约定的除外。主合同解除后,担保人对债务人应当承担的民事责任仍应当承担担保责任,但是担保合同另有约定的除外。

第五百六十七条 合同的权利义务关系终止,不影响合同中结算和清理条款的效力。

律师解读

本案涉及的法律问题包括以下几个方面:

一是合同解除的方式。合同解除权是合同当事人可以脱离合同约束力的一种权利,这种解除权包括约定解除权和法定解除权两种。所谓约定解除权,即在签订合同时双方已对合同解除的条件及法律后果作出明确约定,如果该约定没有违反法律行政法规的强制性、禁止性规定,就属于合法有效的合同条款,应受法律保护。此外,双方当事人虽未在合同中明确约定解除条款,但协商一致后解除合同,也属于约定解除。所谓法定解除权,是双方未明确约定解除条款,也无法达成解除合同的一致意见的,则任意一方可以请求人民法院或仲裁机构判决或裁决解除合同。

二是合同解除的条件。《民法典》第563条明确规定,有下列情形之一的,当事人可以解除合同,即因不可抗力致使不能实现合同目的;在履行期限届满前,当事人一方明确表示或者以自己的行为表明不履行主要债务;当事人一方迟延履行主要债务,经催告后在合理期限内仍未履行;当事人一方迟延履行债务或者有其他违约行为致使不能实现合同目的;法律规定的其他情形。以持续履行的债务为内容的不定期合同,当事人可以随时解除合同,但是应当在合理期限之前通知对方。依据上述法律规定,合同当事人中的任意一方均有权提出解除合同的要求。

三是合同解除权的行使。《民法典》第565条明确规定,当事人一方依法主张解除合同的,应当通知对方。合同自通知到达对方时解除;通知载明债务人在一定期限内不履行债务则合同自动解除,债务人在该期限内未履行债务的,合同自通知载明的期限届满时解除。对方对解除合同有异议的,任何一方当事人均可以请求人民法院或者仲裁机构确认解除行为的效力。当事人一方未通知对方,直接以提起诉讼或者申请仲裁的方式依法主张解除合同,人民法院或者仲裁机构确认该主张的,合同自起诉状副本或者仲裁申请书副本送达对方时解除。依据上述法律规定,首先,当事人主张解除合同的,应当通知对方,通知到达对方时合同即为解除。其次,当事人对合同解除有异议且无法协商解决的,可请求人民法院或者仲裁机构确认解除行为的效力。最后,《民法典》对不履行告知义务即主张解除合同的行为明确承认了法律效力,即一方直接提起诉讼或仲裁申请的,合同自起诉状副本或者仲裁申请书副本送达对方时解除。

四是合同解除法律后果。《民法典》第566条明确规定,合同解除后,尚未履行的,终止履行;已经履行的,根据履行情况和合同性质,当事人可以请求恢复原状或者采取其他补救措施,并有权请求赔偿损失。合同因违约解除的,解除权人可以请求违约方承担违约责任,但是当事人另有约定的除外。主合同解除后,担保人对债务人应当承担的民事责任仍应当承担担保责任,但是担保合同另有约定的除外。第567条规定,合同的权利义务关系终止,不影响合同中结算和清理条款的效力。依据上述法律规定,合同解除后原合同已不具有约束双方权利义务效力。首先,因解除合同给对方造成损失的,受损方可请求赔偿。其次,当事人违约导致合同解除的,守约方还可要求对方承担违约责任。而损失赔偿和违约责任是可以一并主张的。最后,合同权利义务终止后,双方基于合同产生的债权债务应当继续结算和清理,债务人仍有义务继续清偿合同解除前产生的合同债务。

五是本案的思考和启示。就本案而言,笔者认为给我们大家的启示有以下方面。首先,当事人应当依法行使合同解除权。无论是"约定"还是"法定",解除合同的行为都是解除权人依法行使权利。合同当事人只有依法行使权利才能受到法律的保护,起到解除合同的法律效果。本案中,依据双方签订的房屋租赁合同,曹某享有提出解除合同的权利,但是曹某没有按照合同约定提前1个月通知张某,而是以擅自搬离房屋的方式拒绝履行合同。《民法典》第565条明确规定,当事人一方依法主张解除合同的,应当通知对方。曹某的行为既不符合合同约定,也不符合法律规定,因此实际上无法达到解除合同的法律效果。

再次,诚信履约才能得到法律的肯定。诚信是个人道德的标尺,也是社会发展的基石,它不仅是一种精神需求,更是外在的行为规范。正因如此,诚实信用原则也被视为民事法律规范中的"帝王条款",作为民事法律关系中的主体,只有诚信履约,其权利才能受到法律的保护和支持。本案中,房屋租赁合同是签约双方的真实意思表示,在合同合法有效的前提下,双方均应按照合同约定履行义务、享有权利。而曹某没有按照合同约定履行其应尽的义务,在明确具有退租意思表示的情况下,并未向张某提出退租要求,主动协商退租事宜、交接案涉房屋,而是以擅自搬离房屋的方式,放任张某房租损失的扩大,严重违反了诚实信用原则,其行为因此也为法律所否定,判令其承担相应的违约责任。

3. 买卖合同现实交付问题

"现实交付"指出卖人将买卖标的物直接置于买受人的实际控制之下,是出卖人一方将物的占有移转给买受人的事实行为。现实交付是买卖合同中最常态的货物交付形式之一,按照实际交货方式的差异,又可细分为三种情形,一是送货上门,即由出卖人运送货物到买受人处,此种情况下出卖人将货物交予买受人才算完成交付。二是上门提货,即买受人到出卖人处取走货物,此种情况下货物运出出卖人的场所即完成交付。三是代办托运,即出卖人代理买受人与承运人订立运输合同,而由买受人承担运费,此种情况下出卖人将货物交给承运人即完成交付。在买卖合同履行过程中,经常围绕货物的品质、运损、仓损等产生争议,因此厘清交付的方式、确定交付的时间,是认定相关法律责任的基本前提。

典型案例

买卖合同中买受人自标的物交付时取得物的所有权,标的物的损毁、灭失风险应当自交付完成之时发生转移

案例要旨

除特殊约定外,买卖合同中买受人自标的物交付时取得物的所有权,出卖人交付标的物后有权请求支付货款。而标的物的损毁、灭失风险应当自交付完成之时发生转移,交付完成后发生的损毁、灭失等风险,买受人无权再要求出卖人予以承担。

案例内容

原告高某和被告张某各自在其当地从事果品生意,原、被告双方在"高老板家的群(6)"微信群内进行多种类的水果买卖交易。2021年8月17日至9月13日,张某通过微信多次向高某订购蓝莓、软枣、艳红桃三类水果,高某每一次都将交易的明细发送到微信群里,其中也有部分货品因本身瑕疵发生过退货情况,张某在此期间并未对货款提出异议。但因9月5日发到上海的软枣出现了货损问题,双方发生争议。之后,高某诉至人民法院,请求判决:张某立即给付拖欠的蓝莓、软枣、艳红桃等货款共计人民币5.02万元。张某则提出反诉,请求判决:高某就案涉果品仓损问题承担赔偿6万元损失的责任。

一审法院审理认为,买卖合同是指出卖人转移标的物的所有权于买受人,买受人支付价款的合同。本案中,原告高某提供的证据能够证明双方的买卖合同成立且合法有效。首先,关于张某提出因开票人名头问题导致无法入账,所以拒绝支付价款问题。原、被告双方对发

票问题没有具体约定，发票的开具情况并不能影响买卖合同的成立，也不能成为拒付货款的理由。其次，关于高某要求张某就2021年9月5日发往上海的水果订单支付货款5.02万元，以及张某提出反诉请求赔偿损失6万元问题。通过张某公司的客服人员在"高老板家的群（6）"发送的微信可以看出，张某收货后对货物价格未提出异议，系在9月13日得知高某不再经营软枣后，才提出要按照仓损价格支付货款。另外，双方因9月3日艳红桃订单存在质量瑕疵问题也发生过退货情况，高某当时承担了运费等相应的损失。上海的这笔订单发生货损后，货损比例并未及时经高某确认，张某亦没有按之前的交易习惯立即退货，并且张某也认可"物流运输太暴力，有一箱果翻了"，张某在此之后仍向高某订购同类果品，只在高某要求给付货款时才提出要求按仓损价格进行支付。同时，从订单中可以看出，依据双方约定应由张某承担运费，运输中出现的问题也应由张某与运输方处理。张某提供的现有证据不能证明其损失是由高某所致，亦不能证明损失数额，故对张某提出的要求按仓损价格支付货款的抗辩及提出支付损失的反诉请求，人民法院不予支持。综上，一审法院判决：一、被告张某给付原告高某货款5.02万元；二、驳回张某的反诉请求。

一审判决作出后，张某不服该判决，向二审法院提起上诉。

二审法院审理认为，综观买卖双方的货物订单，包括本案争议订单在内的买卖订单均无货物损失承担的相关约定。从双方交易习惯来看，如出现货物质量瑕疵也是采取买方向卖方退货的方式处理。而从该争议订单中买方要求卖方"麻烦联系物流配货车，运费款需要垫付，开货款里"的约定以及双方的交易习惯来看，卖方将货物移交承运人系"代办托运"而非"送货上门"，即卖方受买方指示代为办理托运，运费由买方承担。《民法典》第607条规定："出卖人按照约定将标的物运送至买受人指定地点并交付给承运人后，标的物毁损、灭失的风险由买受人承担。当事人没有约定交付地点或者约定不明确，依据本法第六百零三条第二款第一项的规定标的物需要运输的，出卖人将标的物交付给第一承运人后，标的物毁损、灭失的风险由买受人承担。"因张某未提供证据证明高某提供的货物本身存在质量问题，且从双方微信聊天记录来看，买方承认物流运输不当造成货物损失。根据上述法律规定，案涉货物移交承运人即应视为交付，货物损失应由买方承担。同时考虑张某主张的货物损失数额亦无充分证据证明，以及未及时与高某确认货物损失及处理的办法，故对张某提出在应付货款中扣除争议订单货物损失的上诉主张不予支持。综上，二审法院判决：驳回上诉，维持原判。

法律索引

《中华人民共和国民法典》

第二百二十四条　动产物权的设立和转让，自交付时发生效力，但是法律另有规定的除外。

第六百零三条　出卖人应当按照约定的地点交付标的物。当事人没有约定交付地点或者约定不明确，依据本法第五百一十条的规定仍不能确定的，适用下列规定：（一）标的物需要运输的，出卖人应当将标的物交付给第一承运人以运交给买受人；（二）标的物不需要运输，出卖人和买受人订立合同时知道标的物在某一地点的，出卖人应当在该地点交付标的物；不知道标的物在某一地点的，应当在出卖人订立合同时的营业地交付标的物。

第六百零七条　出卖人按照约定将标的物运送至买受人指定地点并交付给承运人后，标的物毁损、灭失的风险由买受人承担。当事人没有约定交付地点或者约定不明确,依据本法第六百零三条第二款第一项的规定标的物需要运输的,出卖人将标的物交付给第一承运人后,标的物毁损、灭失的风险由买受人承担。

律师解读

现实交付又称直接交付,是一方当事人把物的占有权转移给另一方当事人的法律事实,本质上是对物的管领力直接和现实地转移给买受人的物权变动。《民法典》第224条规定,除法律另有规定外,动产物权的设立和转让自交付时发生效力。也即在动产买卖过程中,出卖人只有交付了货物才算履行了合同义务,其无论是否已经收取相应的货款,货物的所有权都已经发生了改变。除特殊约定外,买受人自交付时取得货物的所有权,出卖人在交付货物后有权请求支付货款。之所以要讨论"交付"的问题,是因为交付直接关系到货物风险的转移,也直接关系到合同违约责任的承担。以本案为例,人民法院主要围绕以下几个方面采信证据、认定事实、适用法律,并作出相应的裁判。

首先,关于货物交付的方式。人民法院审理认为从争议订单中买方要求卖方"麻烦联系物流配货车,运费款需要垫付,开货款里"的约定以及双方的交易习惯来看,卖方将货物移交承运人系"代办托运"。代办托运是现实交付方式中比较典型的一种。

其次,关于风险转移的时间。《民法典》第607条规定,出卖人按照约定将标的物运送至买受人指定地点并交付给承运人后,标的物毁损、灭失的风险由买受人承担。因此,代办托运方式交付货物的,标的物毁损、灭失的风险应当自出卖人将货物交付给承运人后即发生转移。根据上述法律规定,案涉货物移交承运人即应视为交付,货物损毁、灭失的风险应由买方张某承担。

再次，关于合同约定问题。因买方张某未提供证据证明货物在交付前本身存在质量问题，且从双方微信聊天记录来看，张某已承认物流运输不当造成货物损失。而案涉货物对应的订货合同中，并未明确约定货物运输、仓储造成的损失应如何承担，因此张某主张由供货人高某承担损失没有合同和法律依据。

最后，关于交易惯例问题。从双方交易习惯来看，按照以往货物瑕疵的处理方式，如出现货物质量瑕疵大多是通过买方向卖方退货的方式处理。而在本案中被告一反常态，要求原告承担货物的运损或仓损费用，因此不符合双方的交易惯例。

综上，人民法院最终判决由买方张某承担争议订单对应货物的损失风险，具有事实和法律依据，判决结果是正确的。

4. 加工承揽合同违约问题

加工承揽合同是指承揽方按照定作方的要求，在完成一定工作任务后将工作成果交付给定作方，定作方接受工作成果并支付约定报酬的合同。加工与修理、印刷、定作、复制等均属于一般类型的承揽合同，与之相对应的是基本建设工程承揽合同，具体可包括勘察、设计、建筑、安装等。加工承揽合同的主要特征在于，首先，承揽人应当以自有的设备、技术和劳力，独立地为定作人加工完成一定工作；其次，承揽合同约定的加工标的具体为特定性的工作成果，它在合同成立时尚不存在，而一经完成后即特定化，具有不可替代性；最后，加工承揽的标的物在加工过程中遭受的意外灭失风险，一般由承揽人独自承担。在加工承揽合同的履行过程中，围绕承揽人提交成果具体数量和质量产生的纠纷占绝大多数。

一、几种常见的合同纠纷

典型案例

加工方交付的产品不符合合同约定或者存在质量问题时，定作方首先采取的措施应是要求加工方承担修理、重作、减少报酬、赔偿损失等违约责任，而非直接解除加工承揽合同

案例要旨

在加工承揽合同的履行过程中，即使加工方交付的产品不符合合同约定或者存在质量问题等，定作方首先采取的措施应是要求加工方承担修理、重作、减少报酬、赔偿损失等违约责任，而非直接解除加工承揽合同。这种直接解除合同的处理方式，不符合合同约定及法律规定，亦应承担相应的责任。

案例内容

2021年1月27日，百惠公司与大祥公司签订《汉白玉浮雕采购合同》，约定：(1)百惠公司向大祥公司采购石材，合同总价款暂定90万元；(2)石材安装方案设计由某石材雕塑公司完成，设计费用由大祥公司代为支付；(3)大祥公司根据设计方案加工，加工质量、供货方式、验收标准、货款结算及违约责任等均按合同约定处理。2021年4月18日，大祥公司向百惠公司发出第一批汉白玉石材结算单。2021年4月22日，百惠公司支付了相关货款。2021年4月24日，项目监理单位通知大祥公司，进场石材经验收发现存在如下质量问题：(1)石材存在缺边缺角情况较多；(2)石材泛黄、黑色杂质较多；(3)未做六面防水处理；(4)修补处理粗糙不美观。2021年5月2日，大祥公司告知百惠公司在边整改边下料，百惠公司要求大祥公司停止

下料。2021年5月9日,百惠公司以产品不合格向大祥公司发出合同终止函。之后,百惠公司按原设计采用四川汉白玉石对案涉项目进行施工,且工程已结束。双方后因解除合同及货款差额问题产生争议,百惠公司向人民法院提起诉讼,请求判决:大祥公司返还货款172,604元,并支付违约金10,000元。大祥公司提起反诉,请求判决:百惠公司继续履行合同,并支付剩余款项231,158元。

一审法院审理认为,大祥公司按设计方案对汉白玉进行加工,因此本案的案由应为加工承揽合同纠纷。百惠公司与大祥公司签订的《汉白玉浮雕采购合同》系合同当事人真实意思表示,且未违反法律、行政法规的强制性规定,合同合法有效,各方当事人均应遵照履行。大祥公司交付的部分工作成果不符合质量要求,百惠公司可以合理选择请求大祥公司承担修理、重作、减少报酬、赔偿损失等违约责任,而百惠公司采取解除合同不妥。合同解除后,百惠公司按原设计采用四川汉白玉进行施工,且工程已结束,案涉合同目的已无法实现,大祥公司要求继续履行合同将会造成损失扩大,故对大祥公司要求继续履行合同、支付尚未加工的定作款的请求,人民法院不予支持。百惠公司解除双方签订的合同后,对大祥公司已造成一定的损失。根据该案的实际情况,现已加工的汉白玉石材由大祥公司提供并由其掌控,且已加工的汉白玉(价款126,621.07元)可进行第二次加工利用。在已加工的汉白玉石材归大祥公司所有的基础上,该院酌定由百惠公司赔偿大祥公司已加工的汉白玉价款的50%(63,310.54元)作为两次加工费用和第二次加工的材料损失费用,故大祥公司应退还百惠公司定作款89,293.46元。百惠公司要求大祥公司支付违约金的请求,因百惠公司以解除合同的方式处理产品质量问题不当,人民法院不予支持。综上,一审法院判决:大祥公司支付百惠公司定作款89,293.46元。

一审判决作出后,双方均对判决结果不服,同时提起上诉。

二审法院审理认为,第一,关于本案案由的确定问题。加工承揽合同是指承揽方按照定作方的要求完成一定工作,并将工作成果交付定作方,定作方接受工作成果并支付约定报酬的协议。本案中,大祥公司根据双方签订的合同之约定,按设计方案对汉白玉进行加工后,交付工作成果,双方签订的合同具有加工定作性质,双方形成加工承揽合同关系,一审法院确定本案案由为加工合同纠纷,并无不当。百惠公司上诉主张本案案由应确定为买卖合同纠纷,依据不足,不予采信。第二,关于本案的责任承担及处理问题。(1)大祥公司上诉主张百惠公司支付的定金应不予返还。经查,该款为预付款而非定金,故大祥公司该上诉理由不符合合同约定,不能成立。(2)大祥公司上诉主张其已将2021年1月28日与4月23日百惠公司下料单的货物全部完成生产,已经将价值383,762.6元的汉白玉全部生产完毕。经查,双方签订的合同第5条约定,合同签订后7日内完成预付款的支付,在装车发货前先提供当批次货款发票,在收到当批次货款后1日内完成发货。合同第6.2.1条约定,供货方应严格按发包方提供的申请计划单按时供货。按照合同的约定以及双方实际交货情况来看,双方的交易模式为,大祥公司严格按照发包方提供的申请计划单按时供货,且先付款后按照批次予以发货。本案百惠公司仅要求大祥公司发送第一批次汉白玉石材。货到第二天,监理单位即通知大祥公司石材验收发现存在质量问题。经包括大祥公司在内的各方协商,由大祥公司将该批次石材拖回整改。后大祥公司亦未将该批次石材整改送回项目工地。在运送的第一批次石材被要求整改且未得到认可合格的情况下,大祥公司主张其已将剩余合同约定的石材全部加工完毕,不符合常理。(3)关于大祥公司提供的案涉批次石材是否存在质量问题。经查，大祥公司尚不能证明案涉批次石材为合格产品。货到工地后，监理单位经验收发现存在质量问题，并通知大祥公司。经各方协商后对进场石材进行返厂处理。大祥公司未要求权威机构检测，一审中亦未申请鉴定，其对监理单位验收时发现的质量问题未提交充分的证据予以反驳，应承担举证不能的后果。故大祥公司上诉主张该批次石材不存在质量问题，依据不足。此外，大祥公司上诉主张因百惠公司自身原因对案涉工程采购石材的级别判断错误，将四川汉白玉错订成湖南汉白玉而恶意解除合同，应当承担全部损失。因其未提交证据证明，法院不予采信。（4）百惠公司上诉要求支持其全部诉讼请求即返还已支付货款172,604元，并支付违约金10,000元，共计支付182,604元。经查，大祥公司交付的部分工作成果存在质量问题，百惠公司可以要求承担修理、重作、减少报酬、赔偿损失等违约责任，应当与大祥公司协商解决相关问题，其据此直接要求与大祥公司解除合同，不符合同约定及法律规定，亦应承担相应的责任。百惠公司向大祥公司发函解除合同后，百惠公司按原设计采用四川汉白玉进行施工，且工程已结束。因此，本案双方的合同目的已无法实现，大祥公司要求继续履行合同将会造成损失扩大，双方签订的合同应予以解除。一审人民法院考虑到案涉批次石材已由大祥公司控制，解除合同后势必会给大祥公司造成一定的损失，以及双方在本次纠纷中的责任等实际情况，驳回大祥公司要求继续履行合同的请求，酌定由百惠公司赔偿大祥公司已加工的汉白玉价款126,621.07元的50%（63,310.54元）作为两次加工费用和第二次加工的材料损失费用，由大祥公司退还百惠公司定作款89,293.46元，对于百惠公司要求大祥公司支付违约金的请求不予支持，并无不当，法院予以维持。综上，二审法院判决：驳回上诉，维持原判。

法律索引

《中华人民共和国民法典》

第五百八十四条 当事人一方不履行合同义务或者履行合同义务不符合约定，造成对方损失的，损失赔偿额应当相当于因违约所造成的损失，包括合同履行后可以获得的利益；但是，不得超过违约一方订立合同时预见到或者应当预见到的因违约可能造成的损失。

第七百七十条 承揽合同是承揽人按照定作人的要求完成工作，交付工作成果，定作人支付报酬的合同。承揽包括加工、定作、修理、复制、测试、检验等工作。

第七百八十条 承揽人完成工作的，应当向定作人交付工作成果，并提交必要的技术资料和有关质量证明。定作人应当验收该工作成果。

第七百八十一条 承揽人交付的工作成果不符合质量要求的，定作人可以合理选择请求承揽人承担修理、重作、减少报酬、赔偿损失等违约责任。

第七百八十七条 定作人在承揽人完成工作前可以随时解除合同，造成承揽人损失的，应当赔偿损失。

律师解读

本案涉及的法律问题，主要围绕加工承揽合同与买卖合同的区别、加工承揽合同违约责任的承担等方面。

一、加工承揽合同与买卖合同的区别

加工承揽合同与买卖合同相比，在双务、有偿、诺成、不要式等方面具有相同的特征，因此很多情况下当事人容易将加工承揽合同与买卖合同进行混淆。本案中，百惠公司上诉时即主张案由应为买卖合同纠纷，但是人民法院审理认为，双方签订的合同明确约定大祥公司按设计对汉白玉石材进行加工，再将成果交付给百惠公司，其明显具有加工定作的性质，应属于加工承揽合同关系。但是，关于加工承揽合同与买卖合同的区别，法院判决并未详细叙述。笔者认为，依据两种合同的各自特点，其主要区别集中在以下几个方面。

（一）合同的订立目的不同

加工承揽合同是以承揽人完成一定工作任务，向定作人提交一定工作成果为目的。简言之，加工承揽合同指向的标的是"加工行为"，该种行为是否符合合同约定，应当以完成并提交的工作成果作为验收标准。而买卖合同是以有偿的方式转让标的物的所有权为目的，标的物的直接转移和对价支付是合同的最终目的。

（二）是否移转所有权不同

加工承揽合同中不存在财产所有权的直接转移，承揽人完成的工作成果虽然作为验收标的物提交给定作人，但这种转移标的物的行为仅是承揽人完成工作后的附随义务，并非合同的直接目的。简言之，定作人支付合同款项的对价是承揽人的制作行为，承揽人按照合同对价将一定的原材料加工为特定成品并提交，其并不是简单地将成品的所有权出让给定作人。而买卖合同则是以有偿转移标的物的所有权为目的，也是以转移标的物所有权为履行标准。

（三）标的物的特定性不同

承揽合同中的标的物，是承揽人严格按照定作人的要求而完成的工作成果，该成果是承揽人按照定作人的想法而为定作人完成的预期成果，其只能是具备特殊尺寸、功能、效用等的特定物。而买卖合同的标的物是双方约定的出卖人应交付的特定物，该特定物既可以是种类物，也可以是特定物。

（四）标的物产生方式不同

加工承揽合同的标的物在合同订立时尚未产生，必须是承揽人依据合同约定的原材料、设计方案、制作方式及工艺技术等加工后才生成的，在此过程中定作人有权对承揽人的加工工作进行监督和检查。而买卖合同的标的物不需要特别约定如何产生，只要出卖人向买受人供货，即属于履行了合同的义务，买受人只对标的物的数量和质量进行验收，而对货物的生产过程、采购来源等无权干涉。

二、加工承揽合同违约责任的承担

（一）合同标的质量问题的解决方式

《民法典》第781条规定，承揽人交付的工作成果不符合质量要求的，定作人可以合理选择请求承揽人承担修理、重作、减少报酬、赔偿损失等违约责任。因此，当承揽人交付的产品出现质量问题时，定作人采取的解决方式，应当首先选择请求承揽人修理、重作、减少报酬、赔偿损失，在承揽人明确拒绝或者以实际行为拒绝继续履行合同的情况下，才有权选择主张解除合同等解决方式。

（二）定作人单方解除合同的法律后果

《民法典》第787条规定，定作人在承揽人完成工作前可以随时解除合同，造成承揽人损失的，应当赔偿损失。定作人单方解除合同可能面临两种法律后果，一是在合同能够继续履行的情况下，如果有证据证明承揽人已就合同履行采购了相应的材料、投入了相应的设备、技术、人员等，承揽人有权要求继续履行合同或者要求定作人就已投入部分的经济损失进行赔偿。二是在合同无法继续履行的情况下，如本案例中百惠公司已另行采购且施工完毕，则承揽人有权要求定作人就损失进行赔偿。本案中，法院最终也酌定判决百惠公司赔偿大祥公司已加工的汉白玉价款的50%作为两次加工费用和第二次加工的材料损失费用。

（三）承揽人单方解除合同的法律后果

《民法典》第119条规定，依法成立的合同，对当事人具有法律约束力。第566条规定，合同解除后，尚未履行的，终止履行；已经履行的，根据履行情况和合同性质，当事人可以请求恢复原状或者采取其他补救措施，并有权请求赔偿损失。合同因违约解除的，解除权人可以请求违约方承担违约责任，但是当事人另有约定的除外。作为承揽人，单方解除加工承揽合同的，应当按照合同约定承担违约责任，并就定作人造成的损失承担赔偿责任。

（四）承揽人擅自转包工作的法律后果

《民法典》第773条规定，承揽人可以将其承揽的辅助工作交由第三人完成。承揽人将其承揽的辅助工作交由第三人完成的，应当就该第三人完成的工作成果向定作人负责。依据上述法律规定，首先，承揽人只能将其承揽的辅助工作交由第三方完成，而不能将主要工作或者全部工作转交第三方完成。否则，承揽人应当承担违约责任，定作人有权进行监督、提示整改，甚至解除承揽合同。其次，承揽人将辅助工作交由第三人完成的，第三人完成的工作成果及其责任直接由承揽人承担，第三人给承揽人造成的相关损失，应另案解决。

5. 合同欺诈法律认定问题

合同是平等的自然人、法人或其他组织等主体之间，以设立、变更、终止民事权利义务为目的，基于一致的意思表示而订立的专门性的契约文件。如果行为人在订立合同的过程中，存在故意隐瞒有关重要事实或者提供虚假情况的行为，且致使合同相对方作出了错误意思表示而遭受损失的，就有可能构成合同欺诈。随着市场经济的发展，利用合同进行欺诈的案件越来越多,这种违法乃至犯罪行为,给市场经济的发展带来了破坏性的影响。

典型案例

合同欺诈将直接危及合同本身的效力,欺诈方的行为程度和后果,可能使其承担相应的民事、行政甚至刑事法律责任

案例要旨

合同欺诈是以订立合同为手段,在合同订立、履行过程中采用虚构事实或隐瞒真相的方法,骗取合同相对方财物的行为。合同欺诈将直接危及合同本身的效力,欺诈方的行为程度和后果,可能使其承担相应的民事、行政甚至刑事法律责任。

案例内容

2021年10月12日,原告李某(乙方)与被告王某(甲方)签订了《二手车买卖合同》,合同约定:(1)甲方愿将一辆车牌号为鲁Ａ０××××的车辆卖给乙方;(2)车辆成交价格为人民币63,000元;(3)付款方式:现金或转账等形式一次性付清;(4)过户、转籍手续由甲方负责提供,费用由甲方负担;(5)因过户手续问题造成车辆不能过户或转籍的,甲方除赔偿损失外,还应接受乙方退回的车辆并全部返还已收的车款费用;(6)本合同签订之日起,车辆以前所有债权、费用、违章、事故由甲方承担,以后所有债权、费用、违章、事故由乙方承担;(7)其他约定:此车无水淹、无火烧、无重大事故,右前门有事故,右前门槛有伤修复。双方签订合同后,李某通过微信付给

王某购车款 63,000 元。

  王某将车辆交付给李某后，李某于 2021 年 10 月 15 日向王某提出车辆存在"中控屏""气囊""电瓶"等问题，并通过微信向王某提出"换个价位差不多的吧"。王某没有同意给李某换车。2021 年 10 月 28 日，李某委托青岛某机动车鉴定评估有限公司对案涉车辆进行技术状况评估（静态），鉴定结论为：车辆右侧前部出现过损伤到车身主体结构及其车身部件的交通事故，右A柱、右前轮悬、右前底板、右B柱、右前门槛有过碰撞变形且维修质量差，依据《二手车鉴定评估技术规范》之规定，因其车身主要结构部件损伤、主气囊失效且未更换，判别该车辆为事故车辆。随后，李某向人民法院提起诉讼，请求判决:(1) 撤销案涉的《二手车买卖合同》，王某返还购车款；(2) 王某按照购车价 3 倍赔付车款；(3) 王某赔偿鉴定费、交通费、交强险保险费等损失。

  一审法院审理认为，买卖合同是出卖人转移标的物的所有权于买受人，而买受人支付价款的合同，当事人一方不履行合同义务或者履行合同义务不符合约定的，应当承担继续履行、采取补救措施或者赔偿损失等违约责任。李某在接受案涉车辆后，对案涉车辆的质量提出异议，认为案涉车辆发生过重大事故，并委托机动车鉴定评估有限公司对案涉车辆进行鉴定，鉴定结论为该车辆为事故车辆。而在双方签订的买卖合同中，已经载明"右前门有事故，右前门槛有伤修复"，说明李某在购买案涉车辆时，应该对案涉车辆的外观及车辆性能了解后才决定是否购买，王某并未隐瞒案涉车辆发生过交通事故的事实，王某不存在欺诈情形，现李某以王某存在合同欺诈请求撤销买卖合同，一审法院不予支持。但是，本案中王某也同意解除案涉合同，因此在双方都同意不再继续履行案涉合同的情况下，案涉合同应予解除，王某应将购车款全额返还给李某。李某要求王某按照车价3倍给付购车款,以及赔偿交通费,无合同约定,又无事实和法律依据,一审法院不予支持;李某要求王某赔偿鉴定费1600元,因为鉴定车辆是否发生过交通事故是李某单方行为,双方签订买卖合同时王某并未否认该车发生过交通事故,故该请求一审法院不予支持;李某要求王某赔偿缴纳交强险时的保险费1370元,该保险的保险期间为2021年10月15日至2022年10月15日,该费用可酌情由王某负担1000元。综上,一审法院判决:一、解除双方签订的《二手车买卖合同》;二、李某将车辆返还给王某;三、王某全额返还李某购车款;四、王某支付李某保险费1000元。

一审判决作出后,李某不服该判决,提起上诉。二审法庭调查期间,李某明确表示对原判决判令解除合同有异议,王某存在欺诈行为,要求撤销合同。

二审法院审理认为,本案的焦点问题为王某在签订案涉《二手车买卖合同》过程中是否存在欺诈行为。案涉的车辆买卖合同载明,案涉车辆"无水淹、无火烧、无重大事故,右前门有事故,右前门槛有伤修复",可见李某在签订合同时对案涉车辆发生过交通事故应为明知,一审法院认定王某不存在欺诈情形,对李某撤销合同的诉讼请求不予支持并无不当。因王某不存在欺诈,对李某主张的返还购车款并按照购车款的3倍给付购车款、赔偿损失的上诉请求,人民法院不予支持。因案涉车辆尚未办理过户登记,且一审过程中王某同意收回车辆、返还购车款,因此一审法院确认案涉《二手车买卖合同》解除,并判令李某将案涉车辆退还王某,王某返还李某购车款63,000元并支付保险费1000元,并无不当。综上,二审法院判决:驳回上诉,维持原判。

法律索引

《中华人民共和国民法典》

第一百四十三条 具备下列条件的民事法律行为有效:(一)行为人具有相应的民事行为能力;(二)意思表示真实;(三)不违反法律、行政法规的强制性规定,不违背公序良俗。

第一百四十八条 一方以欺诈手段,使对方在违背真实意思的情况下实施的民事法律行为,受欺诈方有权请求人民法院或者仲裁机构予以撤销。

第一百四十九条 第三人实施欺诈行为,使一方在违背真实意思的情况下实施的民事法律行为,对方知道或者应当知道该欺诈行为的,受欺诈方有权请求人民法院或者仲裁机构予以撤销。

第一百五十五条 无效的或者被撤销的民事法律行为自始没有法律约束力。

律师解读

本案中,虽然人民法院最终认定王某不构成合同欺诈,李某的主张不能成立,但是由案件引发的关于合同欺诈相关法律问题值得我们讨论和研究。

一、合同欺诈行为的法律认定

由于行为人是否构成合同欺诈将直接影响合同的法律效力,因此为了稳定市场交易秩序、维护经济社会稳定发展,应当严格按照法律规定并结合当事人的实际行为,综合认定是否具有合同欺诈情形,通常情况下合同欺诈应符合以下特征。

（一）行为人具有欺诈的故意

所谓欺诈的故意，是指实施欺诈行为的心理状态，即行为人明知自己告知对方的情况是虚假的，且会使对方陷入错误认识而订立合同，但还是希望或放任这种结果的发生。欺诈的故意由两个层面构成，一是使相对人陷入错误认识的故意，二是使相对人基于错误认识而作出意思表示，签订了相应的合同。

（二）行为人实施了欺诈的行为

欺诈行为包括积极的行为和消极的行为，积极的行为即故意告知对方虚假情况，如把赝品说成真迹、把伪劣品说成优等品等。消极的行为也就是不作为，即故意隐瞒真实情况，如行为人在有义务告知对方产品瑕疵的情况下，不向对方履行告知义务。欺诈行为违反了诚实信用原则，属于不当行为。

（三）相对人因欺诈而产生错误认识

相对人的错误认识与行为人的欺诈行为之间具有因果关系，这是合同欺诈的重要特征。如果相对人没有产生错误认识，或者错误认识并非欺诈行为所致，那么即使行为人存在欺诈行为，也都不能构成合同欺诈。也就是说，合同欺诈的一个必要条件是欺诈行为与合同成立存在因果关系。

（四）相对人基于错误认识而订立了合同

行为人实施欺诈行为的目的是订立合同，因此合同订立是欺诈成功的具体表现。相对人基于错误认识作出意思表示具体体现在合同签订行为上，如果相对人最终没有签订合同，那么即使行为人在此前过程中存在欺诈情形，也不能认定其构成合同欺诈。

二、合同欺诈产生的法律后果

（一）民事责任

合同签订或履行中的欺诈行为一般属于民事法律调整的范畴，欺诈方应承担相应的民事法律责任。《民法典》第143条规定，意思表示真实的民事法律行为，才是有效的民事法律行为。第148条规定，一方以欺诈手段，使对方在违背真实意思的情况下实施的民事法律行为，受欺诈方有权请求人民法院或者仲裁机构予以撤销。第155条规定，无效的或者被撤销的民事法律行为自始没有法律约束力。从上述法律规定可以看出，即使行为人以欺诈手段诱使对方签订了合同、非法获取了相应的财物，但是由于合同不受法律保护，相对人随时可以请求人民法院或仲裁机构撤销合同，并要求欺诈方依法返还财物。同时，由于欺诈行为导致相对人权益受损的，相对人还有权要求欺诈方承担赔偿责任。

（二）行政责任

由于合同欺诈行为破坏了等价交换原则、扰乱了市场交易秩序，践踏了社会信用体系，因此其也触犯了相关行政法律法规的规定，可能受到相应的行政处罚或制裁。比如，《消费者权益保护法》第55条规定，经营者提供商品或者服务有欺诈行为的，应当按照消费者的要求增加赔偿其受到的损失，增加赔偿的金额为消费者购买商品的价款或者接受服务的费用的3倍；增加赔偿的金额不足500元的，为500元。法律另有规定的，依照其规定。经营者明知商品或者服务存在缺陷，仍然向消费者提供，造成消费者或者其他受害人死亡或者健康严重损害的，受害人有权要求经营者依照本法第49条、第51条等法律规定赔偿损失，并有权要求所受损失2倍以下的惩罚性赔偿。《治安管理处罚法》第49条规定，盗窃、诈骗、哄抢、抢夺、敲诈勒索或者故意损毁公私财物的,处5日以上10日以下拘留,可以并处500元以下罚款;情节较重的,处10日以上15日以下拘留,可以并处1000元以下罚款。可以看出,行政机关有权根据合同欺诈的具体情况和形成的后果,给予行为人一定的行政处罚。

(三)刑事责任

欺诈行为如果具有严重的社会危害性、刑事违法性及应受刑罚处罚性,行为人就有可能面临严重的刑事处罚。我国1997年《刑法》第224条增设了对于利用合同进行诈骗犯罪的规定。现行《刑法》第224条规定:"有下列情形之一,以非法占有为目的,在签订、履行合同过程中,骗取对方当事人财物,数额较大的,处三年以下有期徒刑或者拘役,并处或者单处罚金;数额巨大或者有其他严重情节的,处三年以上十年以下有期徒刑,并处罚金;数额特别巨大或者有其他特别严重情节的,处十年以上有期徒刑或者无期徒刑,并处罚金或者没收财产:(一)以虚构的单位或者冒用他人名义签订合同的;(二)以伪造、变造、作废的票据或者其他虚假的产权证明作担保的;(三)没有实际履行能力,以先履行小额合同或者部分履行合同的方法,诱骗对方当事人继续签订和履行合同的;(四)收受对方当事人给付的货物、货款、预付款或者担保财产后逃匿的;(五)以其他方法骗取对方当事人财物的。"可见,虽然合同欺诈主要属于民事法律调整的范围,但是当欺诈行为或者后果具有严重的社会危害性时,欺诈的性质就有可能转化为合同诈骗,而司法机关将采用刑事手段对行为人予以处罚。

三、合同欺诈与合同诈骗的区别

"欺诈"与"诈骗"虽然只有一字之差,但是在法律性质方面却存在很大区别,这也直接关系到行为人应承担的法律责任,两者之间的区别主要体现在以下几个方面。

（一）交易前提不同

合同欺诈是建立在正常的交易过程中的，行为人具有真实的身份，交易具有真实的背景和规则等。比如，销售合同履行中，行为人以欺诈方式销售某种产品时，销售方是具有相应销售资质的、销售的产品也是证照齐全的合格产品，只是采用了夸大宣传、误导消费者等欺诈手段。而在合同诈骗中，行为人则有可能根本不具备合同履行的能力，如没有销售产品的资质，或者销售的完全是假冒伪劣产品等。

（二）交易目的不同

合同欺诈的目的是通过合同对价的方式促成合同交易、获取经营利润，行为人提供虚假信息、隐瞒真实情况的行为并不影响实质性交易的真实目的。而合同诈骗的行为人缺乏履行合同的真实意愿，只是通过虚构事实、隐瞒真相的方式，使相对人基于错误认识而完成交易并占有对方的财物，是以非法占有对方财物为主要目的的。这种情况下的交易形同虚设，也即民间常说的"空手套白狼"，因此应被认定为刑事诈骗行为。

（三）法律责任不同

合同欺诈一般适用民事法律进行调整，其法律后果包括撤销合同、返还财产、赔偿损失等，目的是恢复受损害的民事权益，或给予一定的补偿、赔偿。行政机关也可以依据行为人的欺诈行为具体情况，给予一定的行政处罚。而合同诈骗，行为人所要承担法律后果则是刑事法律责任，其目的主要是对合同诈骗犯罪行为的处罚和预防，通过刑罚手段教育广大公民遵纪守法。但是，依据刑法的谦抑性原则，不应当随意将欺诈行为定性为"诈骗"，只有秉承主客观相统一、审慎运用刑事手段，才能做到既不枉不纵，又最大限度地保护社会的诚信体系、公平秩序和善良风俗。

二、合同债权诉讼时效问题

1. 一审未提出诉讼时效抗辩，二审提出不应支持

诉讼时效也称"消灭时效"，是指民事权利受到侵害的权利人在法定的时效期间内不行使权利，当时效期间届满时，即丧失了请求人民法院依诉讼程序强制义务人履行义务的制度。它是一种能够引起民事法律关系发生变化的法律事实。设立诉讼时效制度的主要目的是促进法律关系的稳定，及时结束权利义务关系的不确定状态，稳定法律秩序，降低交易成本。诉讼时效抗辩的法律适用有着严格的规定，债务人在一审中未提出诉讼时效抗辩的，通常情况下即失去了以诉讼时效进行抗辩的权利。

典型案例

诉讼时效抗辩应当在一审诉讼中即明确提出，否则权利人就有可能失去抗辩权的保护

案例要旨

诉讼时效抗辩权是债务人依法享有的对法定之债转变为自然之债后，可以拒绝履行债务的权利。但是，诉讼时效抗辩应当在一审诉讼中即明确提出，否则权利人就有可能失去抗辩权的保护。

案例内容

源盛公司系一种名称为"一体式自拍装置"的实用新型专利的专利权人。源盛公司在经营过程中发现某地谢辉通讯店未经授权销售其专利产品,遂诉至人民法院,要求谢辉通讯店停止侵权、赔偿损失。

一审法院审理认为,谢辉通讯店未经源盛公司许可,销售或许诺销售侵害案涉专利权的自拍杆产品,依法应承担相应的法律责任。源盛公司要求谢辉通讯店停止销售或许诺销售侵权产品,并赔偿经济损失和合理维权费用,于法有据。人民法院综合考虑案涉专利权的类别、市场价值、谢辉通讯店经营规模、侵权行为的性质和情节、主观过错程度等因素,判决:谢辉通讯店及经营者立即停止销售、许诺销售侵害案涉专利权的产品,赔偿源盛公司经济损失6000元。谢辉通讯店不服,提出上诉,其理由:(1)源盛公司提交的证据不能证明被诉侵权产品系由谢辉通讯店销售;(2)源盛公司的起诉已经超过诉讼时效;(3)谢辉通讯店不存在侵权的主观故意;(4)谢辉通讯店无法向原审法院提交合法来源抗辩证据,实为事出有因;(5)原审法院判赔的数额过高。

二审法院审理认为,(1)原审法院结合在案公证书记载的事实、双方当事人的举证情况及原审当庭查验结果,认定被诉侵权产品系由谢辉通讯店销售,具有充分的事实依据。(2)根据《最高人民法院关于审理民事案件适用诉讼时效制度若干问题的规定》(法释〔2020〕17号)第3条第1款的规定:"当事人在一审期间未提出诉讼时效抗辩,在二审期间提出的,人民法院不予支持,但其基于新的证据能够证明对方当事人的请求权已过诉讼时效期间的情形除外。"谢辉通讯店并未在一审阶段主张诉讼时效抗辩,二审阶段亦未就其诉讼时效抗辩主张提交新证据。因此，对于谢辉通讯店二审主张的诉讼时效抗辩不予支持。（3）谢辉通讯店主张被诉侵权产品具有合法来源，但无法提供证据证明，应承担举证不能的法律后果。（4）原审法院酌定的包含合理维权费用在内的赔偿数额6000元仍属偏高，应予适当酌减。二审法院最终判决：维持原判决第一项，变更原判决第二项为谢辉通讯店赔偿源盛公司经济损失及合理维权费用共计2000元。

法律索引

《中华人民共和国民法典》

第一百八十八条 向人民法院请求保护民事权利的诉讼时效期间为三年。法律另有规定的，依照其规定。诉讼时效期间自权利人知道或者应当知道权利受到损害以及义务人之日起计算。法律另有规定的，依照其规定。但是，自权利受到损害之日起超过二十年的，人民法院不予保护，有特殊情况的，人民法院可以根据权利人的申请决定延长。

《最高人民法院关于审理民事案件适用诉讼时效制度若干问题的规定》（法释〔2020〕17号）

第三条 当事人在一审期间未提出诉讼时效抗辩，在二审期间提出的，人民法院不予支持，但其基于新的证据能够证明对方当事人的请求权已过诉讼时效期间的情形除外。当事人未按照前款规定提出诉讼时效抗辩，以诉讼时效期间届满为由申请再审或者提出再审抗辩的，人民法院不予支持。

律师解读

法律不保护躺在权利簿上睡觉的人。这意味着，法律只保护那些积极主张权利的人,而不保护那些对自己的权利漠不关心、怠于主张的人。在权利簿上睡觉实际上是对权利的亵渎,更是对法律的漠视。法律规定了诉讼时效制度,并不是对债权人的过多苛刻,而是督促债权人尽快行使自己的权利。司法解释中关于一审未提出诉讼时效抗辩,二审提出的原则上不予采纳的规定,也不是对债务人合法抗辩权的剥夺,而是对权利人合法行使权利的督促和滥用权力的制约。如果权利人不尽快行使权利,而是在权利簿上随心所欲,势必会影响社会交易的稳定性,也会给人民法院公平裁判带来一定的难度。因此,法律不仅规定了诉讼时效,也针对司法实践规定了更加严格的诉讼时效抗辩适用制度。在此提示大家,债权人应该在诉讼时效期间内依据法律的规定行使自己的权利,债务人也应该按照法律的明确规定合理行使自己的抗辩权,方能使自身的权利受到法律的保护。

2. 诉讼时效届满后偿还部分债务不能中断时效

诉讼时效期间届满,债务人获得诉讼时效抗辩权。而诉讼时效的期间并不是恒定的,在法定事由出现后可以产生中断、中止和延长等情形。诉讼时效的中断,是指在诉讼时效进行中,因发生一定的法定事由,致使已经经过的诉讼时效期间归于无效,待该法定事由消除后,诉讼时效期间重新起算的制度。在诉讼时效期间内,若出现权利人向义务人提出履行请求,义务人同意履行义务,权利人提起诉讼或者申请仲裁,或者是与提出诉讼或申请仲裁具有同等效力的其他情形,均会发生诉讼时效中断,从中断或者有关程序终结起,诉讼时效重新计算。而时效届满后,义务人同意或者实际履行部分债务,是否会产生诉讼时效期间的中断呢?

二、合同债权诉讼时效问题

典型案例

诉讼时效届满后,即使债务人自愿偿还了部分债务,也不能再产生时效中断的作用

案例要旨

诉讼时效作为一种法律事实,其现实意义在于使长期存在的事实状态得到法律的认可,从而结束法律关系的不稳定性,维持经济和社会秩序的相对稳定。因此,法律关系的状态一旦发生改变,如诉讼时效期间届满后法定之债变为了自然之债,就不能再轻易回归到原来的状态。由此,诉讼时效届满后,即使债务人自愿偿还了部分债务,也不能再产生时效的中断。

案例内容

再审申请人中建公司向最高人民法院申请再审,称其与时代公司合同纠纷案中,原审人民法院采纳的《补充协议》系时代公司单方伪造,不应予以采信;原审人民法院认定事实不清,案涉债权已超过法定诉讼时效期间。根据原审人民法院查明,中建公司与时代公司先后签署了战略投资协议、借款协议等合同,之后又签订《补充协议》。根据《补充协议》的约定,时代公司的债权包括投资款1.4亿元、利润900万元、违约金3900万元及借款2000万元共计2.08亿元,中建公司应于2014年10月3日前全部清偿。中建公司于2019年1月4日归还了时代公司1.4亿元投资款,之后再未偿还任何款项。时代公司起诉后,原审人民法院认定中建公司于2019年1月4日归还了时代公司1.4亿元,产生了诉讼时效的中断,因此应负有偿还其余款项的义务。

最高人民法院审查认为,关于案涉《补充协议》的效力问题。《补充协议》系时代公司与中建公司的真实意思表示,且不违反法律、行政法规强制性规定,应为合法有效,对双方当事人具有法律约束力。关于时代公司起诉是否超过诉讼时效的问题。《最高人民法院关于审理民事案件适用诉讼时效制度若干问题的规定》第22条规定:"诉讼时效期间届满,当事人一方向对方当事人作出同意履行义务的意思表示或者自愿履行义务后,又以诉讼时效期间届满为由进行抗辩的,人民法院不予支持。"根据上述规定,诉讼时效期间届满后原债成为自然之债,债务人享有履行抗辩权,但债务人作出同意履行义务的意思表示或者自愿履行义务的除外。本案中,案涉《补充协议》约定:投资款1.4亿元、利润900万元、违约金3900万元及借款2000万元共计2.08亿元,中建公司应于2014年10月3日前归还完毕。根据上述约定,时代公司对中建公司的债权的诉讼时效应于2016年10月3日届满,时代公司于2019年7月2日提起诉讼已超过法定诉讼时效期间。诉讼时效期间届满后,中建公司于2019年1月4日自愿归还了时代公司1.4亿元投资款,系对上述部分债务的自愿履行。但该1.4亿元投资款与剩余未清偿的款项系不同性质的债务,原审法院在未查清中建公司是否作出同意偿还其余欠款的意思表示的情形下,即适用《最高人民法院关于审理民事案件适用诉讼时效制度若干问题的规定》第22条的规定,认定案涉债权的诉讼时效产生中断,中建公司应承担清偿剩余债务的义务,属于适用法律不当。综上,最高人民法院最终指令原审人民法院再审本案,再审期间中止原判决的执行。

二、合同债权诉讼时效问题

📖 法律索引

《中华人民共和国民法典》

第一百九十二条 诉讼时效期间届满的，义务人可以提出不履行义务的抗辩。诉讼时效期间届满后，义务人同意履行的，不得以诉讼时效期间届满为由抗辩；义务人已经自愿履行的，不得请求返还。

《最高人民法院关于审理民事案件适用诉讼时效制度若干问题的规定》（法释〔2020〕17号）

第十九条 诉讼时效期间届满，当事人一方向对方当事人作出同意履行义务的意思表示或者自愿履行义务后，又以诉讼时效期间届满为由进行抗辩的，人民法院不予支持。当事人双方就原债务达成新的协议，债权人主张义务人放弃诉讼时效抗辩权的，人民法院应予支持。超过诉讼时效期间，贷款人向借款人发出催收到期贷款通知单，债务人在通知单上签字或者盖章，能够认定借款人同意履行诉讼时效期间已经届满的义务的，对于贷款人关于借款人放弃诉讼时效抗辩权的主张，人民法院应予支持。

👤 律师解读

诉讼时效是使特定法律关系产生、变更或消灭的一种法律事实，它基于事实状态而在法律规定的时间内持续存在。尤其在债权债务关系中，诉讼时效的存在对双方权利义务发生着颠覆性的影响，它也是法定之债转变为自然之债的决定性因素。自然之债是指虽为法律所认可，但却不受强制执行力保护的债。对于自然之债，债务人不履行时，债权人不能请求法院强制执行，债务人自愿履行，则履行有效。上述案例中，根据《补充协议》约定案涉债权诉讼时效应于2016年10月

3日届满。时代公司于2019年7月2日提起诉讼已超过法定诉讼时效期间。诉讼时效期间届满后，案涉全部债务已转为自然之债。中建公司自愿归还了时代公司1.4亿元款项，系对上述部分债务的自愿履行，具有法律效力。而对于剩余款项，中建公司没有在时代公司任何催收单据上盖章、签字，没有作出愿意履行的任何意思表示，因此既不能推断中建公司放弃了诉讼时效抗辩，亦不能依据已偿还1.4亿元的行为认定产生诉讼时效中断。

3.连带债务人行使的诉讼时效抗辩权不具有涉他性

连带债务人是指对债务承担连带责任的人，也即对债务承担无限的责任。连带债务作为一种特殊的债务设计，其主要功能就是将部分债务人无赔偿能力的风险，通过债务人连带赔偿的方式分配给其他债务人，以最大限度地确保债权人的合法权益。连带债务同样适用诉讼时效制度。超出诉讼时效期限的债务为自然之债，债务人有权选择履行或是不履行。在连带责任债务中，多个债务人对自然之债的处理可能存在不同的情况，如果一个或多个债务人同意履行或实际履行，而其他债务人不同意履行，那么不同处理行为之间不产生互相影响。

典型案例

连带债务人放弃诉讼时效抗辩的行为仅能约束自身，对其他债务人不具有实质影响，其他债务人的诉讼时效抗辩仍然有效

案例要旨

在连带责任债务中，多个债务人对债务诉讼时效期限届满后自然

之债的处理可能存在不同的情况,但是连带债务人放弃诉讼时效抗辩的行为仅能约束自身,对其他债务人不具有实质影响,其他债务人的诉讼时效抗辩仍然有效。

案例内容

陈某与李某为恋人关系,2007~2008年两人为共同经营生意从沈某处购买各种货物。2008年12月1日,陈某与李某共同向沈某出具一张欠条,欠款金额为24,500元。2011年,陈某与李某依法解除同居关系,并就同居期间的财产依法进行了分割。同年10月,沈某得知陈某与李某解除同居关系后,遂向陈某、李某讨要欠款。2012年4月2日,陈某重新出具欠条给沈某,内容为:"今欠到沈某2008年水泥砖和酒款合计人民币24,500元。"在欠条的下方,陈某注明:"此款由陈某和李某共同承担。"后沈某讨要欠款未果,向人民法院提起诉讼,请求判决:陈某与李某共同偿还欠款。

一审法院审理认为,该笔债务发生在2007~2008年,但沈某自2011年10月以后才开始向陈某与李某主张债权,因此对李某关于该笔债权超过诉讼时效的抗辩意见依法予以采纳。陈某对该笔债务始终没有异议,其重新出具欠条予以确认,因此该笔债务应由陈某偿还。遂判决:一、陈某限期清偿沈某货款24,500元。二、驳回沈某的其他诉讼请求。

一审判决作出后,陈某不服该判决,提起上诉称虽然债务已过诉讼时效,但是债务人陈某明确同意偿还债务,因此全部债务时效应当重新起算,李某的诉讼时效抗辩不能成立。

二审法院审理认为,在沈某向陈某、李某催要欠款时,该笔债权已超过诉讼时效,陈某与李某均享有诉讼时效抗辩权。债权超过诉讼时效后，陈某向沈某重新出具了欠条，应视为其同意支付该欠款，放弃了诉讼时效抗辩权。虽然陈某向沈某出具欠条时，在欠条上注明由其与李某共同承担，但没有经李某同意，故其所注内容对李某无效，李某对该债权因超过诉讼时效而享有诉讼时效抗辩权，在李某明确提出诉讼时效抗辩的情况下，其不应再承担清偿责任。遂判决：维持原判。

法律索引

《中华人民共和国民法典》

第一百八十八条　向人民法院请求保护民事权利的诉讼时效期间为三年。法律另有规定的，依照其规定。诉讼时效期间自权利人知道或者应当知道权利受到损害以及义务人之日起计算。法律另有规定的，依照其规定。但是，自权利受到损害之日起超过二十年的，人民法院不予保护，有特殊情况的，人民法院可以根据权利人的申请决定延长。

《最高人民法院关于审理民事案件适用诉讼时效制度若干问题的规定》（法释〔2020〕17号）

第十五条　对于连带债权人中的一人发生诉讼时效中断效力的事由，应当认定对其他连带债权人也发生诉讼时效中断的效力。对于连带债务人中的一人发生诉讼时效中断效力的事由，应当认定对其他连带债务人也发生诉讼时效中断的效力。

律师解读

本案涉及的主要问题是连带之债诉讼时效期限届满后，各连带债务人的处理方式是否存在涉他性，也即对其他债务人能否产生实质影响。《最高人民法院关于审理民事案件适用诉讼时效制度若干问题的规定》(法释〔2020〕17号)第15条明确规定,对于连带债权人中的一人发生诉讼时效中断效力的事由,应当认定对其他连带债权人也发生诉讼时效中断的效力。对于连带债务人中的一人发生诉讼时效中断效力的事由,应当认定对其他连带债务人也发生诉讼时效中断的效力。根据该条规定可以认定,诉讼时效期限内,任一连带债务人的诉讼时效中断事由对其他连带债务人具有涉他性。但是,该条并未明确诉讼时效期限届满后的诉讼时效抗辩权的涉他性问题。本案中,债权人向连带债务人主张权利,连带债务人中的一人重新出具欠条对债务予以确认,其他连带债务人未予以认可,进而以诉讼时效届满进行抗辩,人民法院审理后认定未予认可的债务人诉讼时效抗辩成立。由此可见,司法实践中当债务的诉讼时效期限届满后,连带债务人放弃诉讼时效抗辩的行为并不具有涉他性。

三、合同签订常见的陷阱

1. 陷阱一：订金、定金要分清

"定金"又称保证金，是为了保证交易顺利进行而提前支付的款项，可以作为履约的担保。双方履行合同后，定金应该被收回或者抵作价款。当支付定金的一方违约时，定金不得要求返还。收取定金的一方违约时，定金须双倍返还。相较而言，"订金"是为了取得优先购买权而支付的预订款，如果交易双方都正常履行合同，订金就作为价款的一部分；如果合同不能正常履行，订金就应原数返还，双方不就订金承担违约责任。

典型案例

在合同交易过程中，购买人应当认真辨别"定金"与"订金"的适用，避免自身权益受到损害

案例要旨

在合同交易过程中，购买人通常需要支付一定的"定金"，而供货方为了逃避法律责任，可能在定金合同中使用"订金"模糊法律概念，规避法律责任，使购买人存在利益受损的风险。

案例内容

在一宗商品房买卖合同案件中,张某将房产公司告上法庭,称此前与该房产公司签订了商品房订购意向书,并按照房产公司的要求缴纳了5万元作为定金。但是当项目开盘时,张某发现自己订购的房屋被别人买走。张某认为房产公司"一房二卖"的行为违反了诚实信用原则,要求双倍返还定金。人民法院开庭审理时,查明双方在合同中约定张某提前缴纳的是"订金5万元",而非"定金5万元"。张某这才醒悟,房产公司利用自己的粗心设下了一个文字陷阱,使他丧失了要求双倍返还定金的权利,判决结果自然是房产公司仅承担返还购房款5万元的责任。

法律索引

《中华人民共和国民法典》

第五百八十六条 当事人可以约定一方向对方给付定金作为债权的担保。定金合同自实际交付定金时成立。定金的数额由当事人约定;但是,不得超过主合同标的额的百分之二十,超过部分不产生定金的效力。实际交付的定金数额多于或者少于约定数额的,视为变更约定的定金数额。

第五百八十七条 债务人履行债务的,定金应当抵作价款或者收回。给付定金的一方不履行债务或者履行债务不符合约定,致使不能实现合同目的的,无权请求返还定金;收受定金的一方不履行债务或者履行债务不符合约定,致使不能实现合同目的的,应当双倍返还定金。

律师解读

定金实际上是一种债权的担保，它发挥着制裁违约方、补偿守约方的双重功能，实践中的定金可分为"立约定金""成约定金""解约定金""违约定金"。虽然"订金"和"定金"只有一字之差，但却不具有法律意义上的担保功能，因此依据"订金合同"主张担保责任是无法获得法律支持的。此外，定金与预付款、违约金、损害赔偿金等也有很大区别。首先，定金与预付款的区别在于，定金适用定金罚则，是作为债权的担保，定金具有单独的合同性质，即"定金合同"。而预付款则属于债务履行的范畴，其主要功能是提前履行部分债务，支付预付款仅是履行本合同，并不具有确保强制本合同履行的担保功能。其次，定金与违约金的区别在于，违约金是合同当事人在合同中预先约定，当一方不履行合同或不完全履行合同时，由违约方支付给守约方的一定金额的货币。违约金具有赔偿性和惩罚性两种功能，实践中多以赔偿为主，惩罚为辅。因为违约金与定金在功能上具有一定的相似性，因此法律明确规定当事人既约定违约金又约定定金的，一方违约时，对方可以选择适用违约金或者定金条款，但是不能同时适用。最后，定金与损害赔偿金的区别在于，损害赔偿金是合同一方因承担违约赔偿责任而向另一方支付的损失赔偿金额。而定金是一方不履行合同后应承担的违约责任，相似于违约金。定金的惩罚性功能不以实际损害的发生为适用前提，而损害赔偿金的适用则以损害事实的发生为必要条件。由于定金与损害赔偿金的适用前提不同，因此实践中定金与损害赔偿金可以同时适用。

2. 陷阱二：扩大解释应提防

合同条款是合同条件的表现和固定化，是确定合同当事人权利和义务的根据。合同条款应当尽量明确、肯定、完整，而且条款之间不能相互矛盾，避免影响合同的成立、生效和履行。合同条款中涉及的法律概念如果在约定时被扩大或者缩小其解释范围，则很可能对合同双方的权利、义务产生较大影响。

典型案例

合同当事人在与对方协商制定合同条款时，应当提防相对方通过扩大解释加重自身一方的法律义务，侵害自身的合法权益

案例要旨

合同当事人在与对方协商制定合同条款时，应当慎重约定法律概念的扩大解释，提防合同相对方通过扩大解释规避法律责任，加重自身一方的法律义务，侵害自身的合法权益。

案例内容

某地市民刘某与房地产开发公司签订了商品房买卖合同，合同对购房款数额、交房日期、违约金标准等事项作出明确约定。其中还约定由于"自然灾害、战争及房地产开发公司所不能控制的其他不可抗力情形"造成延期交房的，房地产开发公司不承担责任。交房期限届满后，房地产开发公司由于管理不善致使项目未按期完工，无法办理综合验收备案手续，自然也不能按照合同约定向刘某如期交付房屋。刘某遂向人民法院起诉，要求房地产开发公司支付逾期交房违约金。

法院审理认为，双方签订的商品房买卖合同明确约定，不可抗力以及房地产开发公司所不能控制的其他原因造成延期交房的，房地产开发公司不承担责任。本案中，房地产开发公司在项目建设过程中出现资金紧张等原因导致项目延期完工，符合合同约定的"其他不可抗力情形"，因此房地产开发公司不应当承担违约责任，一审人民法院判决驳回了刘某的诉讼请求。案件二审阶段双方和解结案。

法律索引

《中华人民共和国民法典》

第一百四十二条　有相对人的意思表示的解释，应当按照所使用的词句，结合相关条款、行为的性质和目的、习惯以及诚信原则，确定意思表示的含义。无相对人的意思表示的解释，不能完全拘泥于所使用的词句，而应当结合相关条款、行为的性质和目的、习惯以及诚信原则，确定行为人的真实意思。

第一百八十条　因不可抗力不能履行民事义务的，不承担民事责任。法律另有规定的，依照其规定。不可抗力是不能预见、不能避免且不能克服的客观情况。

律师解读

上述案例中所称的"不可抗力"在《民法典》第180条中有明确规定，即具有不能预见、不能避免并且不能克服的特征。该种"不可抗力"的范围通常是指地震、水灾等大型自然灾害以及战争等人力无法克服的客观情况。虽然本案一审阶段人民法院引用合同中的扩大解释，判决驳回了刘某的诉讼请求，但是笔者认为一审法院的法律适用并不正确。房地产开发公司作为专业的房产开发企业，有成熟的项目资金运作、工程管理、工期控制的管理系统和管理流程，应当对项目资金提前作出安排。而且企业的资金安排问题也不属于"不能预见"、"不能避免"且"不能克服"的客观情况。因此，一审法院的判决适用法律明显错误。我们在签订合同时要对合同条款的解释给予高度重视，尽量避免对方任意解释条款给我们权利带来的安全隐患。

3. 陷阱三：放弃权利须谨慎

除法律强制性和禁止性规定外，民事法律关系中合同双方的权利和义务是严格按照合同约定进行确认的。合同条款是权利享有方要求义务承担方履行相关义务的主要依据。在签订合同时，合同当事人如果不对合同条款进行认真审查，全面了解自身所负权利义务的基本情况，自身的权利就有可能遭受损失。特别是涉及放弃或减少自身权利、加重自身义务的合同条款，当事人更要十分谨慎，权衡利弊后再签署确认。

典型案例

合同当事人有权通过签订合同的方式自由处分自身的民事权利，而当该种处分行为直接带来自身权利缩减、义务加重的情形时，应当审慎确认

案例要旨

合同当事人有权通过签订合同的方式自由处分自身的民事权利，而当该种处分行为直接带来自身权利缩减、义务加重的情形时，应当

审慎确认，必要时可聘请专业律师帮助审核，尽可能地避免自身权益遭受不必要的损害。

案例内容

在小区车位紧张的情况下，湖南某市的市民刘某幸运地抽到一个车位，并与物业公司签订了车位租赁协议。租赁协议约定，物业公司只承担赔偿以外的其他管理责任。刘某认为，汽车已经购买商业保险，即使出现失窃、损害等情况，也可以要求保险公司进行赔偿，物业公司的要求并不一定使自身利益受损，于是在协议上签字确认。协议签署2个月后，刘某的汽车在小区车位遭到其他车辆的碰撞，但是并未找到肇事者。刘某要求物业公司赔偿时，物业公司以租赁协议中的免责条款进行抗辩拒绝赔偿，刘某遂向保险公司请求赔偿。但是保险公司认为刘某车辆在物业管理范围内出现事故，且也未实际找到肇事方，应当由物业公司进行赔偿，因此拒绝赔偿刘某损失，刘某无奈诉至人民法院。

法院审理认为，汽车出现事故后保险公司未赔偿保险金之前，刘某已放弃对物业公司请求赔偿的权利，其行为导致保险公司不能向物业公司代位求偿，保险公司依照《保险法》的有关规定，有权拒绝赔偿刘某的赔偿请求。人民法院最终判决：驳回刘某的诉讼请求。

法律索引

《中华人民共和国民法典》

第一百三十条　民事主体按照自己的意愿依法行使民事权利，不受干涉。

第一百三十一条 民事主体行使权利时，应当履行法律规定的和当事人约定的义务。

第一百三十二条 民事主体不得滥用民事权利损害国家利益、社会公共利益或者他人合法权益。

律师解读

根据法律规定，民事主体有权依法行使自己的民事权利，但是权利的行使须有一定的界限，即不得损害国家利益、社会公共利益或者第三人合法权益。上述案件中，当事人刘某在与物业公司签订车位租赁协议过程中，明确约定物业公司不承担赔偿责任，该约定属于刘某自由处分自身的民事权利，具有法律效力。然而，《保险法》第61条第1款、第2款明确规定："保险事故发生后，保险人未赔偿保险金之前，被保险人放弃对第三者请求赔偿的权利的，保险人不承担赔偿保险金的责任。保险人向被保险人赔偿保险金后，被保险人未经保险人同意放弃对第三者请求赔偿的权利的，该行为无效。"保险公司的代位求偿权是平衡社会矛盾和经济利益的重要权利，因此法律才有专门针对刘某此类行为的规定。刘某免除物业公司法律责任的同时，势必导致保险公司不能代位求偿，保险公司也就可以基于该规定拒绝赔偿刘某的损失。可以看出，虽然在签订合同过程中当事人有权放弃自己的权利、加重自身的义务，但是一旦自身权益因此受损就会求助无门。此外，也有的当事人是在未尽审慎义务、未全面了解合同条款会给自己今后的生产生活带来何种风险的情况下签订合同的，该种情况下，当事人待合同条款给自身带来不利影响后再寻求法律的帮助则为时已晚。因此，在签订合同时作为一方的当事人应当认真审查每项合同条款，尤其对限制自身权利、加重自身义务，扩大对方权利、减轻对方义务的条款应当审慎确认，必要时应当聘请专业律师帮助审核，结合相关法律规定提出专业意见和建议。

4. 陷阱四：法律关系当明确

简言之，民事法律关系是指在民事法律规范调整范围内被法律认可的民事权利和义务关系。法律关系通常由主体、内容和客体三部分组成。民事法律关系按照主体、内容和客体的不同，可以分为财产法律关系和人身法律关系、绝对法律关系和相对法律关系、单一民事法律关系和复合民事法律关系、权利性民事法律关系和保护性民事法律关系等。我们日常生活中遇到的经济类合同一般属于财产法律关系，如买卖合同关系、租赁合同关系、借贷合同关系、赠与合同关系、保管合同关系、仓储合同关系、承揽合同关系、技术服务合同关系、承运合同关系等。而法律关系是确定合同性质的基础，一旦法律关系处于不确定状态，则合同调整的权利义务关系就会受到影响，有可能出现导致当事人损失的风险。

典型案例

在签订合同的过程中，当事人应当首先明确合同的性质，也即想要通过合同达到什么样的行为结果，并留存体现合同性质、具有法律效力的关键性证据

案例要旨

不同性质的合同所约束的权利义务内容并不相同，所引起的法律后果也不相同。因此在签订合同的过程中，首先应当明确合同的性质，

也即当事人想要通过合同达到什么样的行为结果，并且应当留存体现合同性质、具有法律效力的关键性证据。

案例内容

某地教师刘某与出版社签订了《文言词解析》一书的出版合同和图书销售协议书，对该书的定价等进行了约定。刘某之后将出版的1600册书送到某中学，该中学当即收下并开具了收据，收据上写明："今收到刘某送书《文言词解析》1600册，每册定价20元，总价值32,000元整，再次表示感谢。"刘某不久后要求该校支付购书款，但该校表示收到的1600册《文言词解析》是刘某赠与该校的，不需要支付书款。双方因此产生矛盾，刘某向人民法院提起诉讼。人民法院审理认为，刘某所著《文言词解析》一书具有合法的出版权、销售权，依法应予保护。但是刘某将该书送到学校时，学校仅是口头承诺给付一定的报酬，刘某在诉讼阶段无法提供双方有关买卖书籍的任何证据，因此判决驳回刘某的诉讼请求。

法律索引

《中华人民共和国民法典》

第五百九十五条 买卖合同是出卖人转移标的物的所有权于买受人，买受人支付价款的合同。

第五百九十六条 买卖合同的内容一般包括标的物的名称、数量、质量、价款、履行期限、履行地点和方式、包装方式、检验标准和方法、结算方式、合同使用的文字及其效力等条款。

第六百五十七条 赠与合同是赠与人将自己的财产无偿给予受赠

人，受赠人表示接受赠与的合同。

第六百五十八条 赠与人在赠与财产的权利转移之前可以撤销赠与。经过公证的赠与合同或者依法不得撤销的具有救灾、扶贫、助残等公益、道德义务性质的赠与合同，不适用前款规定。

律师解读

买卖合同是一方转移标的物的所有权于另一方，另一方支付价款的合同。买卖合同的特征是等价有偿。而赠与合同是赠与人将自己的财产无偿给予受赠人，受赠人表示接受赠与的合同。赠与合同中，除附义务的赠与外，受赠人不需要支付对价或履行一定义务，其无偿接受即可。区分买卖合同和赠与合同的性质，最重要的是双方是否就等价有偿达成一致。就本案而言，学校一方在出具收据时注明为"刘某送书"，价款仅是书的定价，并没有任何付款的意思表示，而刘某也没有当即提出异议，且无法提供确实充分的证据证明学校方承诺付款，因此人民法院推定为赠与法律关系。这也提醒我们大家，在进行买卖交易等活动中，务必要明确双方的法律关系，且留存具有法律效力的关键证据。

5. 陷阱五：关键内容勿写错

合同一般由主体、标的、价款、双方的权利与义务、违约责任和争议解决办法等内容构成，其中任何一项内容都关系到当事人的权利和义务，关系到当事人是否会遭受损失。而合同中的关键内容如果在签订时没有核实清楚，就极有可能导致合同履行过程中出现争议甚至纠纷。人民法院在审理案件的过程中，也是严格按照合同约定的内容认定事实，作出相应的裁判。因此，如果签订合同时没有认真审核关键内容，那么就会造成法律风险甚至带来诉讼或仲裁中的败诉结果。

典型案例

在签订合同的过程中必须认真核实、仔细审查，尤其涉及大宗商品交易或者大额资金支付的合同，有必要聘请专业律师提供相应的法律咨询服务

案例要旨

合同的关键内容包括主体信息、标的情况、价款金额、履行标准、违约责任等，每一项都关系到合同能否得到有效履行，当事人合法权益能否得到保障。因此，在签订合同的过程中必须认真核实、仔细审查，尤其涉及大宗商品交易或者大额资金支付的合同，有必要聘请专业律师提供相应的法律咨询服务。

案例内容

刘铭的好友李某向其提出借款10万元，约定3个月以后还清。由于平时关系不错，刘铭爽快答应，但是为确保借款资金安全，刘铭还是要求李某写了一张借条。借条写好后，刘铭看了一眼当即将10万元现金交给李某。李某借款后没能依约还款，2年后刘铭不堪忍受催款无果的愤怒，将李某告上法庭。人民法院查明案情时发现，李某出具的借条写明：今借刘明现金10万元，年息按24%，借款时间3个月，借款人：李某。而人民法院查证刘铭没有用过"刘明"这个名字，因此刘铭是否为真正的原告，人民法院一时无法确定。由于人民法院无法确定刘铭是否为借据上所称的债权人，又没有其他证据证明向李某

出借款项的事实，最终只能驳回了刘铭的起诉。

法律索引

《中华人民共和国民事诉讼法》

第一百二十二条 起诉必须符合下列条件：（一）原告是与本案有直接利害关系的公民、法人和其他组织；（二）有明确的被告；（三）有具体的诉讼请求和事实、理由；（四）属于人民法院受理民事诉讼的范围和受诉人民法院管辖。

《最高人民法院关于审理民间借贷案件适用法律若干问题的规定》（法释〔2020〕17号）

第二条 出借人向人民法院提起民间借贷诉讼时，应当提供借据、收据、欠条等债权凭证以及其他能够证明借贷法律关系存在的证据。当事人持有的借据、收据、欠条等债权凭证没有载明债权人，持有债权凭证的当事人提起民间借贷诉讼的，人民法院应予受理。被告对原告的债权人资格提出有事实依据的抗辩，人民法院经审查认为原告不具有债权人资格的，裁定驳回起诉。

律师解读

以借款合同为例，合同的关键内容包括债权人和借款人的真实姓名、借款金额、利率、借款时间、支付方式，还款时间、还款方式等，当事人在签订合同时需要对每一项都认真审核，核实合同中的约定是否与实际情况相符。如果实际履行过程中出现与合同不符的情况，如约定转账支付而实际是现金交付的，则需要留存相应的证据材料，以确定履行合同的真实情况，便于纠纷产生后能够厘清事实，诉讼发生时人民法院能够查明案情，作出公正的裁判。本案中，刘铭好心借款给李某，但是对李某出具的借条确没有认真查看，导致借款人的姓名写错。而借款人姓名错误，直接导致诉讼主体资格出现问题，在没有其他强有力证据佐证的情况下，人民法院不得不驳回刘铭的起诉，其也将遭受较大的经济损失。

6. 陷阱六：空白合同自担责

一个完整的合同应包含主体、标的、价款、权利与义务、违约责任等主要内容，合同自签约方签字、盖章时生效。而现实生活中，有些合同的签约方在合同签订时并未就其中的部分事项商定一致，出于尽快完成合同签订等方面的考虑，而将某些内容空缺出来先行签字、盖章，待日后再填写相应的内容。但是，后续填写的内容如果相对方不予认可，就极有可能产生纠纷。通常情况下，人民法院审理此类案件时会认定提供空白合同的一方理应知晓空白合同所产生的法律后果，提供空白合同的行为应视为其对合同相对方在合同空白处进行任意添加相关内容的授权。

典型案例

空白合同的提供方实质上已经将合同空白处填写相关内容的权利让渡给了合同相对方，因此只要相对方填写的内容合法有效，空白合同的提供方就应当受到约束，依约履行相关义务

案例要旨

签订空白合同时，在空白合同上签字盖章的一方属于空白合同的

提供方。空白合同的提供方实质上已经将合同空白处填写相关内容的权利让渡给了合同相对方,因此,只要相对方填写的内容合法有效,空白合同的提供方就应当受到约束,依约履行相关义务。

案例内容

再审申请人诚信房地产开发有限责任公司(以下简称诚信公司)因与被申请人博盛家居有限公司(以下简称博盛公司)房屋买卖合同纠纷一案,不服甘肃省高级人民法院终审判决,向最高人民法院申请再审。诚信公司申请再审称,案涉合同中的关于"出卖人在本合同签订之日起30日内未到房产局备案,所有合同协议解除,退还全部房屋价款并承担利息年24%"的表述,系博盛公司取走合同样本后私自填写的内容,博盛公司伪造证据,对诚信公司没有法律约束力。原判决认定空白的合同样本视为无限授权是错误的。

最高人民法院审查认为,诚信公司提出的所谓合同样本及私自填写内容的问题,其作为从事房地产开发的商事主体,理应知晓提供加盖公司印章及法定代表人私章之空白合同所产生的法律后果,而所谓的合同样本主张亦不能从合同文本上得到印证。因此,原判决确认涉案合同的效力并无不当,诚信公司关于原判决认定基本事实不清的申请再审理由不成立。

法律索引

《中华人民共和国民法典》

第五百零二条第一款 依法成立的合同,自成立时生效,但是法律另有规定或者当事人另有约定的除外。

第五百零九条第一款 当事人应当按照约定全面履行自己的义务。

律师解读

日常生活中,合同当事人为了使交易更加便捷、高效,有时会将留有空白的合同签字盖章后,直接交给另一方当事人或第三人,待内容确定后再由相对方或第三人填写进去。这种行为看似提升了交易效率,实则给自己的合法权益带来极大的风险。当事人在空白合同上签字的行为,应视为其清楚、理解合同内容,同时也表明其放弃了核实空白条款的权利,并愿意承担由此带来的法律后果。因此合同另一方当事人在空白合同上续写内容的,只要不存在法律规定的无效情形,司法实践中往往会将其认定为有效。该种裁判规则在借款合同、买卖合同、劳动合同、经纪合同等众多合同纠纷的司法实践中均有体现。由此,作为合同主体在签订合同时要尽量避免向对方提供空白合同,作为行为人主体则要避免在任何空白的纸张、文书上面签字、盖章,降低由此给自身带来的法律风险。

7. 陷阱七:另类合同——会议纪要

合同的表现形式多种多样,有些文件虽没有呈现"合同""协议""契约"等字样,但同样会产生合同的法律约束力,如当事人之间形成的"会议纪要"。如果会议纪要具有设定当事人权利义务关系的内容,而且经过当事人的签字或盖章,就有可能成为实质意义上的合同,对当事人具有法律约束力。

典型案例

"会议纪要"具备合同基本要素及履行条件时,应当认定其属于实质意义上的合同

案例要旨

当"会议纪要"具备合同基本要素及履行条件时,应当属于实质意义上的合同,享有权利一方的当事人有权要求相对方依据会议纪要载明的事实履行合同义务。

案例内容

2013年9月,Y公司与承包人刘某签订《施工合同》,约定刘某承揽Y公司的一项工程项目,工程进度为50%且工程质量满足合同要求时,Y公司一次性无息退回承包人刘某已交纳的履约保证金总额的50%,剩余履约保证金在竣工验收合格后一次性无息退回。2014年9月,工程进度到达50%,在此之后Y公司一直未按合同约定向刘某退还50%的履约保证金。2015年6月,双方就合同履行事项召开座谈会,并签署了一份会议纪要,会议纪要载明:Y公司承诺支付50%履约保证金占用期间的利息,利息按年利率8.5%计算,并在2015年8月前将50%的履约保证金及利息退还给刘某。但Y公司始终未按会议纪要内容履行退还50%履约保证金和利息的义务。最终,刘某向人民法院提起诉讼,请求判决:Y公司退还履约保证金并按照"会议纪要"的约定支付利息。

法院审理认为,"会议纪要"是一份书面文件,可以作为体现合同内容的书面形式,文件名称对于文件本身是否构成合同并无实质的

决定意义。会议纪要通常只是记录会议或磋商谈判的过程和所达成的原则性意见,但如果内容涉及当事人之间设立、变更或终止民事权利义务关系,是各方当事人形成一致的真实意思表示,该意思表示的内容具体明确、具有可执行性,而且当事人并无排除受其约束的意思,该会议纪要就具备了民事合同的要件,可以构成一份法律上认可的合同。最终,人民法院支持了承包人刘某的诉讼请求,判决:Y公司按照会议纪要的约定退还履约保证金并支付利息。

法律索引

《中华人民共和国民法典》

第四百六十四条第一款　合同是民事主体之间设立、变更、终止民事法律关系的协议。

第四百七十条　合同的内容由当事人约定,一般包括下列条款:(一)当事人的姓名或者名称和住所;(二)标的;(三)数量;(四)质量;(五)价款或者报酬;(六)履行期限、地点和方式;(七)违约责任;(八)解决争议的方法。当事人可以参照各类合同的示范文本订立合同。

律师解读

从上述案件可以看出,如果"会议纪要"具有设定当事人权利义务关系的内容,各方当事人对会议纪要的内容也形成了一致的意思表示,其就可以成为实质意义上的合同。针对会议纪要的特点,其能否成为真正意义上的合同,应按以下情况予以区分。

第一,会议纪要未盖公司公章,但公司的法定代表人或分支机构负责人签字。根据《民法典》第490条的规定，在当事人对合同成立形式要件没有明确约定的情况下，签名、盖章或者捺指印三者有其一即可使合同成立。若会议纪要中没有出现"自双方签字并盖章之日起生效"等表述，则默认为签字与盖章两个要素不需要同时具备，因此上述情形能够认定合同成立。

第二，会议纪要盖有公司的公章，但公司法定代表人或分支机构负责人未签字。同样依据《民法典》第490条的规定，在当事人未明确约定需要相关人员签字生效的情况下，仅有公司盖章的文件具有法律约束力。因此，会议纪要如果具备合同要素，则仅盖有公司公章时也应当认定合同已经成立。

第三，会议纪要既未加盖公司公章，也没有公司法定代表人或分支机构负责人的签字，但是有其他与会代表的签字。针对该种情形，应主要认定签字代表是否构成表见代理。若签字代表经过公司授权，有权处理会议纪要载明的工作事项，相对人主观是善意且无过失，则应当认定会议代表签字的行为构成表见代理，会议纪要内容对双方产生法律约束力。

第四，会议纪要已经作出，但未经双方签字或者盖章。在当事人未签字也未盖章的情形下，无法确认文件内容是其真实意思表示，无法证明其认可接受会议纪要的约束，因此会议纪要不能产生法律约束力。此外，仅有一方签字或盖章的情况下，只有另一方认可并接受会议纪要的约束，会议纪要才能产生法律约束力。

基于以上，笔者认为在会议纪要作出和签署的过程中，当事人应当谨慎对待。首先，尽量避免以会议纪要的形式约束双方的权利和义务，减少不必要的隐患和纠纷。其次，会议纪要记载的事项必须经过核实，所涉内容确认是自己一方的真实意思表示。最后，会议纪要的签署和用印必须严格审查，既确保自己一方的合法权益，也要核实对方签署人员是否具有相应的授权。

8. 陷阱八：另类合同——备忘录

"备忘录"是一种能够帮助记忆、简单说明主题与相关事件的文件。备忘录作为正式文件多用在外交或商事活动中，双方磋商过程中对某些事项达成一定程度的理解与谅解，并形成一致意见后，将这种理解、谅解或一致意见以备忘录的形式记录下来，作为前期磋商结果的补充，或者今后进一步磋商、达成最终协议的参考，以促成最终交易与合作的成功。一般情况下备忘录不具有法律约束力，但是当备忘录具备了合同基本要素，经过双方的签字盖章确认，形成了具有约束力的意思表示以后，也可以成为实质意义上的合同。

典型案例

具备合同基本要素、经过双方签字盖章确认的"备忘录"属于实质意义上的合同

案例要旨

具备合同基本要素、经过双方签字盖章确认的"备忘录"属于实质意义上的合同，享有权利一方的当事人有权要求相对方依据备忘录载明的事实履行合同义务，享受合同权利。

案例内容

2016年10月28日，K公司与H公司签订《代理协议》，约定：

（1）K公司授权H公司负责其药品在湖北省的总经销，以及处理相关销售及服务事宜；（2）协议对销售数量、货款结算及开票价格、货款的支付、产品的运输检验、销售管理、违约责任、争议处理等作了约定；（3）H公司依据协议约定自愿向K公司缴纳保证金30万元；（4）协议的有效期至2017年10月31日。2016年11月16日，双方又签订了《备忘录》，载明：双方在销售合作事宜基础上，经协商讨论达成共识，即如果湖北省的×××药品中标价低于66元/支，供货价应同比例降低，或者无偿退还保证金。同日，H公司向K公司支付保证金300,000元。合同及《备忘录》签订后，2017年4月18日湖北省挂网的×××药品中标价为64.9811元/支。H公司认为该价格明显低于合同约定的66元/支的价格，依据《备忘录》的约定，可以要求K公司退还30万元保证金，但K公司不同意退还，故H公司诉至法院，请求判决：（1）确认双方所签订的合同已解除；（2）判令K公司退还保证金30万元，并自收款之日起支付利息。

法院审理认为，第一，关于案涉《代理协议》《备忘录》的效力问题。《代理协议》《备忘录》系双方当事人的真实意思表示，内容不违反法律法规强制性规定，合法有效。根据《代理协议》约定，协议有效期至2017年10月27日，H公司提起本案诉讼时，协议已到期并终止，故不存在解除合同之说。第二，关于H公司是否有权要求退还保证金的问题。首先，双方在案涉《代理协议》签订半个月后随即又签订了《备忘录》，该《备忘录》并未否定《代理协议》的效力，故双方在合同有效期内的权利义务均受案涉《代理协议》《备忘录》的约束，只有在两份合同约定内容有冲突的情况下才以签订在后的《备忘录》为准。其次，双方签订《备忘录》时案涉药品在湖北省的价格是明确的，结合《备忘录》关于"如果湖北中标价低于66元/支……""执行日期从新一轮招标执行之日起"的约定,可以认定《备忘录》所约定的内容应从"新一轮招标执行之日起"即从2017年9月起执行。最后,双方在《备忘录》中仅对2017年新一轮案涉药品价格进行补充约定,双方在合同履行中的具体权利义务还是受《代理协议》的约束。现有证据证明,《代理协议》签订之日起至2017年9月新一轮招标价格执行之日止,H公司并未完成协议约定的销售任务量,H公司已构成违约。根据《代理协议》关于H公司销售任务量不达标,K公司可没收其保证金的约定,K公司有权没收H公司的保证金。H公司诉请K公司返还保证金无合同依据。综上,法院判决:驳回H公司全部诉讼请求。

法律索引

《中华人民共和国民法典》

第四百六十四条第一款 合同是民事主体之间设立、变更、终止民事法律关系的协议。

第四百七十条 合同的内容由当事人约定,一般包括下列条款:(一)当事人的姓名或者名称和住所;(二)标的;(三)数量;(四)质量;(五)价款或者报酬;(六)履行期限、地点和方式;(七)违约责任;(八)解决争议的方法。当事人可以参照各类合同的示范文本订立合同。

律师解读

从上述案例可以看出,"备忘录"也是书面合同的形式之一。当备忘录具备合同要素时,当事人可以依据备忘录的约定请求对方履行义务,此时备忘录就属于实质意义上的合同。此外,备忘录中的条款可分为有约束力条款和无约束力条款，有约束力条款一般包括保密条款、排他性条款、违约责任条款、具体合作事项条款等；无约束力条款主要是商务性的意见或建议，如合作原则、行动方案、操作流程等。笔者认为，条款的约束力主要源于权利义务的归属，如果双方就权利义务进行了归属性的约定，那么就应当具有约束力，反之则不具有约束力。

本案中，人民法院审理认为《备忘录》签署在《代理协议》之后，是对《代理协议》的补充和完善，《代理协议》《备忘录》均是双方当事人的真实意思表示，内容未违反法律行政法规的强制性规定，属于合法有效的合同。因此，本案应当依据《代理协议》和《备忘录》的相关约定予以裁判。但是，人民法院最终没有按照《备忘录》的约定，判决K公司向H公司返还保证金30万元，其原因是人民法院综合对比了前后合同的基本内容，一方面，H公司依据《代理协议》的约定自愿缴纳30万元保证金，而《代理协议》中也就双方的违约责任承担问题予以明确约定。其中H公司未完成销售任务量系构成违约，K公司有权依据协议没收30万元保证金，此系H公司应当承担的违约责任。另一方面，《备忘录》中关于药品价格达不到约定标准，H公司可以要求退还保证金的约定，系对新的合作期限内产品销售具体状况的约定。但是，H公司未完成销售任务量的行为已经违反了《代理协议》的约定，应当承担违约责任，虽然《备忘录》的约定有效，但是H公司在已经违约的前提下，应当先承担违约责任，再适用《备忘录》的约定。因此，人民法院最终依据《代理协议》作出本案的判决。

第八部分

如何选择律师服务

在法治社会中，如果您身边有一位律师朋友，不仅能帮助您防范法律风险、解决法律纠纷，还能帮助您提高法律素养、提升人生境界、增强人格魅力。而律师行业中也存在参差不齐的情况，因此在需要的时候如何选择优秀的律师为我们提供法律服务，需要我们认真细致地辨别。

一、律师职业的功能

律师在我国司法制度改革中具有重要地位。党的十八大以来，以习近平同志为核心的党中央将全面依法治国纳入"四个全面"战略布局，明确习近平法治思想在全面依法治国中的指导地位，作出一系列重大决策部署，将律师工作摆在全面依法治国的重要位置统筹推进，明确律师是中国特色社会主义法治工作者。《律师法》第2条规定："本法所称律师，是指依法取得律师执业证书，接受委托或者指定，为当事人提供法律服务的执业人员。律师应当维护当事人合法权益，维护法律正确实施，维护社会公平和正义。"由此可见，律师是在党的领导下，依照法律规定取得法定许可后执业，并接受委托或者指定，为当事人提供法律服务的执业人员。律师的首要职责是维护当事人的合法权益。同法官和检察官一样，律师也肩负着中国特色社会主义法治建设的重要使命，而律师实现使命的主要途径之一，是向当事人提供高质量的法律服务，律师的职业道德要求其尽最大努力为当事人争取合法权益。

二、律师服务的作用

在司法程序中，国徽高悬，法庭庄严。一个从未经历过"官司"的普通人，无论是坐在原告席还是被告席上，都难免会感到紧张和忙乱。即使心理素质好而不觉得紧张慌乱，但是庭审程序严明紧凑，没有学习和实践过的人也很难适应法庭的要求，更何谈全面严谨地阐明事理、讲明情理、引明法理。而律师作为专业法律人士，具备全面了解和把握司法程序，深入研究法律条文适用的基本素养，可以将当事人的诉求转化为法律语言，并在法律规范和法律逻辑框架下有理有节、于法有据地表达出来，避免当事人有理说不清。就当事人个人而言，律师作为代理人或辩护人提供法律服务，不仅能有效解决当事人的法律问题，减少当事人不懂法律程序、不明法律规定带来的败诉风险，还能够为当事人普及基础的法律常识，提升当事人的法律素养。就法治社会建设而言，律师职业在维护法律正确实施、维护社会公平正义中起到至关重要的作用。公平正义是人民的向往、幸福的尺度，"努力让人民群众在每一个司法案件中感受到公平正义"是党中央对司法为民、公正司法提出的要求。律师参与每一起司法案件，能够有效促使公平正义的实现，促进中国特色社会主义法治建设目标的实现。

三、选择律师的方法

律师的工作关系到当事人的切身利益，选择什么样的律师为自己提供法律服务，是每个有法律服务需求的当事人面临的最为迫切的问题。对于如何选择律师本书提供以下几点建议。

（一）观察律师的言谈外表

在与律师沟通的过程中，观察律师的言谈外表可以主要集中在以下几个方面。

一是看精神气质。精神气质是社交中给他人的第一感觉，也是一个人心理活动的外在表现。精神气质与人的容貌美丑并无关系，有的人即使外表疲惫，但是眼中的光芒能让人感受到内心充满活力。律师的精神气质就是从内心投射出来的从容和力量。一个内心充满力量的律师，也应该是值得客户信赖的律师。

二是看言谈举止。好的律师在言谈中对当事人的境遇能够表达出情感上的理解和抚慰，但是并不用过激的带有感情色彩的语言评判案件事实，过分追求与当事人的情感共鸣。有的律师带有浓重的江湖气，比如走起路来一步三晃，讲话的时候比较极端、武断，这样的律师过于性情，难以客观冷静地办理案件。

三是看穿着打扮。穿着打扮能够体现出一个人的品格特征，体现出个人对待事物的态度。笔者曾见到上着T恤衫、下穿迷彩裤、脚蹬白球鞋的律师参加庭审，如果不是在法庭上表露身份，根本想不到他是一名专职律师。因此，好的律师不一定过分注重穿品牌、扮洋装，但是起码应该衣着得体、配饰简约、干净整洁。

四是看专业素养。律师的专业素养主要体现在专业法律问题的分析、法律问题的专业解答以及与当事人沟通的态度等方面。好的律师谈吐优雅，逻辑缜密，分析专业问题细致、严谨，解答专业问题坚定而不武断。在与人交谈时既能聆听意见，也不强势输出自己的想法，且能给予当事人充分的尊重和理解。

（二）观察律师的接洽流程

笔者认为，律师与当事人接洽，帮助当事人分析案情并给出解决问题最适当的建议，其流程应该像中国传统文化中的中医诊疗一样，遵循"望、闻、问、切"四法。其要义就是律师只有在全面了解案情的基础上，才能客观分析焦点问题，结合现行的法律法规合理判断案件的走向和结果，并提出解决问题的意见和建议。

首先是"望"，即审核证据材料。除法律规定的举证责任倒置情形外，民事诉讼案件遵循是"谁主张，谁举证"的原则，当事人未能提供证据或者证据不足以证明其事实主张的，将承担相应的不利后果。这里所谓的不利法律后果即"败诉"，可见证据直接关系到案件结果的胜败，因此在整个诉讼中，证据是案件的核心。而刑事案件对证据的把握则更加严格,由证据证明的事实直接关系到当事人的刑事责任承担。作为一名负责任的律师,一定是站在证据的角度分析法律关系,确定争议焦点,结合相关法律规定探寻争取当事人利益最大化的方法和路径。通常情况下,律师约见当事人前即已指导其收集、整理相关证据,并要求其面谈时必须携带上相关证据材料。

其次是"闻",即倾听当事人陈述。当事人是事件的亲历者,也可能是案件角色中的核心。倾听当事人的陈述能够更加全面地了解案件真相,掌握案件事实。好的律师都会细心、认真地聆听当事人的陈述,在听的时候也会照顾当事人的情绪,在当事人情绪激动时更会给予适当的情感安抚,目的是使当事人在情绪平稳的前提下客观讲述出案件的真相。在倾听的同时,律师会重点记录案件的关键信息,遇到人物众多、事件曲折的案件,可以利用重点信息厘清案件的发展脉络,勾勒出案件清晰轮廓,再对照证据材料进一步厘清案件的基本事实。

再次是"问",即询问相关案情。通过审阅证据材料、聆听当事人的陈述,律师已经可以掌握案件的基本事实了。但是,当事人毕竟不是专业的法律人士,对案件事实的认知往往基于自身的情理判断,很多细节上的问题没有从法理上去分析和判别,某些关键性的证据材料没有引起当事人的注意,可能还没有提供给律师审阅。因此这时候的案件事实和与律师想要知道的事实之间有可能存在一定的差距,需要律师针对案件细节进一步询问当事人相关情况,便于结合法律法规客观地判决案件性质和结果走向。

最后是"切",即作出合理判断。在"望、闻、问"的基础上,律师已经可以对案件作出判断,并给出解决问题的意见和建议。就像中医药方能否做到药到病除一样,律师给出的意见和建议直接关系到案件问题能否妥善解决,当事人的合法权益能否得到最大限度的维护。

因此，好的律师在这个阶段并不会武断地作出结论，一定是依据现行有效的法律法规，合理地分析确定案件的性质，并结合证据材料和事实科学判断案件的最终结果。在案件解决方案方面，律师也应该提供多种可供当事人选择的方案，并陈述出各个方案的不同之处，帮助当事人选择解决问题最彻底、性价比最优、时间效率相对较高的方案。

（三）观察律师的工作环境

律师事务所是律师执业的日常工作场所。按照《律师法》的相关规定，律师执业必须依托律师事务所。律师事务所统一管理执业律师，既有利于司法行政机关的行业管理，也便于当事人辨别律师身份，避免非律师人员冒充行骗，导致当事人权益受损。因此，在选择律师服务时，首先，应当事人考察律师事务所的情况。律师事务所的等次一般从规模、品牌、声誉、管理能力等方面得以体现，这些方面当事人可以通过现场考察、网上查询等方式直观地进行核实确定。一家规模较大、品牌声誉好、管理规范的律所事务所，其律师服务也相对有保障。其次，当事人还应考察律师团队情况。如果一个律师身处专业团队，且团队内部分工明确，那至少说明律师背后有团队集体的智慧作为支撑，比起单打独斗、单兵作战更有工作效率和质量保障。

总之，好的工作环境更有利于造就好的工作团队，好的工作团队更容易培养出好的律师，所以说好的律师事务所是优秀律师成长的摇篮。好的律师未必都来自好的摇篮，但是在好的摇篮中更容易找到好的律师。